ŒUVRES

DE

J. F. COOPER

PARIS. — IMPRIMÉ PAR J. CLAYE ET Cⁱᵉ
RUE SAINT-BENOÎT, 7.

J. F. COOPER

TRADUCTION

par Defauconpret

LES LIONS DE MER

Paris,
FURNE & Cie PERROTIN, PAGNERRE,
Editeurs
1850

OEUVRES

DE

J. F. COOPER

TRADUITES

PAR

A. J. B. DEFAUCONPRET

TOME VINGT-HUITIÈME

LES LIONS DE MER

PARIS

FURNE et Cie — PERROTIN — PAGNERRE

ÉDITEURS

M DCCC LIII

PRÉFACE

—

Si la dureté du cœur humain nous cause encore quelque surprise, c'est lorsque nous voyons l'indifférence que les hommes préoccupés des intérêts de ce monde témoignent à l'égard des phénomènes les plus sublimes de la nature, qui parlent si éloquemment et si constamment à leur esprit et à leur cœur. Chaque existence individuelle est si concentrée en elle-même, si étrangère à tout ce qui se trouve en dehors de ce cercle étroit, qu'il n'arrive pas peut-être à un homme sur dix de s'arracher une fois en vingt-quatre heures à cette étude opiniâtre de ses besoins, de ses désirs et de ses projets personnels, pour contempler la majesté, la miséricorde, la vérité et la justice de l'Être divin qui l'a placé comme un atome parmi les myriades de créatures qui habitent le ciel et la terre. Les merveilles de la nature ne produisent guère plus d'impression que les plus hautes vérités morales. Des millions de regards verront le firmament dans une nuit sans nuages, et il n'y aura pas une centaine d'esprits qui sauront apprécier la puissance de celui qui a tout créé ; il n'y aura pas une centaine de cœurs qui se trouveront embrasés de ce sentiment d'adoration que devrait exciter naturellement cet appel aux yeux et à l'esprit de l'homme. Cette indifférence résulte surtout de l'habitude qu'ils ont de ce spectacle, les objets que nous avons constamment devant les yeux faisant comme partie de l'air que nous respirons. Une des conséquences de cette disposition à perdre de vue la main toute-puissante dont l'empreinte est si visible dans tout ce qui nous entoure, est de mettre la main de l'homme à sa place. A notre époque dans les pays éclairés, en l'absence de l'idolâtrie directe, il y a peu d'hommes d'un cœur assez dur pour nier l'existence et la puissance d'un Être suprême ; mais ce fait admis, combien peu éprouvent réellement envers LUI cette profonde vénération que devrait nous imposer la nature de nos rapports avec Dieu ! C'est que nous manquons d'humilité, c'est que nous nous ignorons nous-mêmes, et que cette triste erreur nous empêche de sentir notre propre insignifiance comparée à la majesté de Dieu.

Bien peu d'hommes s'élèvent assez haut dans la science humaine pour se rendre compte de tout ce qu'il leur reste à apprendre, et de tout ce qu'ils ne peuvent jamais espérer de savoir. Nous entendons beaucoup parler d'esprits presque divins et des facultés transcendantes que nous possédons; et tout cela peut nous paraître digne d'éloge, jusqu'à ce que nous nous comparions à CELUI qui l'a fait. Alors l'insignifiance complète de la puissance humaine devient trop évidente pour valoir même la peine qu'on la signale. Nous savons que nous sommes nés et que nous mourrons; la science a pu saisir les phénomènes de ces deux grands faits naturels, mais non pas ceux plus importants qui nous diraient ce que c'est que la vie et ce que c'est que la mort. Quelque chose que nous ne pouvons comprendre se trouve comme à la racine de chaque phénomène naturel. « Tu iras jusque-là et pas plus loin, » cette phrase semble gravée sur tous les grands faits de la création. Dans les conquêtes de notre intelligence nous arrivons toujours à un point où se présente un mystère que l'esprit humain ne peut pénétrer. Ce point peut se trouver plus éloigné pour quelques intelligences que pour d'autres; mais il existe pour toutes, arrête toutes les conjectures, ferme tous les horizons.

Nous n'ignorons pas que les plus savants de ceux qui contestent la divinité de Jésus-Christ croient pouvoir se fonder sur l'autorité écrite, qu'ils allèguent des erreurs de traduction et des contre-sens dont les anciens textes auraient été l'objet. Cependant nous sommes disposés à penser que les neuf dixièmes de ceux qui repoussent l'ancienne croyance et qui acceptent l'opinion nouvelle n'agissent guère ainsi qu'en raison de leur peu de penchant à croire ce qu'ils ne peuvent comprendre. Cet orgueil de la raison est une de nos faiblesses les plus artificieuses, et il faut le surveiller comme notre plus grand ennemi. Comme l'auguste symbole de la foi chrétienne embrasse complétement et philosophiquement, comme il transforme tout le travail de notre pensée! Nous disons philosophiquement, car il ne serait pas possible de trouver une plus fidèle analyse de toute cette question que la grande et courte définition de la foi que présente saint Paul. C'est cette foi qui donne à l'Église un tel caractère dans ce monde. Elle place sous le même niveau les intelligences, les conditions, les buts et les moyens, elle offre le même encouragement, le même espoir à ceux qui ont été le moins favorisés dans ce monde et à ceux qui l'ont été le plus.

C'est lorsque la santé ou les moyens ordinaires de succès nous abandonnent, que nous commençons à sentir combien nous sommes impuissants pour accomplir nos propres desseins, encore plus pour raisonner sur les mystères qui nous cachent notre commencement et notre fin. On dit souvent que les chefs les plus habiles à diriger les autres hommes ont le mieux senti leur insuffisance pour arriver à leur but. Si jamais Napoléon, comme on l'a prétendu, a pu dire : « *Je propose et je dispose*, » ce fut dans un de ces moments où le succès l'aveuglait sur sa propre insuffisance. Il n'y avait pas d'homme qui fît plus de fond sur la fortune, qui attachât plus d'importance aux arrêts du destin, ou qui suivît d'un œil plus inquiet le lever ou le déclin de son *étoile*. Cette foi du fatalisme ne pouvait avoir aucun bon résultat; mais elle montrait combien les desseins les plus hardis, les moyens les plus grands et l'ambition la plus étendue et la plus profonde sont dépourvus de cette sublime conscience du pouvoir qui appartient à la Toute-Puissance !

Dans ce livre, nous avons eu pour but de montrer l'homme aux prises avec de nouveaux dangers, dans toute la dépendance où il se trouve à l'égard de celui qui ne souffre pas qu'un petit oiseau périsse, si telle n'est point sa volonté. Les tentatives de la science, auxquelles ont servi les vaisseaux des quatre grands États maritimes de la chrétienté, ont amené des découvertes qui ont fait connaître les deux cercles polaires beaucoup plus qu'on ne les connaissait jusqu'à présent, autant que la tradition existante doit nous le donner à penser. Nous disons *la tradition existante;* car il y a de grandes raisons de penser que les anciens connaissaient notre hémisphère, quoique nous ayons moins lieu de supposer qu'ils aient bravé les périls des latitudes élevées. On croit encore aujourd'hui qu'*Ophir* était sur ce continent, quoiqu'il n'y ait point d'autre motif de cette opinion que la découverte récente d'une grande quantité d'or. Les savants qui affirment ce fait devraient se rappeler que les *paons* venaient d'Ophir. S'ils ont raison, les aventuriers d'Israël ont détruit sur cette terre l'oiseau au magnifique plumage.

Des noms comme ceux de Parry, de Sabine, de Ross, de Franklin, de Wilkes, de Hudson, de Ringgold, ainsi que d'autres braves Français et Russes, ont droit à tous nos respects; car il n'y a pas de batailles et de victoires qui fassent plus d'honneur aux marins que les dangers qu'ils ont tous courus, et que les conquêtes qu'ils ont tous accomplies. Un de ceux que nous venons de nommer, marin intrépide et éprouvé, doit être en ce moment bloqué dans les glaces du cercle antarctique, après avoir passé la moitié de sa vie à étendre ses découvertes dans ces régions lointaines et glacées. Il porte le nom du premier des philosophes de ce pays; et la nature a gravé sur ses traits, — en vertu d'une de ces grandes lois qui se jouent de la faiblesse de notre intelligence autant que le plus grand de tous nos mystères, — comme l'incarnation du fils de Dieu, ressemblance qui par elle seule semblerait prouver qu'ils sont de la même race. Quiconque a vu ce navigateur et a pu observer les traits des hommes du même nom qu'on trouve en grand nombre parmi nous, doivent être frappés d'une ressemblance qui se refuse autant à l'étreinte de cette raison dont nous sommes si fiers, que les faits les plus sublimes que nous enseignent la logique, la science ou la révélation. On est maintenant à sa recherche et à celle de ses compagnons; et il faut espérer que la Providence qui a tempéré d'une manière toute spéciale, les uns par les autres, les différents cercles et les zones de notre globe, plaçant les uns sous les feux d'un soleil brûlant, et les autres sous les glaces, daignera veiller sur ces hardis voyageurs et les rendre à leurs amis et à leur pays. S'il en arrivait autrement, leurs noms mériteraient de passer à la postérité, car ils se seraient sacrifiés au louable désir d'élargir le cercle de la science humaine, et d'ajouter ainsi, nous le croyons, au tribut d'hommages que nous devons à la gloire de Dieu.

LES
LIONS DE MER

OU LE NAUFRAGE

DES

CHASSEURS DE VEAUX-MARINS

CHAPITRE PREMIER.

> Une fois que cela sera parti, il ne boira plus que l'onde amère.
> SHAKSPEARE. *La Tempête.*

Il y a dans les mœurs américaines une certaine uniformité qu'on ne rencontre pas dans l'ancien monde. Ce que l'on peut appeler l'activité de la vie en Amérique, la rapidité et le bon marché des relations, les habitudes presque nomades du pays, ont à peu près effacé toute empreinte des mœurs locales. Un observateur fera cependant quelque différence entre l'Américain de l'est et celui de l'ouest, entre l'homme du nord et celui du midi, le Yankee et l'habitant du centre des États-Unis, le Bostonien, le Manhattanesien, et l'Américain de Philadelphie. Lorsqu'on songe à cette multitude de races qui sont un même peuple et au vaste continent qu'elles occupent, on s'étonne encore de l'espèce de ressemblance de famille qui existe entre elles.

Mais, malgré le caractère général de la société américaine, il y a des exceptions à cette uniformité que nous signalons ici, et, dans quelques parties des États-Unis, on remarque non pas seulement des différences, mais une originalité de mœurs dont il est impossible de ne pas être frappé. Les acteurs de l'histoire que nous allons raconter appartiennnent à l'un des cantons exceptionnels, et échappent ainsi à ce type uniforme qui nivelle le reste de l'Amérique.

Tandis que les comtés voisins ont à peu près perdu leur caractère distinctif, Suffolk, l'un des trois qui embrassent toute l'étendue de Long-Island et qui forment les plus anciens comtés de l'État de New-York, n'a point changé : Suffolk est resté Suffolk. La population de ce comté descend des puritains anglais qui vinrent coloniser l'Amérique. Ajoutons que Suffolk n'a qu'un port de mer, quoiqu'il offre un développement de côtes plus étendu que tout le reste de l'État de New-York. Et ce port n'est pas un port de commerce général, car on le voit rempli de vaisseaux baleiniers, et la pêche à la baleine, ce dur et viril métier, est la profession de ses habitants.

Il est aussi nécessaire qu'un vaisseau baleinier ait de l'esprit de corps qu'un régiment ou un vaisseau de guerre. Or, cet esprit existe dans tous les ports où l'on s'occupe spécialement de la pêche à la baleine. Ainsi, vers l'année 1820, époque où commence cette histoire, il n'y avait pas, à Sag-Harbour, un individu voué à cette profession, qui ne fût connu, non-seulement de tous ses compagnons de dangers, mais de toutes les femmes et de toutes les filles de l'endroit. Un port baleinier, qu'on nous permette cette expression, n'est rien sans une *population baleinière*; et New-York n'a réussi que bien rarement dans des entreprises de pêche à la baleine, quoiqu'on se fût adressé à des ports baleiniers pour y chercher des officiers capables de commander ces expéditions. Dans tout succès il y a la partie morale, et lorsqu'une pêche heureuse se fait sentir, qu'on souffre ce mot, dans toutes les fibres de l'intérêt local, il y a pour le hardi et intrépide harponneur, pour l'adversaire et le vainqueur des monstres marins, de la popularité, de la gloire, de l'enthousiasme, et même de doux sourires.

Long-Island se bifurque à l'est, et offre, on peut le dire, deux extrémités, dont l'une porte le nom d'*Oyster-Pond* (l'Étang aux huîtres), tandis que l'autre, qui s'étend vers Block-Island, forme le cap bien connu de Montauk. Entre les deux pointes de la fourche que décrit l'île de Long-Island, se trouve Shelter-Island, île située elle-même entre le port de Sag-Harbour, qui est le seul du comté de Suffolk, et la plage d'Oyster-Pond d'un aspect tout rural, tout villageois, à côté des vagues de la mer. On donnait autrefois le nom d'*Oyster-Pond* à une longue étendue de terre basse, fertile et verdoyante, qui, de l'une des extrémités de la fourche dont nous avons parlé, allait jusqu'à l'endroit où les deux pointes se réunissaient.

Dans les premières années de ce siècle, il eût été difficile de découvrir un canton plus écarté, une oasis moins fréquentée que Oyster-Pond. Hélas! on en a fait la dernière station d'un chemin de fer! Il fallait, en effet, le coup d'œil d'un entrepreneur de railroad pour lier cette langue de terre solitaire avec d'autres plages, et découvrir un rapport entre Oyster-Pond et le reste de l'Amérique! On a dû se servir de l'eau dont Oyster-Pond est presque entouré, et de l'obstacle faire un moyen : on a réussi, et Oyster-Pond se trouve maintenant sur une ligne placée entre deux des grands marchés de l'Amérique. Ç'a été un coup funeste et mortel porté à la retraite, à la simplicité, à l'originalité de cette plage, de ce champ isolé sur les bords de la mer, tout près d'un grand port dont il restait cependant séparé et à l'écart.

C'était un des beaux jours d'un délicieux mois de septembre et un dimanche. Près d'un des quais d'Oyster-Pond, on pouvait remarquer un schooner, qu'on avait lancé depuis peu, et dont l'équipement n'était pas encore terminé, comme on s'en apercevait à la voilure. Tout travail était suspendu à cause du dimanche, d'autant plus que le schooner appartenait à un certain Pratt, *diacre* de sa paroisse, qui habitait une maison à un demi-mille du quai, et qui était propriétaire de quelques fermes dont il tirait d'assez bons revenus.

Il y a deux espèces de *diacres*, les uns ecclésiastiques, et les autres laïques. M. Pratt appartenait à cette dernière espèce, qui fleurit dans l'église presbytérienne. En général, la lèpre qui attaque cette espèce de *diacres* est l'avarice. M. Pratt en était cruellement atteint. Le *diacre* Pratt, avec un grand extérieur de piété, se faisait redouter dans les affaires, non pas qu'on pût l'appeler voleur, mais il était dur, et s'il était incapable de tromper d'une manière directe, il arrivait bien rarement qu'il fit le moindre sacrifice à un sentiment généreux.

M. Pratt était assez âgé pour qu'on s'occupât déjà du testament qu'il pourrait faire. Une nièce, fille unique et orpheline de son frère Israël Pratt, demeurait avec lui ; elle était aussi désintéressée que son oncle était avare, et souvent il lui reprochait des charités et des actes de bienfaisance ou de bon voisinage qu'il qualifiait de prodigalités. Mais Marie semblait ne pas entendre les observations de son oncle, et continuait à remplir son devoir avec douceur et humilité. Les commères de l'endroit croyaient cependant que le diacre Pratt ne laisserait point son bien à Marie, qui était sans fortune, et qu'il en doterait l'Église.

Suffolk a été peuplé originairement par des émigrés de la Nouvelle-Angleterre, et les mœurs y sont restées ce qu'elles sont dans le Connecticut. Là, les petits services qui partout ailleurs sont gratuits, on les enregistre très-régulièrement sur le livre de comptes, et souvent on les voit reparaître dans un acte, des années après que ceux qui en furent l'objet les ont oubliés.

L'homme riche qui a une voiture la loue, et la manière dont des personnes qui sont à leur aise acceptent et même demandent de l'argent pour des services qui seraient tout gratuits dans les États du centre, excite le désappointement et même le dégoût. La langue elle-même est infectée de cet esprit mercenaire. Si l'on passe quelques mois chez un ami, on n'y est pas en visite, suivant l'expression anglaise ordinaire ; ou y est en *pension* (boarding) : on regarde en effet comme tout naturel qu'on paie chez un ami comme à l'hôtel. Il serait même fort imprudent de faire quelque séjour dans une maison de la Nouvelle-Angleterre, à moins de prendre la précaution de donner des reçus comme garantie dans le cas où l'on ne serait pas prêt à payer sa dépense en partant. Les habitudes de familiarité et de franchise qui existent partout ailleurs entre les amis et les parents, sont ici tout à fait inconnues, chaque service ayant son prix.

Il y a cependant, à côté de ces habitudes, des qualités qui en adoucissent l'âpreté et dont nous pourrons avoir plus tard l'occasion de parler.

Marie soupçonnait peu la vérité, mais l'habitude, l'avarice, le vague espoir que la jeune fille pourrait contracter un riche mariage, qui lui permettrait un jour de réclamer *ses avances*, avaient déterminé le *diacre* à ne pas dépenser un *cent* pour son éducation, son entretien ou ses plaisirs, sans le porter à son débit dans le *grand-livre*, qu'il tenait avec une régularité invariable. Quant aux sentiments de dignité personnelle qui n'auraient pas permis à un homme comme il faut d'agir ainsi, le diacre Pratt y était complétement étranger. Au moment où commence cette histoire, le compte secret de l'oncle pour son affectionnée nièce montait, en frais d'éducation, d'entretien, de logement, de nourriture et d'argent de poche, à la somme considérable de mille dollars, qui avait été dûment dépensée. Le diacre était d'une avarice basse et sordide, mais il était honnête. Dans le compte, il n'y avait pas un *cent* de trop; et, à dire vrai, M. Pratt avait un si grand faible pour Marie, que la plupart des *articles* dont il voulait pouvoir réclamer le paiement étaient cotés à un taux très-raisonnable.

CHAPITRE II.

> Morbleu! j'ai vu votre nièce accorder plus de faveurs au serviteur du comte, qu'elle ne m'en a jamais accordé à moi; je l'ai vue dans le verger.
> SHAKSPEARE. *Le Jour des Rois.*

Le dimanche dont il est question, M. Pratt se rendit au *meeting* de sa paroisse, comme à l'ordinaire; mais au lieu de rester à l'église pour entendre le sermon que l'on prêchait dans l'après-midi, il remonta en voiture et retourna chez lui.

Une assez belle maison de deux étages, bâtie en bois, suivant la coutume du comté de Suffolk, au fond d'une pelouse et d'un riche verger où l'on remarquait quatre longues rangées de cerisiers magnifiques, était la demeure du diacre Pratt. Tout dans la maison et dans la ferme offrait l'image de l'ordre le plus parfait. La vue en était agréable; car le devant de la maison se trouvait exposé à l'est, tandis qu'aux deux extrémités une des fenêtres regardait le *Sund*, et l'autre le bras de mer qui appartient, nous le croyons, à *Peconic Bay*.

Toute cette eau qu'on apercevait derrière différents points de la rive, et entre les îles, à côté d'une étendue de terrain étroite, mais fertile et riante, devait former un assez beau paysage.

Mais le diacre Pratt n'était point artiste, et il songeait peu aux spectacles de la nature, au moment où son cheval s'arrêta devant la maison. Marie était sous le porche, et paraissait attendre son oncle avec anxiété. Il donna les guides à un nègre qui n'était plus esclave, mais qui, descendant des anciens esclaves des Pratts, consentait, en cette qualité, à rôder autour de la ferme, où il travaillait à moitié prix.

— Eh bien, dit Pratt en s'approchant de sa nièce, comment va-t-il maintenant?

— Oh! mon oncle, je crois impossible qu'il en revienne, et je vous supplie d'envoyer chercher au *port* le docteur Sage.

Marie voulait dire par le *port*, celui de *Sag-Harbour*, où le médecin qu'elle venait de nommer jouissait d'une réputation méritée.

Quelques semaines auparavant, un vaisseau qui se rendait sans doute à New-York avait déposé sur la plage d'Oyster-Pond un matelot déjà vieux et atteint d'une maladie qui semblait mortelle.

Il était natif d'une île qui porte le nom de Martha's Vineyard (le vignoble de Marthe); mais, suivant l'habitude des jeunes garçons de cette île, il l'avait quittée à l'âge de douze ans, et il y avait un peu plus de cinquante ans qu'il était absent de la terre natale. Ce matelot, qui s'appelait Thomas Dagget, se sentant atteint d'une maladie incurable, revenait mourir où il était né, lorsqu'il s'arrêta sur la plage d'Oyster-Pond, à cent milles environ de son île, où il espérait avoir encore le temps d'arriver. »

Dagget était pauvre, inconnu et sans amis, comme il l'avouait lui-même. Il avait cependant une assez lourde valise, semblable à celles dont les matelots se servent à bord des vaisseaux marchands. On voyait qu'elle avait fait autant de voyages que celui qui en était le propriétaire, et qui avait réussi à la sauver de trois naufrages. Cependant, quand il ouvrit cette valise, le contenu n'en parut pas être d'une grande valeur.

Quand il fut débarqué, cet homme fit un arrangement avec une veuve, proche voisine de M. Pratt, chez laquelle il se mit en pension, jusqu'à ce qu'il pût se rendre au *vineyard*. Dagget se promena d'abord beaucoup, et chercha à respirer le grand air. Lorsqu'il était encore capable de marcher, il rencontra *le diacre*, et quelque incroyable que cela parût à sa nièce, une espèce d'amitié, pour ne pas dire d'intimité, se forma entre M. Pratt et cet étranger. Le diacre avait soin ordinairement de ne former aucune liaison intime avec les personnes nécessiteuses, et la veuve White eut bientôt dit à tout le monde que son hôte n'avait pas un rouge liard. Il avait des objets cependant qui ont quelque valeur pour des marins, et déjà l'on s'était adressé à ce sujet à Roswell Gardiner, ou « Gar'ner » comme on l'appelait, le jeune marin *par excellence* d'Oyster-Pond, qui non-seulement avait été à la pêche de la baleine, mais à la chasse du veau marin, et qui, en ce moment, se trouvait à bord du schooner du diacre en qualité de maître ou de capitaine. Grâce à l'intervention de Gar'ner, ces objets, qui ne pouvaient plus servir à Dagget, avaient été envoyés et vendus à Sag-Harbour, au profit du matelot. Voilà comment l'étranger avait pu, depuis quelques semaines, payer sa pension, qui heureusement n'était pas chère.

Ses relations avec Gardiner lui furent encore plus favorables. Il existait entre Marie Pratt et Roswell Gardiner une amitié d'enfance dont le caractère avait quelque chose de tout particulier, et à laquelle nous aurons l'occasion de revenir. Marie était toute charité, et Gardiner le savait. Lorsque Dagget eut besoin de certains secours que l'argent même ne pouvait procurer, le jeune homme en prévint la nièce du *diacre*, qui fit préparer pour le vieux matelot ces aliments délicats qui réveillent même l'appétit d'un malade. Quant à son oncle, on ne lui en dit rien d'abord, quoique son intimité avec Dagget parût augmenter de jour en jour.

Grande fut la surprise de chacun lorsqu'on apprit que M. Pratt avait acheté et lancé le nouveau vaisseau. Tandis que tout le voisinage s'épuisait en conjectures sur le motif qui avait pu déterminer le diacre à devenir armateur à son âge, Marie en attribuait la cause à quelque influence secrète et puissante que l'étranger malade exerçait sur lui. Il passait maintenant la moitié de son temps en conférences avec Dagget, et plus d'une fois, quand sa nièce allait porter quelques aliments à ce dernier, elle le trouva avec M. Pratt étudiant une ou deux vieilles cartes de mer. Dès qu'elle entrait, on changeait de conversation, et jamais il n'était permis à mistriss White d'assister à ces conférences secrètes.

Non-seulement le diacre acheta le schooner et le fit lancer à la mer, mais il en donna le commandement au jeune Gardiner. Celui-ci était né, il y avait vingt-six ans, à Oyster-Pond, d'une des meilleures familles du pays, dont l'établissement dans l'île remontait à l'année 1639. Cette famille était devenue très-nombreuse et s'était divisée en une multitude de branches; mais dans un pays nouveau, le nom de Gardiner était un honneur pour tous ceux qui le portaient, et quoique Roswell Gar'ner ne fût pas riche, il devait à son nom seul une véritable considération, lui orphelin sans père ni mère, comme était Marie. Sorti à l'âge de quinze ans d'une école de province, il s'était embarqué, et il était devenu second d'un vaisseau baleinier. On pense quel fut son bonheur quand M. Pratt l'engagea comme capitaine du nouveau schooner, qu'on appelait déjà le *Lion de Mer*.

Marie Pratt avait suivi tout le développement de cette affaire, tantôt avec peine, tantôt avec plaisir, toujours avec intérêt. Elle éprouvait un vif chagrin à voir cet amour de l'argent, dont son oncle était possédé, éclater dans les dernières années d'une vie dont le terme ne pouvait être éloigné. Le plaisir que Marie Pratt, notre héroïne, ne pouvait s'en pêcher de ressentir, n'était pas moins naturel : Roswell Gardiner n'obtenait-il pas de l'avancement? Mais, aux yeux de Marie Pratt, dont la foi était vive et ardente dans le Rédempteur du monde, un nuage épais couvrait toute cette gloire, et s'élevait entre elle et Gardiner : il était incrédule, et ne reconnaissait pas la divinité de celui qu'adorait Marie. Il voyait dans le Christ un grand philosophe, et non pas un Dieu.

Loin de nous l'idée de vouloir faire de la polémique religieuse; mais, hélas! nous nous bornons à signaler ici un genre d'incrédulité qui se répand de plus en plus en Amérique, et qui affiche ouvertement la prétention de former une secte au milieu de nous. Depuis deux ans, Marie Pratt refusait sa main à Gardiner, quoiqu'elle l'aimât, et que, pour résister à la passion aussi vive que sincère du jeune marin, elle eût à lutter contre son propre cœur, où l'amour si dévoué d'une femme était combattu par un sentiment profond du devoir religieux.

Cependant Marie se réjouissait de voir Gardiner promu au commandement du *Lion de Mer*. Elle ignorait vers quelle plage le petit vaisseau, schooner d'environ cent-quarante tonneaux, devait faire voile; mais quelle qu'en fût la destination, elle l'accompagnerait de ses pensées et de ses prières. Voilà ce qu'éprouvait Marie, et ce qu'elle se disait en secret. Voilà les moyens d'influence d'une femme; et qui osera dire qu'ils sont sans résultat, qu'ils sont inutiles?

Pour nous, nous les croyons les plus efficaces; heureux l'homme qui, au milieu des embarras et des périls de ce monde, marche accompagné des douces prières d'une âme pure qui ne s'élève jamais jusqu'au trône de Dieu sans penser à celui qui est absent!

M. Pratt lui-même n'était pas contraire à l'union des deux jeunes gens, et quelques-uns à Oyster-Pond pensaient que le diacre avait foi dans l'avenir de Gardiner, auquel il donnerait, après lui, et ses biens et sa nièce.

D'autres prétendaient qu'il songeait à se débarrasser de l'orpheline pour laisser toute sa fortune à l'église, dont il était membre et dignitaire. Tel était l'état des choses quand M. Pratt revint du meeting presbytérien, comme nous l'avons dit au commencement de ce chapitre. Lorsque sa nièce lui proposa d'envoyer chercher le docteur Sage, il y parut d'abord peu disposé, non pas seulement à cause de la dépense, mais pour un motif plus grave. Pour tout dire, il ne lui convenait pas de mettre Dagget en rapport avec qui que ce fût, car ce dernier lui avait révélé des secrets qu'il regardait comme d'une haute importance, quoique, jusqu'à présent, il lui eût caché le premier et le plus grand de tous.

Cependant un certain sentiment de pudeur, pour ne rien dire d'un autre mobile tout puissant dans les sectes puritaines, et qui est pour elles le levier d'Archimède, l'hypocrisie, disposait M. Pratt, bien malgré lui, à écouter sa nièce et à envoyer chercher le médecin.

— Il faut faire un bien long détour, Marie, porr arriver au port, dit l'oncle avec lenteur et après une assez longue pause.

— Les bateaux y vont et en reviennent en quelques heures.

— Oui, oui, les bateaux; mais est-il permis, enfant, de se servir des bateaux le jour du sabbat?

— Je crois, Monsieur, qu'on a toujours regardé comme permis de faire le bien le jour du Seigneur.

— Oui, si l'on était sûr qu'il y eût quelque bien à faire; il est certain que Sage est un excellent médecin; mais la moitié de l'argent qu'on donne aux hommes de sa profession est de l'argent perdu.

— Cependant, je crois qu'il est de notre devoir de venir au secours du malheur, et je crains que Dagget ne passe pas la semaine, si même il passe la nuit.

— Je suis fâché de le voir mourir, s'écria le diacre, qui parut vraiment affligé en s'exprimant ainsi; je serais très-fâché de le voir mourir... maintenant.

Le mot lui était échappé, et de manière à inspirer à sa nièce le regret qu'il l'eût jamais prononcé. Mais à cela il n'y avait point de remède; le diacre sentit qu'il y avait mis trop de franchise et qu'il ne pouvait revenir sur le sens de ses paroles.

— Il mourra, je le crains, dit Marie après une courte pause, et je serais fâchée de penser qu'il a succombé sans pouvoir dire que nous avons fait tout ce qui était en notre pouvoir pour le sauver.

— Nous sommes si loin du *port* qu'il serait inutile d'y envoyer un messager, et que l'argent qu'on lui donnerait serait aussi perdu.

— Je suis sûr que Roswell Gar'ner serait tout disposé à y aller, et *il* ne demanderait pas d'argent.

— Oui, c'est vrai; je dois dire cela de Gar'ner, que c'est le jeune homme le plus raisonnable que je connaisse; lorsqu'il s'agit de faire une commission, j'aime à l'employer.

Marie le savait bien. Le diacre avait plus d'une fois éprouvé la complaisance du jeune homme et reçu de lui des services tout gratuits, qui méritaient une rémunération. La jeune fille rougit au souvenir qui lui en revint. Était-ce pour son oncle qu'elle rougissait? ou bien la pensée que Roswell avait obligé son oncle se mêlait-elle à l'émotion qu'elle semblait éprouver?

— Eh bien, Monsieur, reprit la nièce après quelques instants, nous pouvons envoyer chercher Roswell, si vous le jugez à propos, et lui demander d'avoir cette bonté pour ce pauvre homme.

— Ceux qu'on envoie chercher les médecins sont si pressés! Je suis sûr que Gar'ner croirait nécessaire de louer un cheval pour traverser Shelter-Island, et puis un bateau pour se rendre au port. Si l'on ne trouvait pas de bateau, il lui faudrait peut-être un cheval pour galoper jusqu'à l'entrée de la baie. C'est à peine si avec cinq dollars on en viendrait à bout.

— S'il fallait cinq dollars, Roswell les donnerait de sa poche, plutôt que de demander à un autre de l'aider dans un acte de charité. Mais il n'aura pas besoin de cheval; le bateau baleinier est près du quai, et l'on peut s'en servir.

— C'est vrai; j'avais oublié le bateau baleinier. Puisque le bateau est là, il est facile d'amener ici le docteur assez vite, et les effets de Dagget suffiront, je pense, pour payer le mémoire du médecin.

Marie parut en ce moment plus triste qu'elle ne l'était à l'arrivée de son oncle, et, à la vue de Roswell qui se dirigeait vers la maison, elle y rentra, laissant sous le porche le jeune homme et M. Pratt. Après que ce dernier eut fait à Roswell les plus sages recommandations, celui-ci se dirigea en toute hâte vers le rivage pour y aller prendre le bateau.

CHAPITRE III.

> Tout ce qui brille n'est pas or, souvent vous l'avez entendu dire ; plus d'un homme a vendu sa vie, rien que pour voir mon apparence.
> SHAKSPEARE. *Le Marchand de Venise.*

A peine le diacre fut-il sorti, qu'il se rendit à l'humble demeure de la veuve White. La maladie de Dagget était un dépérissement général, mais sans beaucoup de souffrance. Il était assis sur un vieux fauteuil, et il se trouvait encore en état de causer. Il ne savait pas quel danger il courait, et peut-être se flattait-il en cet instant de vivre encore plusieurs années. Le diacre entra au moment même où la veuve venait de sortir pour aller visiter une autre commère de sa connaissance, qui demeurait dans le voisinage, et qu'elle avait depuis longtemps l'habitude de consulter. Elle avait aperçu le diacre de loin, et elle profita de cette occasion pour traverser la route, comprenant par une sorte d'instinct que sa présence n'était pas nécessaire pendant les conférences des deux hommes. Quel était le sujet de ces entretiens intimes, la veuve White ne parvenait pas à s'en rendre exactement compte ; mais on pourra voir ce qu'elle imaginait d'après sa conversation avec sa voisine, la veuve Stone.

— Voilà encore le diacre! s'écria la veuve White, tandis qu'elle se précipitait dans la chambre où se trouvait son amie. C'est la troisième fois qu'il vient *chez moi* depuis hier matin. Qu'est-ce que cela *peut* signifier?

— Oh! Betsy, il visite les malades, c'est la raison qu'il donne de ses nombreuses visites.

— Vous oubliez que c'est le jour du sabbat! ajouta la veuve White.

— Meilleur le jour, meilleure l'action, Betsy.

— Je sais cela ; mais c'est bien souvent pour *un homme* que de visiter les malades trois fois en vingt-quatre heures!

— Oui, c'aurait été plus naturel de la part d'une femme, il faut l'avouer, repartit la veuve Stone un peu sèchement. Si le diacre avait été femme, j'en suis sûre, Betsy, vous n'auriez pas fait tant d'attention à ses visites.

— Je n'y songe guère, reprit la veuve assez innocemment. Mais il est extraordinaire qu'*un homme* visite autant les malades, et surtout un diacre du *meeting*.

— Oui, ce n'est pas aussi ordinaire que cela pourrait être, surtout parmi les diacres. Mais, venez, Betsy, et je vous montrerai le texte sur lequel le ministre a prêché ce matin; il est bien fait pour fixer notre attention, car il est question de nous autres pauvres veuves.

Et les deux femmes passèrent dans une autre chambre, où nous les laisserons discuter les parties saillantes du sermon, au milieu de beaucoup d'interruptions de la veuve White, qui ne pouvait revenir de l'étonnement extrême que lui causaient les visites du diacre Pratt, *chez elle, les jours du sabbat*, aussi bien que les jours ouvriers.

Cependant les deux hommes causaient aussi; le diacre Pratt annonçait au malade, avec une certaine affectation, qu'il avait envoyé chercher un médecin pour lui.

— J'en ai fait à ma tête ou plutôt à mon cœur, ajouta le diacre. Il m'était pénible de voir vos souffrances sans chercher à y porter remède. Alléger les peines de l'âme et du corps, comme les tortures de la conscience, n'est-ce pas un des devoirs les plus doux d'un chrétien? Oui, j'ai envoyé Gar'ner au port, et dans trois ou quatre heures, il sera ici avec le docteur Sage.

— Au moins j'espère que j'aurai les moyens de payer toute cette dépense, reprit Dagget d'un ton de doute qui effraya beaucoup son ami. Un peu plus tôt, un peu plus tard, il faut que je meure; mais si je pouvais vivre assez pour retourner au Vineyard, là ma part d'héritage suffirait à tous mes besoins. Je puis vivre encore assez pour voir la fin de l'*autre affaire*.

Parmi les histoires du matelot, il y en avait une sur laquelle il revenait souvent, à savoir : qu'il n'avait jamais reçu sa part de la fortune de son père; ce qui était assez vrai, quoiqu'il ne fût pas moins exact de dire que le vieillard n'avait rien laissé qui valût la peine d'être partagé. Il avait été matelot comme son fils, et il avait laissé la fortune d'un matelot. Le diacre réfléchit un moment, et il revint au sujet qu'il avait l'habitude de traiter dans ses conférences secrètes avec Dagget.

— Avez-vous pensé à la carte, Dagget, et regardé ce journal?

— Oui, Monsieur; vous avez été si bon pour moi, que je ne suis pas homme à l'oublier.

— Il faudrait me montrer vous-même sur la carte l'endroit où se trouvent ces îles. Il n'y a rien de tel que de voir de ses propres yeux.

— Vous oubliez mon serment, diacre Pratt. Nous avons tous juré sur la Bible de ne pas indiquer le point où se trouvent ces îles, avant l'année 1820. Alors nous aurons la liberté de faire ce que nous voudrons. Mais la carte est dans ma valise, et non-seulement les îles, mais la plage, y sont si clairement indiquées, qu'il n'y a pas de marin qui ne pût les trouver. Je garderai cette valise tant que je vivrai. Que je me rétablisse, et je monterai à bord du *Lion de Mer*, et je dirai à votre capitaine Gardiner tout ce qu'il aura besoin de savoir. La fortune de celui qui abordera dans l'une de ces îles sera faite.

— Oui, c'est ce que j'imagine, Dagget; mais comment puis-je avoir la certitude qu'aucun autre vaisseau ne me devancera?

— Parce que mon secret n'appartient qu'à moi. Nous n'étions que sept sur ce brick. Sur sept, quatre moururent de la fièvre, dans les îles, le capitaine fut précipité dans la mer et noyé pendant une rafale. Il ne restait plus que Jack Thompson et moi, et je crois bien que Jack est l'homme dont on a parlé il y a six mois, comme ayant été tué par une baleine.

— Jack Thompson est un nom si commun qu'on ne peut en être bien sûr. En outre, si l'on admet qu'il a été tué par cette baleine, il a pu dire le secret à une douzaine de personnes avant l'accident.

— Son serment s'y opposait. Jack avait juré comme nous tous, et il n'était pas homme à manquer à sa parole. Ce n'était pas un de ces serments de contrebande qu'on fait à la douane, et dont on pourrait prêter une douzaine tous les matins; mais c'était un engagement pris sur l'honneur d'un marin, puisqu'il s'agit d'une affaire entre camarades.

Le diacre Pratt ne dit pas à Dagget que Jack pouvait avoir eu d'aussi bonnes raisons que lui-même pour oublier un peu son serment, mais il le pensa.

— Il y a une autre raison de croire que Jack n'a pu trahir le secret, reprit Dagget au bout de quelques instants : c'est que Jack n'a jamais pu mettre le doigt sur la latitude et la longitude, et qu'il ne tenait pas de journal. Et, manquant d'indications précises, ses amis et lui pourraient chercher un an sans trouver aucune des îles.

— Vous croyez que le pirate ne s'est pas trompé en vous parlant de cette plage et du trésor caché? dit le diacre avec anxiété.

— Je jurerais qu'il a dit vrai, répondit Dagget, comme si j'avais vu la boîte moi-même. Ils étaient forcés de partir, comme vous pouvez le supposer; autrement ils n'auraient jamais laissé tant d'or dans un endroit si désert; mais ils l'y ont laissé, sur la parole d'un mourant.

— D'un mourant! Vous voulez parler du pirate, n'est-ce pas?

— Certainement; nous étions enfermés dans la même prison, et nous eûmes le temps d'en parler plus de vingt fois avant qu'il fût lancé sur sa dernière balançoire. Lorsqu'on reconnut que je n'avais rien de commun avec les pirates, je fus mis en liberté, et je retournais au Vineyard, dans l'espoir d'y trouver quelque navire pour aller à la recherche de ces deux trésors (car l'un vaut l'autre), lorsqu'on m'a débarqué ici. Peu m'importe que le navire parte d'Oyster-Pond ou du Vineyard.

— Sans doute. Eh bien, autant pour vous obliger et vous tranquilliser que pour toute autre raison, j'ai acheté le *Lion de Mer*, et j'ai engagé le jeune Roswell Gar'ner comme capitaine du navire. Le schooner sera prêt dans huit jours à mettre à la voile; et si les choses se passent comme vous le dites, ce sera un bon voyage. Tous ceux qui s'y trouveront intéressés auront à s'en réjouir. Vous n'avez plus maintenant qu'une chose à faire, c'est de me prêter la carte marine pour que je l'étudie bien avant le départ du schooner.

— Est-ce que vous voudriez faire le voyage vous-même, monsieur Pratt? dit le matelot avec surprise.

— Non, pas en personne, répondit le diacre; je suis trop vieux maintenant pour faire une aussi longue absence; mais je risque une partie de ma fortune, et il est naturel que j'y aie l'œil. Or, il vaudrait mieux, suivant moi, bien étudier d'avance la carte marine que de le faire au dernier moment.

— Le capitaine Gar'ner, répondit le marin d'une manière évasive, aura bien le temps d'examiner cette carte avant d'aborder dans aucun de ses ports. Si je dois naviguer avec lui, comme je le pense, rien ne me sera plus facile que de lui indiquer la route et les distances.

Cette réponse produisit un long silence. Pauvre, malade, sans amis, au milieu d'étrangers, Dagget s'était bientôt rendu compte du caractère de M. Pratt, et il avait cherché et trouvé le meilleur moyen d'intéresser celui qui pouvait lui être utile.

Après une pause qui fut très-longue, M. Pratt fut le premier à rompre le silence.

— J'ai été fort préoccupé, reprit-il, au sujet de ce trésor. Quand même Gar'ner réussirait à le découvrir, cet argent peut avoir de légitimes propriétaires.

— Ils auraient de la peine à faire valoir leurs droits, si ce que le pirate m'a dit était vrai. Cet or, suivant lui, venait de tous côtés, de bâbord et de tribord. Et tout cela était si mêlé et si confondu, qu'une jeune fille n'aurait pu y distinguer des autres pièces le souvenir de son amant. C'était le butin de trois ans de croisières, et on en avait changé une grande partie dans différents ports pour gagner les douaniers et les officiers du roi. Car il y a des officiers du roi, diacre Pratt, parmi ces b... d'Espagnols, aussi bien que parmi les Anglais.

— Pesez vos termes, ami; des paroles de ce genre ne sont pas convenables, surtout le jour du Seigneur.

Dagget roula sa *chique* sur sa langue, et ses regards eurent quelque chose d'ironique; mais il supporta cependant avec patience la réprimande que le diacre lui adressait, sans y faire aucune réponse.

Deux fois dans l'après-midi, le diacre Pratt se rendit de chez lui au *cottage* de la veuve White. De son côté, la veuve White traversa la route non moins souvent pour aller exprimer son étonnement à la veuve Stone des nombreuses visites de l'homme riche. Lorsqu'il vint la seconde fois, il avait vu le bateau baleinier tourner l'extrémité de Shelter-Island, et, à l'aide d'une longue-vue, il venait d'apercevoir le docteur Sage. Le diacre se hâta aussitôt de retourner au cottage, ayant à dire à Dagget quelque chose qui ne pouvait souffrir de retard.

— Le bateau arrive, dit-il en s'asseyant, et le médecin sera bientôt ici. Avant que le docteur Sage vienne, j'ai à vous donner un conseil, Dagget. Trop parler pourrait vous agiter, surtout quand il s'agit d'affaires importantes, et vous pourriez donner une fausse idée de votre état, si votre pouls galopait et que le sang vous montât au visage pour avoir trop parlé.

— Je vous comprends, diacre; mon secret est mon secret, et aucun médecin ne me l'arrachera, tant que je saurai ce que je dis.

— Et puis c'est le jour du Seigneur, ajouta le pharisien, et il ne convient pas de s'occuper ainsi d'intérêts temporels en un tel jour.

Le docteur Sage entra bientôt après. C'était un homme intelligent, fin et observateur. Il avait représenté au congrès le canton où il demeurait. Habile praticien, il eut bientôt reconnu l'état du matelot. Le diacre ne l'ayant pas quitté d'un instant, c'est à lui qu'il fit part de son opinion sur le malade, tandis qu'ils se rendaient à la demeure de M. Pratt.

— Ce pauvre homme touche à sa fin, dit le docteur froidement, et la médecine ne saurait lui faire aucun bien. Il peut vivre un mois, quoique je ne fusse point surpris d'apprendre sa mort dans une heure.

— Croyez-vous donc qu'il soit si près de mourir? s'écria le diacre; j'aurais espéré qu'il vivrait jusqu'à ce que le *Lion de mer* mît à la voile, et qu'un voyage le remettrait.

— Rien ne le remettra plus jamais, diacre, vous pouvez en être sûr. Est-il d'Oyster-Pond ?

— Il vient de quelque endroit du côté de l'est, répondit le diacre, évitant avec soin de dire au docteur d'où l'étranger était venu. Il n'avait ni amis ni connaissances ici ; je pense que ses effets suffiront pour couvrir toutes ses dépenses.

— S'il n'en était point ainsi, qu'il ne soit pas question de ma visite, reprit aussitôt le docteur, qui avait bien compris le motif du diacre en faisant cette remarque. J'ai fait une traversée fort agréable avec le jeune Gar'ner, qui m'a promis de me reconduire. J'aime beaucoup à aller en bateau, et je me trouve toujours mieux de ces excursions maritimes. Si je pouvais mener mes malades avec moi, l'air pur et l'exercice leur feraient le plus grand bien.

— Toujours bon, docteur ; mais Dagget ?

— Cet homme s'appelle-t-il Dagget ? interrompit le médecin.

— Je crois que c'est ainsi qu'il s'appelle lui-même, quoiqu'on ne soit jamais sûr de ce que ces gens-là disent.

— C'est vrai, diacre ; le matelot vagabond, sans feu ni lieu, est presque toujours un grand menteur ; au moins l'ai-je toujours trouvé ainsi. Mais si le nom de cet homme est vraiment Dagget, il faut qu'il soit originaire du Vineyard. Il y a là une multitude de Daggets. Oui, cet homme doit être du Vineyard.

— Il y a des Daggets dans le Connecticut, j'en suis sûr...

— Nous savons tous que c'est là un nom honorablement connu ; mais le berceau de la race est le Vineyard. Il y a quelque chose du Vineyard dans le regard de cet homme. Je suis sûr qu'il y a longtemps qu'il n'a été chez lui.

Le diacre était à l'agonie. Il voyait se dresser le sujet de discussion qu'il redoutait le plus, il reculait comme devant la pointe d'une épée. Quoi ! avoir à s'expliquer sur le passé du malade, sur sa vie de marin ! A quoi aurait servi toute sa discrétion, toute sa prudence ? Un autre prétendait s'occuper de Dagget ; mais Dagget lui appartenait, c'était sa propriété, sa chose ; ne venait-il pas d'armer un schooner sur la parole de Dagget ? Et le docteur était d'une vivacité, d'une perspicacité vraiment effrayante; personne ne flairait comme lui un secret. Voilà pourquoi le diacre n'avait pas envie de l'envoyer chercher. Quoi qu'il en soit, le mal était fait, et le diacre pensa qu'il valait mieux en prendre son parti, car la moindre hésitation aurait pu augmenter la défiance du docteur.

— Vous pouvez avoir raison, docteur, reprit le diacre, ces gens du Vineyard sont de grands rôdeurs.

— C'est vrai. J'ai eu l'occasion d'y passer un jour, il y a quelques années, en me rendant à Boston, et j'ai trouvé dans l'île cinq femmes contre un homme. Il faut vraiment avoir de la conscience pour y être une semaine sans commettre le crime de bigamie. Quant aux célibataires, j'ai entendu dire qu'un pauvre diable de cette espèce, qui s'est trouvé malheureusement jeté sur ce rivage, a été marié trois fois dans la même matinée.

Comme le genre d'esprit du docteur était bien connu, le diacre ne croyait pas qu'il fût tout à fait nécessaire de le croire sur parole; mais il n'était point fâché de le voir dans cette disposition, craignant qu'il n'en revînt à la vie passée de Dagget. Ce moyen réussit, le Vineyard et ses femmes étant pour tout le monde, dans cette partie du globe, un sujet de plaisanterie traditionnel.

Marie était venue sous le porche recevoir son oncle et le médecin. Elle n'avait pas besoin de faire des questions, car l'expression de sa physionomie était parlante.

— Il va bien mal, ma jeune dame, dit le docteur en s'asseyant sur un des bancs, et je n'ai pas d'espoir à donner. Combien de temps a-t-il encore à vivre? c'est une autre question. S'il a des amis qu'il désire voir, s'il a des affaires à arranger, il faudrait lui dire la vérité, et sans perdre de temps.

— Il y a bien longtemps qu'il n'a entendu parler de ses amis, interrompit le diacre, que sa passion égarait assez pour qu'il ne se tînt plus sur ses gardes, et qu'il oubliât à quel point il se livrait en avouant qu'il savait où le malade était né;— il y a bien cinquante ans qu'il n'a été au Vineyard, et qu'on n'y a entendu parler de lui.

Le docteur vit la contradiction dans laquelle le diacre venait de tomber, et cela lui donna à penser ; mais il avait trop de prudence pour se trahir...

— Qu'est devenu le capitaine Gar'ner? dit-il en promenant autour de lui un regard curieux, comme s'il s'était attendu à le trouver attaché aux cordons du tablier de la nièce.

Marie rougit, mais elle était trop pure pour éprouver un embarras véritable.

— Il est allé au schooner préparer le bateau pour votre retour.

— Et il faut que ce retour ait lieu, ma jeune dame, aussitôt que j'aurai pris deux tasses de votre thé. J'ai des malades au *Port* qu'il me faut aller voir dans la soirée, et le vent baisse avec le soleil. Que le pauvre homme prenne la potion que j'ai laissée pour lui, elle adoucira ses souffrances et facilitera sa respiration; mon art ne peut rien faire de plus pour lui. Diacre, ne parlons pas de cette visite; je suis assez payé par le bon air, par l'excursion que j'ai faite, et par l'accueil de mademoiselle Marie. Je vois qu'elle a du plaisir à me recevoir, et c'est quelque chose entre une si jeune femme et un homme de mon âge. Maintenant, les deux tasses de thé.

On prit le thé, et le docteur se retira secouant la tête, lorsqu'il répéta à la nièce que l'art médical ne pouvait plus rien pour le malade.

— Il faut avertir ses amis, diacre, dit-il pendant qu'ils prenaient le chemin du quai où le bateau était prêt à partir; il n'y a pas une heure à perdre. Maintenant que j'y pense, le navire *le Brillant*, capitaine Smith, va porter à Boston une cargaison d'huile et met demain à la voile. Je n'ai qu'à écrire un mot par ce navire, et il y a dix à parier contre un qu'il s'arrêtera de ce côté avant de passer la barre, et une lettre adressée à qui que ce soit du nom de Dagget ne peut manquer d'arriver à l'un des parents.

Ce projet du docteur donna au diacre une sueur froide, mais il n'osa pas le contredire. Il avait acheté le *Lion de Mer*, engagé Roswell Gardiner et dépensé une somme d'argent considérable, dans l'espoir de mettre la main sur les doublons, sans rien dire des fourrures, et voilà que tous ses calculs pouvaient être déjoués par l'intervention de parents impertinents et cupides! A cela il n'y avait de remède que la patience, et le diacre s'efforça d'en faire provision.

Le diacre Pratt n'accompagna pas le docteur au delà des limites de son propre verger. Il n'était pas convenable pour un membre du *meeting* de sortir le jour du sabbat, et le diacre s'en souvint à temps pour échapper aux commentaires du voisinage. Il est vrai qu'il pouvait y avoir une exception pour le docteur; mais les rigoristes, quand ils entreprennent de veiller à la conscience du prochain, ne s'arrêtent pas à ces détails.

A peine le jardinier et le médecin étaient-ils partis, que le diacre retourna au cottage de la veuve White. Là, il fit subir au malade un nouvel interrogatoire long et pressant. Le pauvre Dagget était fatigué de ce sujet de conversation; mais l'opinion émise par le docteur Sage, que la fin du vieux matelot était prochaine, et la possibilité que des parents arrivassent du Vineyard pour s'informer de ce que l'absent pouvait avoir laissé, agissaient puissamment sur l'esprit du diacre. Si l'on réussissait maintenant à connaître les faits les plus importants, *le Lion de Mer* pouvait gagner assez d'avance sur ses rivaux pour obtenir le résultat qu'on se proposait; lors même que Dagget divulguerait le secret et qu'un autre vaisseau partirait pour cette expédition. Son propre schooner était prêt à mettre à la voile; tandis qu'il faudrait du temps pour équiper un autre navire.

Mais Dagget ne paraissait pas disposé à être plus communicatif qu'il ne l'avait été jusqu'alors. Il revint sur le récit qu'il avait fait de la découverte des îles où l'on trouvait les veaux marins, et il insista sur la douceur et le nombre de ces animaux. Un homme pouvait marcher au milieu d'eux sans leur causer la moindre alarme. En un mot, tout ce qu'un équipage, composé de marins de choix aurait à faire, serait de tuer, d'écorcher, et de recueillir l'huile. Ce serait comme si l'on avait à ramasser des dollars sur la plage.

Ce récit excitait au dernier point la cupidité du diacre; une description un peu animée de baleines et de veaux marins produisant autant d'effet sur l'imagination d'un habitant du comté de Suffolk, ou, à proprement parler, d'un homme de l'extrémité orientale de ce comté, que la peinture d'une prairie couverte de froment pourrait en faire sur l'esprit d'un *Wolverine* ou d'un *Buckeye*, ou qu'un compte d'intérêts à tant pour cent en produit sur les sentiments d'un courtier de *Wall-Street* à New-York. Jamais l'amour de Mammon ne s'était emparé du cœur du diacre avec un tel despotisme. L'histoire du trésor, que Dagget lui redit encore avec les développements les plus complets, lui faisait à peine une aussi vive impression que les explications données par Dagget sur le nombre et la grosseur des veaux marins.

Dagget ne cachait rien au diacre, à part les latitudes et les longitudes. Toute l'habileté du diacre, et elle était grande, ne put parvenir à arracher au marin ces données sans lesquelles toutes les autres étaient inutiles; et le vieillard gagna une fièvre presque aussi forte que celle de Dagget pour se rendre maître du secret;— mais ce fut en vain.

C'était l'heure où le malade était sujet à un redoublement de fièvre, on peut dire que son pouls galopait en ce moment; il s'était beaucoup animé lui-même, et l'imprudence avec laquelle ils avaient livré leurs cœurs à l'image séduisante de la fortune, contribua boucoup à augmenter le mal. Enfin la fatigue et l'épuisement mirent un terme à une scène qui devenait trop dramatique pour n'être pas révoltante.

Le diacre lui-même, en revenant chez lui, le soir, savait bien que son esprit n'était point dans l'état où il aurait dû se trouver le jour du Seigneur, et il craignit de rencontrer le regard tranquille de sa nièce, dont la piété était aussi simple que sincère. Au lieu d'aller la rejoindre et de s'unir aux prières qu'on faisait à cette heure dans la maison, il se promena dans le verger voisin jusqu'à une heure très-avancée. Mammon prenait dans son cœur la place de la Divinité, et l'habitude lui opposait une trop forte barrière pour qu'il osât ouvertement mettre l'idole en présence du vrai Dieu.

CHAPITRE IV.

> Oh! ne les pleurez pas, ils n'ont plus à souffrir. Oh! ne les pleurez pas, car ils ne pleurent plus ; car leur sommeil est profond, quoique leur oreiller soit froid et dur dans le vieux cimetière.
>
> BAYLY.

Le lendemain matin de bonne heure, tout le monde était levé chez le diacre Pratt. Au moment où le soleil semblait sortir des eaux, le diacre et Marie se rencontrèrent sous le porche de la maison.

— Voici la veuve White, et elle paraît très-pressée, dit la nièce avec anxiété; j'ai peur que son malade n'aille plus mal.

— Hier soir, reprit l'oncle, il semblait mieux, bien qu'il fût un peu fatigué d'avoir causé. *Il voulait* parler, quoi que je fisse pour l'en empêcher. Je ne lui demandais que deux ou trois mots; il en disait mille, et non pas ceux que je désirais entendre. Ce Dagget est bien-parleur, je puis vous l'assurer, Marie.

— Il ne parlera plus, diacre, s'écria la veuve White, qui s'était assez approchée pour entendre les dernières paroles du diacre. Il ne dira plus rien ni en bien ni en mal.

Le diacre fut si frappé de la nouvelle, qu'il resta muet. Quant à Marie, elle exprima tout son regret que le malade eût été appelé si tôt devant Dieu, et après avoir eu si peu de temps pour se préparer, ce qui était pour elle la plus grande des affaires.

Au reste, la veuve, dans sa volubilité, leur eut bientôt donné tous les détails de l'événement. Il paraît que Dagget était mort pendant la nuit, la veuve l'ayant trouvé raide et froid quelques minutes auparavant. Qu'un événement qui, pour l'instant où il était arrivé, pourrait paraître un peu imprévu, eût été hâté par la fatigue d'une longue conversation, c'est ce qu'il était difficile de révoquer en doute, quoique personne ne fît de commentaires à ce sujet. La cause immédiate de la mort fut la suffocation déterminée par la suppuration, comme cela arrive souvent dans le dernier degré de l'étisie.

Il y aurait de l'injustice envers M. Pratt à prétendre que cette mort subite ne produisit aucun effet sur ses sentiments. Dans les premiers moments, il pensa à son âge, à l'avenir qu'il avait devant les yeux. Pendant une demi-heure, ces réflexions l'agitèrent; mais Mammon reprit peu à peu son empire, et les images pénibles s'effacèrent devant d'autres qu'il trouva plus agréables. Puis il songea sérieusement à ce qu'exigeaient les circonstances.

Comme il n'y avait rien d'extraordinaire dans la mort de Dagget, on n'eut pas besoin du coroner. C'était une mort naturelle, quoique subite. Il n'y avait donc plus qu'à donner les ordres nécessaires pour l'enterrement et à conserver soigneusement les effets du défunt.

Le diacre fit donc transporter chez lui la valise de Dagget, après avoir retiré la clef de la poche de sa veste, et il donna les ordres nécessaires pour l'enterrement.

Le diacre passa encore une demi-heure sérieuse et pénible, lorsqu'il vit le cadavre. Elle était là, étendue, cette enveloppe insensible, abandonnée par son hôte immortel, et complétement indifférente au sujet qui les avait tant occupés tous les deux. On aurait dit que la physionomie du mort exprimait le sentiment de la vanité de tous les projets terrestres de richesses et de bonheur. L'empreinte de l'éternité semblait gravée sur ces traits flétris et décolorés. Quand tout l'or des Indes aurait été à sa portée, Dagget n'aurait pu étendre le bras pour y toucher.

Quel commentaire plus frappant sur la vanité des choses humaines pouvait s'offrir aux méditations du diacre? Formaliste en fait de religion, il s'était montré irréprochable dans ce qu'on pourrait appeler l'extérieur de la piété. Il est vrai qu'il n'avait jamais pris le nom de Dieu en vain pendant tout le cours de sa vie, mais il s'était abstenu d'un si grand péché plutôt parce qu'il avait appris, dans sa jeunesse, à l'éviter, et parce que ses voisins auraient été choqués de le lui voir commettre, que parce qu'il éprouvait un profond respect pour son Créateur. Il avait respecté de la même manière la plupart des commandements du Décalogue.

Il avait à la bouche toutes les paroles de sa secte, n'employait jamais une expression hasardée, était régulier au *meeting*, remplissait en apparence tous les devoirs que son église exigeait de lui, à l'égard des pratiques religieuses; mais il était loin de cet état que saint Paul a caractérisé par ces mots : « vivre dans le Christ. »

Le corps ne fut pas enlevé de la maison de la veuve White, mais le lendemain matin on le porta au cimetière, et on l'enterra dans un coin abandonné à la sépulture des inconnus, dont les restes ne recevaient aucun honneur. Ce fut alors seulement que le diacre se crut l'unique dépositaire des grands secrets de Dagget.

Il avait les cartes marines en son pouvoir, et Dagget ne pouvait plus faire de révélations. Si les amis du défunt apprenaient sa mort et venaient réclamer ses effets, il était peu probable qu'ils y trouvassent aucune indication à l'égard des îles fréquentées par les veaux marins, ou du trésor caché du pirate. Il fit plus : il exagéra même ses précautions ordinaires, et il alla jusqu'à payer de sa bourse des dettes du défunt à la veuve White, à laquelle il remit dix dollars. Et pour détourner les soupçons qu'aurait pu exciter un si grand acte de libéralité, il dit qu'il s'adresserait aux amis du matelot, et que, dans le cas où ceux-ci ne pourraient acquitter ses avances, il ferait vendre les effets du défunt.

Il paya aussi le prix du cercueil et de la fosse, ainsi que les frais peu considérables de l'enterrement. En un mot, le diacre espéra, avec de l'argent, couper court à toutes les questions impertinentes.

La valise avait été transportée dans un grand cabinet qui donnait dans la chambre du diacre. Quand il eut réglé tous ses comptes, ce fut là qu'il se rendit armé de la clef qui devait livrer un si grand trésor à ses regards. Il éprouva bien quelques scrupules, après s'être enfermé dans la chambre, à l'égard du droit qu'il pouvait avoir d'ouvrir la valise. Il est certain qu'elle ne lui appartenait pas; mais il interprétait les révélations de Dagget de manière à justifier à ses propres yeux l'acte qu'il croyait pouvoir se permettre.

Il avait acheté le schooner pour aller à la recherche des veaux marins et du trésor. Il l'avait fait à la connaissance de Dagget et avec son assentiment, et il n'admettait pas que la mort du marin eût rien enlevé à ses droits. Le diacre n'avait jamais cru que l'homme du *Vineyard* pût accompagner l'expédition, de sorte que, Dagget présent ou absent, les droits de M. Pratt restaient toujours les mêmes. Il est vrai que le diacre n'avait reçu aucune donation légale des cartes marines; mais il croyait que toutes les circonstances dont nous avons fait mention l'autorisaient au moins à y jeter les yeux.

Il y eut quelque chose de solennel pour le diacre dans le moment où il ouvrit la valise. Il lui était impossible d'oublier le décès récent de celui auquel elle appartenait, et il se mêlait à son émotion une certaine anxiété, car était-il certain de trouver même sur ces cartes les endroits dont il cherchait les longitudes et les latitudes? Assurément il ne s'offrit à lui rien qui ressemblât à un trésor quand tout ce qu'avait laissé Dagget parut aux regards du diacre. Une partie des effets de Dagget avait été vendue pour suffire à ses dépenses. Ceux qui restaient dans la valise étaient destinés aux climats chauds, et portaient les traces d'un long usage. Il y avait deux vieilles cartes marines, sales et usées, sur lesquelles le diacre porta la main et s'abattit comme l'épervier tombe sur sa proie.

Mais au moment où il agissait ainsi, il fut saisi d'un tel tremblement, qu'il se trouva forcé de se jeter sur une chaise et de s'y reposer un instant.

En ouvrant la première carte, le diacre vit à l'instant que c'était celle du cercle antarctique. On y avait certainement indiqué par quelques points à l'encre trois ou quatre îles avec la latitude—0, et la longitude—0, écrite en marge. Nous sommes forcés de ne pas reproduire ici les chiffres qui se trouvent sur la carte, car cette découverte est encore regardée comme importante par ceux qui possèdent le secret.

Nous sommes autorisés à raconter toute l'histoire, à cette exception près.

Le diacre respirait à peine tandis qu'il s'assurait de ce fait important, et ses mains tremblaient tellement, que le papier de la carte claquait pour ainsi dire entre ses doigts. Il eut recours ensuite à un expédient qui peignait tout son caractère. Il écrivit la longitude et la latitude dans un agenda qu'il portait toujours sur lui ; puis il se rassit et, avec la pointe d'un canif, il effaça très-soigneusement de la carte marine les indications d'îles et les chiffres qui s'y trouvaient. Cela fait, il se trouva débarrassé d'un grand poids. Ce ne fut pas tout.

Les cartes marines destinées au schooner se trouvaient sur une table dans sa propre chambre; il traça sur l'une de ces cartes, aussi bien qu'il put y réussir, les îles des veaux marins qu'il venait d'effacer de la carte de Dagget. Là aussi il écrivit au crayon les chiffres importants qu'il nous est défendu de révéler.

Il ouvrit ensuite la seconde carte : c'était celle des Indes Occidentales, et en particulier de certaines plages. L'une d'elles était indiquée de manière à ne point permettre de douter que ce ne fût celle du pirate. La même interdiction existant à l'égard de cette plage que relativement à l'île des veaux marins, nous ne pouvons en dire davantage.

Ce qu'il y avait d'écrit près de l'indication de cette plage étant au crayon, il fut aisé de l'effacer avec de la gomme élastique; le diacre eut encore la précaution de frotter quelque objet sur l'endroit blanc que son canif avait fait sur l'autre carte, et alors il se dit qu'aucun regard ne pourrait découvrir ce qu'il avait fait. Ayant marqué cette plage sur sa propre carte des Indes Occidentales, il remit les cartes marines de Dagget dans la valise, et la referma. Il avait déjà transcrit sur le papier tous les détails qu'il tenait de la bouche même de Dagget, et maintenant il se croyait pourvu de tous les renseignements qui pouvaient le rendre l'homme le plus riche du comté de Suffolk !

Quand il se retrouva avec sa nièce, Marie fut surprise de la gaieté de son oncle si tôt après un enterrement.

C'est qu'il avait le cœur léger. Dagget, après l'avoir conduit pas à pas, à son but, avait ensuite refusé obstinément d'entrer dans ces détails particuliers que l'on ne peut même révéler aujourd'hui, et dont l'ignorance aurait rendu inutiles toutes les dépenses préalables que le diacre avait faites. Sa mort cependant avait levé le voile, et le diacre se croyait le maître absolu du secret.

Une heure ou deux après, le diacre Pratt et sa nièce étaient à table avec deux autres personnes. Le dîner était simple, mais bon. Le poisson entre pour beaucoup dans la consommation journalière de ceux qui, dans ces contrées, demeurent sur le rivage de la mer; et cette fois l'oncle, dans son enthousiasme, après une victoire et une conquête, suivant lui, avait fait ce que l'on pouvait regarder, de sa part, comme une folie. Il y a toujours, dans ces contrées, des vieillards courbés sous les poids des ans qui gagnent leur vie en faisant le métier de pêcheurs. L'alcool a été généralement leur plus grand ennemi, et ils offrent tous le même caractère de paresse entremêlée de travaux violents, après lesquels ils retombent dans leur indolence habituelle, et se livrent à des accès d'intempérance qui se terminent ordinairement par la mort. Le pêcheur qui faisait ce métier entre Oyster-Pond et Shelter-Island, connu de tout le monde dans la localité, portait le nom familier de Baiting Joe.

Aussitôt après la découverte des longitudes et des latitudes sur les cartes marines, le diacre s'était rendu sur le quai, dans l'impatience où il était de voir comment Roswell Gardiner menait l'équipement du *Lion de Mer*.

Le jeune homme, avec les marins qu'il avait déjà réunis, travaillait de son mieux, et il y avait déjà dans l'armement du schooner un grand changement depuis que nous l'avons vu au début de cette histoire. Le schooner faisait de l'eau pour le voyage, et, de temps en temps, un chariot de campagne, ou une charrette traînée par des bœufs, amenait sur le quai les provisions que l'on allait mettre en magasin. De cargaison, il n'y en avait pas; car un vaisseau destiné à la chasse du veau marin n'emporte guère que du sel et ses provisions. En un mot, l'ouvrage avançait rapidement, et le capitaine Gar'ner dit à l'impatient armateur que dans une semaine le vaisseau serait prêt à mettre à la voile.

— J'ai réussi à engager le premier officier dont j'avais besoin, continua Roswell Gardiner, et il est maintenant à Bonington où il cherche des hommes d'équipage. Il nous faut une demi-douzaine de marins, dans lesquels nous puissions avoir confiance; et nous prendrons ici quelques-uns de nos voisins encore novices, comme pour leur rendre service.

— C'est cela, dit le diacre avec empressement; ayez un bon nombre de nouvelles recrues; elles coûtent moins cher et laissent de plus grands profits aux propriétaires. Eh bien, capitaine Gar'ner, les choses ont l'air de bien aller entre vos mains ; je vous laisse ; il faudra qu'après dîner je vous dise un mot en particulier. On dirait que Baiting Joe a trouvé quelque chose qui en vaut la peine.

— Ma foi, oui! Je suis sûr qu'il a au bout de sa ligne un *sheep's head* [1] qui pèse huit ou dix livres.

Gardiner ne se trompait pas, car Joe amena à l'instant le poisson dont il venait d'être question. Voilà comment le diacre s'était trouvé tenté de faire une folie. Il appela Joe, et, après avoir beaucoup marchandé, il acheta le poisson un demi-dollar. Comme Marie possédait à un degré supérieur l'art de préparer cette espèce de poisson, le diacre, qui tenait le *sheep's head* à la main, invita le capitaine Gar'ner à venir prendre sa part du régal.

Ce ne fut pas tout. Avant que le diacre eût conclu son marché avec Joe, le révérend M. Whittle vint sur le quai dans l'intention manifeste de trouver *quelque chose à manger*. Cet ecclésiastique avait pour occupations particulières d'écrire des sermons, de prêcher, de faire des conférences, de marier, de baptiser, d'enterrer, et d'aller à la chasse d'un dîner. A peu près la moitié de son temps était consacrée à ce but. Nous ne voulons pas dire que cet ecclésiastique fût gastronome, mais que ses honoraires lui étaient si mal payés, qu'il ne pouvait jamais meubler ni son garde-manger ni sa cave d'une manière un peu convenable. Tantôt c'était la farine, tantôt c'étaient les pommes de terre qui lui manquaient; puis il ne lui restait plus de porc, il y avait toujours

---

[1] Sheep's head signifie mot à mot *tête de mouton*; c'est un poisson fort connu en Amérique, mais inconnu en France et en Angleterre.

chez lui grande disette d'épiceries et d'articles aussi nécessaires. Cette négligence de la part des paroissiens, à laquelle se joignait, de la part du pasteur, une certaine imprévoyance, pesait sur l'économie domestique de la famille du ministre, et il en résultait une situation à laquelle il était sans cesse obligé de pourvoir.

Le diacre Pratt se trouva un peu embarrassé lorsqu'il rencontra le révérend M. Whittle. Ce n'était pas à cause du poisson qu'il tenait à la main. Cent fois il avait rencontré le pasteur, courant d'un air inquiet et affamé, lorsqu'il avait à la main, ou bien dans sa voiture, de quoi rendre heureuse toute une semaine la famille entière du ministre; jamais le cœur du diacre n'avait éprouvé à cet égard aucun sentiment de commisération. Mais le dernier jour du sabbat, il avait manqué au sermon de l'après-midi, faute dont il ne savait comment s'excuser, quoiqu'il en sentît la nécessité. Le ministre et le diacre se saluèrent cependant, l'un très-occupé de son absence de l'office, et l'autre du *sheep's head*. Il vint heureusement à l'esprit du diacre d'inviter son pasteur à prendre sa part du poisson. Cette invitation, qui arrivait à propos, occupa tellement le ministre, qu'il ne fut aucunement question d'un accident aussi extraordinaire que l'absence du diacre pendant le *meeting* de l'après-midi *le jour du dernier sabbat*.

Les convives réunis chez M. Pratt, en commençant par le diacre lui-même, étaient Marie, Roswell Gardiner et le révérend M. Whittle. Le poisson était excellent, et tout le monde félicita Marie de la manière dont elle l'avait accommodé. Mais Marie paraissait triste. Elle ne s'était pas encore remise de l'impression douloureuse que la mort récente et l'enterrement de Dagget lui avaient fait éprouver; puis ses pensées se reportaient longuement sur le voyage prochain de Roswell et sur l'état de son esprit, de ses idées, au point de vue de la croyance religieuse, au moment d'entreprendre une périlleuse expédition.

Plusieurs fois elle avait exprimé au ministre son désir qu'il parlât à Roswell; le ministre l'avait promis, mais il faisait comme ses paroissiens qui oubliaient de lui remettre ses honoraires, il ne s'en était pas souvenu.

Roswell Gardiner restait donc dans son incrédulité, ou, ce qui revenait au même, sous l'influence de certaines opinions qui contredisaient tout ce que l'église a enseigné à dater du temps des apôtres — au moins, c'est ce que pensait Marie, c'est aussi ce que nous pensons nous-même. Au contraire, le pasteur et le diacre étaient fort gais pour des hommes ordinairement si graves. Roswell Gardiner, ce qui est rare chez un marin, ne buvait que de l'eau, tandis que les autres convives prenaient de l'eau et du rhum.

— J'ai regretté que mon dernier voyage dans le Connecticut m'eût empêché de voir le pauvre homme qui a été si vite emporté dans la maison de la veuve White, fit observer le révérend M. Whittle, quelque temps après avoir dirigé sa première attaque contre le *sheep's head*. On m'a dit que le malade était condamné dès l'origine.

— Ç'a été l'opinion du docteur Sage, répondit le diacre; le capitaine Gar'ner s'est offert pour aller chercher le docteur dans *mon* bateau (et le diacre appuya sur l'adjectif possessif), mais est-il possible de guérir un marin dont les poumons sont malades?

— Ce pauvre homme était marin! Je ne savais pas quelle était sa profession; je le croyais plutôt cultivateur. Était-il d'Oyster-Pond?

— Non, nous n'avons ici personne du nom de Dagget, qui appartient au Vineyard. La plupart des Daggets sont marins, et cet homme était, je crois, du métier, quoique je ne sache rien de lui, à part quelques mots qui lui sont échappés en causant.

Le diacre croyait pouvoir déroger ainsi à la vérité sans inconvénient, dans la pensée que personne n'avait assisté à ses conférences secrètes avec Dagget. C'était bien mal comprendre le caractère de la veuve White que de croire qu'il fût possible d'avoir sous son toit une conversation sans qu'elle y prît une certaine part. Loin qu'il en fût ainsi, l'excellente femme avait réussi non-seulement à se blottir dans une cachette d'où elle pouvait entendre, mais à pratiquer un trou qui lui servait d'observatoire, d'où elle avait entendu et vu tout ce qui s'était passé entre le diacre et son hôte. Si son intelligence avait égalé sa curiosité, ou si elle n'avait pas été convaincue que le diacre songeait à elle, tout le comté aurait retenti des merveilles révélées dans ces entretiens. Non-seulement il aurait été question d'une île fréquentée par des veaux marins, mais de vingt autres îles aussi favorisées, et de plages sans nombre contenant des trésors immenses.

Un accident seul empêcha le veuve de répandre ces bruits. Il n'arriva qu'une fois à Dagget d'être explicite dans ses récits, tandis qu'ordinairement il ne disait rien de positif et ne faisait que des allusions à ce qu'il avait déjà raconté d'une manière plus claire et plus complète. Malheureusement pour elle, la veuve White était, dans ce moment-là, chez la voisine, sa veuve Stone. Tout ce qu'elle savait manquait donc de suite comme de clarté, et devait lui paraître assez contradictoire. C'était assez cependant pour la faire beaucoup réfléchir.

— C'est toujours un malheur pour une créature humaine, dit le révérend M. Whittle, de quitter ainsi ce monde loin de chez elle et de ses amis. Voilà une âme immortelle qui a eu à faire ce grand et suprême effort sans être soutenue autrement que par les prières de quelques pieux voisins. Je regrette d'avoir été absent pendant qu'il était ici. N'étant revenu que vendredi, j'ai dû consacrer le samedi à me préparer au sabbat, et il paraît qu'il est mort le dimanche soir.

— Nous sommes tous entre les mains de la Providence, dit le diacre, et c'est notre devoir de nous soumettre. Suivant moi, Oyster-Pond est comme une sorte d'asile pour les pauvres et les nécessiteux que débarquent les vaisseaux allant à l'est et à l'ouest, et cela ajoute à nos fardeaux.

Cela était dit d'un endroit aussi favorisé par la Providence qu'aucun autre de cette féconde Amérique. Et c'est à peine si, dans la moitié d'un siècle, huit ou dix événements de ce genre s'étaient présentés; c'était aussi la première fois que le diacre eût dépensé un *cent* dans une pareille occasion. Mais il avait si peu l'habitude de donner, qu'il était effrayé de toute éventualité de cette nature, comme d'une perte à peu près certaine.

— Voici Baitie Joe qui arrive du quai, demandant à voir *maître*, dit le nègre à tête grise, qui avait été esclave, et qui gagnait sa vie en travaillant pour la maison.

— Baiting Joe! j'espère qu'il ne vient pas redemander son *sheep's head*; ce serait un peu tard, dit Roswell en riant.

— J'ai donné à Joe son demi-dollar; vous m'avez vu le payer, capitaine Gar'ner?

— Je ne crois pas que ce soit cela, maître. Il y a avec Joe un étranger qu'il vient d'amener, et qu'il a débarqué sur le quai. Mais le voilà, maître.

Un étranger! Qui pouvait-ce être?

L'ordre fut donné de l'admettre, et à peine Marie l'eut-elle aperçu, qu'elle se leva doucement pour lui donner une assiette, afin qu'il eût sa part du poisson.

CHAPITRE V.

> Étranger! j'ai fui le séjour de la douleur, pour tomber devant le sépulcre de Connoch Moran; j'ai trouvé le casque de mon chef, son arc encore suspendu à notre mur.
>
> CAMPBELL.

— Un amphibie! s'écria Roswell Gardiner, dans un aparté en s'adressant à Marie, lorsque l'étranger entra conduit par Baiting Joe. Ce dernier ne venait que pour avoir son verre d'eau et de rhum; et dès que le nègre le lui eut donné, il s'essuya la bouche avec le dos de la main, salua et sortit. Quant à l'étranger, l'expression dont s'était servi Roswell Gardiner était très-significative; elle mérite une courte explication.

Le mot d'amphibie est ou était appliqué à un grand nombre de marins, pêcheurs de baleines ou chasseurs de veaux marins, habitant l'extrémité orientale de Long-Island, le Vineyard, les environs de Bonington et peut-être le voisinage de New-Bedford.

La classe d'hommes auxquels cette dénomination pouvait strictement convenir étaient matelots, sans être marins dans le sens du mot. Un marin de Delaware Bay aurait méprisé leur ignorance nautique; mais quand il se serait agi de ramer, de lutter contre le mauvais temps, ou de déployer le courage que réclame cette profession, il aurait admiré ceux dont, sous d'autres rapports, il aurait été disposé à rire. Pour bien caractériser ces hommes, on peut dire qu'il y a entre eux et le marin de profession le même rapport qu'entre le soldat et le volontaire.

On invita, comme de raison, l'étranger à se mettre à table. Il accepta sans beaucoup de cérémonies, et Marie, d'après l'appétit qu'il montra, dut croire qu'il rendait justice à son talent culinaire. L'étranger était venu porter le dernier coup au *sheep's head*, et, après ce dernier assaut, il en resta peu sur le plat. Il finit ensuite son verre d'eau et de rhum, et parut disposé à traiter l'affaire qui l'avait amené. Jusque-là il n'avait fait aucune allusion au motif de sa visite, laissant le diacre livré à ses conjectures.

— Le poisson de Peconic est fort bon, dit froidement l'étranger, après avoir prouvé le droit qu'il avait d'exprimer une opinion à cet égard; nous nous croyons assez bien pourvus, sous ce rapport, dans le *Vineyard*.

— Dans le *Vineyard?* interrompit le diacre sans attendre ce que l'étranger pouvait dire ensuite.

— Oui, Monsieur, dans le Vineyard, car c'est de là que je viens. Peut-être aurais-je dû me présenter à vous d'une manière un peu plus particulière. Je viens du Vineyard, et mon nom est Dagget.

Le diacre, qui dans ce moment étendait du beurre sur du pain, laissa tomber son couteau sur son assiette.

Dagget et le *Vineyard* étaient deux noms qui retentissaient fatalement à son oreille. Était-il possible que le docteur Sage eût eu le temps d'envoyer si vite un message au Vineyard? et cet habitant amphibie de l'île voisine venait-il déjà lui ravir son trésor? D'abord le diacre fut si ému qu'il ne put voir clair dans sa position; il crut même que tout ce qu'il avait dépensé pour le *Lion de Mer* était perdu, et qu'il pourrait avoir à rendre compte devant une cour de chancellerie des renseignements qu'il s'était fait donner par le défunt.

En réfléchissant un peu, cependant, il triompha de cette faiblesse, et il salua l'étranger en lui faisant une légère inclination de tête, comme pour lui dire qu'il était le bienvenu.

Personne, excepté le diacre, ne savait quelles pensées l'agitaient, et au bout de quelques instants l'étranger expliqua l'objet de sa visite.

— Les Daggets sont très-nombreux au Vineyard, continua l'étranger; et lorsque vous en nommez un, il n'est pas très-facile de savoir à quelle famille il appartient. Un de nos navires est venu à Holmey Hole il y a quelques semaines, et nous a rapporté qu'il avait hélé un brick de New-Haven, dont il apprit que l'équipage de ce bâtiment avait débarqué sur le rivage d'Oyster-Pond un marin du nom de Thomas Dagget, qui était du Vineyard et qui revenait après cinquante ans d'absence.

La nouvelle se répandit dans l'île et fit beaucoup de bruit parmi tous les Daggets. Il y a beaucoup de nos gens du Vineyard, errants de par le monde, et il y en a qui ne retournent dans l'île que pour mourir. Comme la plupart de ceux qui reviennent apportent quelque chose, on regarde toujours leur arrivée comme de bon augure. Après avoir causé avec les vieux de l'endroit, nous avons conclu que ce Thomas Dagget était le frère de mon père, qui s'était embarqué il y a environ cinquante ans, et dont on n'avait plus entendu parler.

C'est la seule personne du nom dont nous ne puissions nous rendre compte, et la famille m'a envoyé à sa recherche.

— Je suis fâché, monsieur Dagget, que vous arriviez si tard, dit le diacre lentement, comme s'il craignait d'affliger l'étranger. Si vous étiez venu la semaine dernière, vous auriez pu voir votre parent et causer avec lui; ou, si vous étiez venu ce matin de bonne heure, vous auriez assisté à son enterrement. Il est venu chez nous en étranger; et nous nous sommes efforcés d'imiter la conduite du bon Samaritain. Il a eu, je crois, tous les soins que nous avons pu lui donner à Oyster-Pond; le docteur Sage de Sag-Harbour l'a soigné dans sa dernière maladie. Vous connaissez, sans doute, le docteur Sage?

— Je le connais de réputation, et je ne doute pas qu'on n'ait fait tout ce qu'il y avait à faire. Tandis que le sloop que j'ai nommé, voguait de conserve avec le brick dans un moment de calme, les deux capitaines ont eu une longue conversation, et celui du Vineyard nous avait préparés à apprendre la mort prochaine de notre parent. Nous pensions bien qu'aucune science humaine ne pouvait le sauver. Puisqu'il avait un médicin si habile et qui venait de si loin, je suppose que mon oncle doit avoir laissé quelque chose?

C'était un appel bien direct, mais heureusement pour le diacre sa réponse était prête.

— Les marins que des vaisseaux ramènent de lointains parages et débarquent sur quelque point de nos rives, reprit-il en souriant, sont rarement surchargés de biens temporels. Quand un homme de cette profession a fait fortune, il aborde au quai de quelque grand port, et prend une voiture qui le conduit à une des premières tavernes.

— J'espère que mon parent, dit le neveu, n'a été un fardeau pour personne.

— Non, répondit le diacre. Il a vendu d'abord quelques objets qui lui appartenaient, et il a ainsi vécu. Comme la Providence l'avait conduit dans la demeure d'une pauvre veuve, j'ai cru que je serais agréable aux amis du défunt, et tout le monde a les siens, en m'occupant de régler avec elle. C'est ce que j'ai fait ce matin, et elle m'a donné reçu du tout, comme vous voyez, ajouta-t-il, en passant le papier à l'étranger. Pour avoir une sorte de garantie de mes avances, j'ai fait transporter chez moi la valise du défunt, et elle est maintenant en haut, prête à être examinée. Elle est légère, et je ne crois pas qu'elle contienne beaucoup d'or ou d'argent.

A vrai dire, le marin du Vineyard paraissait assez désappointé. Il était si naturel qu'un homme qui avait été absent cinquante années rapportât les fruits de ses travaux, qu'il avait espéré quelque résultat de la peine qu'il s'était donnée en venant à Oyster-Pond. Mais ce n'était point là l'objet spécial de sa visite, comme on le verra plus tard.

Le neveu de Dagget, qui avait toujours en vue son but principal, continuait à faire des questions un peu indirectes, et à recevoir des réponses qui n'étaient pas moins évasives et prudentes. C'est là un des caractères de la race circonspecte dont ils étaient sortis l'un et l'autre : les Américains, lorsqu'il s'agit d'affaires, ne disent pas un mot sans calculer toutes les inductions que d'autres pourraient en tirer. Après un quart d'heure de conversation, où toute l'histoire de la valise fut racontée, on décida qu'on ferait immédiatement l'inventaire de ce qu'avait laissé Dagget. Tout le monde, sans en excepter Marie, se réunit donc dans la chambre du diacre, au milieu de laquelle on plaça la valise.

Tous les yeux étaient fixés sur cette valise ; car chacun, à part le diacre, supposait que le contenu en était secret. La veuve White aurait pu dire le contraire pour y avoir fouillé une douzaine de fois, sans y prendre, il est vrai, une épingle. C'était la curiosité bien plus que la cupidité qui l'avait fait agir. Il est vrai que la bonne femme éprouvait quelque sollicitude pour ses propres intérêts, et qu'elle n'était pas sans inquiétude à l'égard de la pension que lui devait le marin, laquelle s'élevait seulement à un dollar-et-cinquante *cent* par semaine. Mais la vente de divers objets qui appartenaient à Dagget ayant suffi pour payer la pension assez régulièrement, l'anxiété de la veuve n'était pas extrême sous ce rapport. C'était surtout la curiosité qui l'inspirait dans ses recherches. Non-seulement elle avait manié tous les objets qui se trouvaient dans la valise, mais elle avait lu et relu tous les papiers qu'elle renfermait, y compris une demi-douzaine de lettres, sur lesquelles elle avait fait ses propres conjectures. Toutes ces recherches n'avaient rien appris à la bonne femme. Elle ne savait rien du grand secret, à part quelques mots qu'elle avait recueillis, et dont elle ne comprenait pas la signification. Mais là s'arrêtait son ignorance. Elle avait examiné chaque trou qui se trouvait à une chemise, chaque raccommodage qu'avait subi un pantalon, chaque reprise faite à une paire de bas, et elle avait établi ses calculs sur la valeur des objets d'après ces différentes circonstances. La seule chose qui eût échappé à son examen était une petite caisse soigneusement fermée. Elle aurait bien voulu y regarder, et il y avait des moments où elle aurait donné un doigt pour l'examiner.

Cette veste, se disait la veuve White, se vendrait un dollar, si elle n'avait pas un trou dans le coude, et, bien raccommodée, elle irait jusqu'à soixante-quinze *cent*. Ces pantalons doivent avoir coûté deux dollars, mais ils n'en valent pas maintenant la moitié. Cette veste verte est ce qu'il y a de mieux dans la valise ; et si on la vendait au port au moment du départ des vaisseaux, on en tirerait de quoi payer un mois des dépenses de Dagget.

— Voici la clef, dit le diacre en la prenant dans le tiroir d'une table, comme s'il l'y avait gardée soigneusement jusque-là. Je crois qu'elle ouvrira la serrure ; il me souvient d'avoir vu Dagget s'en servir lui-même deux ou trois fois.

Ce fut Roswell Gardiner qui, étant le plus jeune homme de la réunion, prit la clef et ouvrit la valise. Chacun, excepté le diacre, parut désappointé du spectacle qui s'offrit à tous les regards. Non-seulement la valise était à moitié vide, mais les objets qu'elle contenait étaient de l'espèce la plus commune : c'étaient des vêtements de marin qui avaient vu de meilleurs jours, mais qui n'avaient pu appartenir qu'à un matelot.

— Il n'y a guère là de quoi indemniser de la traversée du Vineyard à Oyster-Pond, dit Roswell Gardiner un peu sèchement, car il n'aimait pas l'esprit de cupidité qui se montrait dans le tardif intérêt qu'éprouvait le neveu pour le sort de son oncle. Que faire de tout cela, diacre ?

— Ce qu'il y aurait de mieux à faire, ce serait de retirer tous les objets de la valise, article par article, et de les examiner à part. Maintenant que nous avons commencé l'inventaire, il vaut mieux le continuer.

Le jeune homme obéit, et appela chaque objet en le tirant de la valise, et le passa ensuite à celui qui se présentait comme l'héritier du matelot. Le nouveau venu jetait un coup d'œil scrutateur sur chaque vêtement, et mettait prudemment la main dans toutes les poches pour s'assurer qu'elles étaient vides, avant de jeter l'objet sur le plancher.

Longtemps il ne découvrit rien, mais il finit par trouver une petite clef dans le gousset d'un vieux pantalon. Comme il y avait dans la valise une caisse dont nous avons déjà parlé, et qu'à cette caisse il se trouvait une serrure, le neveu de Dagget garda la clef sans rien dire.

— Il ne paraît pas que le défunt ait été très-affligé des biens temporels, dit le révérend M. Whittle, qui était un peu trompé dans son attente. Cela aura mieux valu pour lui au moment de quitter cette vie.

— Je ne doute pas, reprit Gardiner, qu'il n'eût porté le fardeau de très-bonne grâce s'il avait joui d'un peu plus d'aisance.

— Vos idées sur l'état moral et matériel qu'il faut souhaiter à l'homme lorsqu'il approche de sa fin ne sont peut-être pas les plus sages, capitaine Gar'ner, dit le ministre; la mer ne produit pas les théologiens les plus orthodoxes.

Le jeune marin rougit, regarda Marie, et se mit à siffler tout bas. Il eut oublié en un instant la réprimande qu'il avait reçue, et continua en riant son inventaire:

— Eh bien, ajouta-t-il, voilà une défroque un peu plus pauvre que ne l'est d'habitude celle de Jacques¹. Je ne pense pas, capitaine Dagget, que vous preniez la peine de transporter ces effets au Vineyard.

— Je n'en vois pas non plus la nécessité, quoique des amis et des parents puissent attacher à ces objets un prix que n'y mettent point des étrangers. Je vois là deux cartes marines : voulez-vous me les passer, s'il vous plaît? Elles peuvent avoir pour un marin un certain prix, car les vieux matelots prennent quelquefois des notes qui valent mieux que les cartes elles-mêmes.

Cela fut dit d'un ton très-simple et très-naturel; mais cela inspira beaucoup d'inquiétude au diacre, qui ne fut aucunement rassuré par le sérieux de celui que nous appellerons désormais Dagget, lorsqu'il étendit la carte sur le lit et qu'il commença à l'examiner. La carte qu'il venait d'ouvrir ainsi était celle où se trouvait le cercle antarctique, et dont le diacre avait eu tant de peine à effacer les îles fréquentées par les veaux marins. Il était évident que l'homme du Vineyard cherchait quelque chose qu'il ne pouvait trouver, et qu'il en éprouvait un vif désappointement. Au

1. Nom généralement donné aux matelots.

lieu de regarder la carte, on pouvait dire qu'il en étudiait tous les trous et toutes les fissures, qui ne manquaient pas, car le papier était vieux et déchiré. Plusieurs minutes se passèrent ainsi, l'étranger ne paraissant plus s'occuper de la garde-robe de son parent.

— C'est là une vieille carte, et à la date de 1802, ajouta Dagget en se redressant; elle ne peut avoir aujourd'hui que bien peu de valeur. Nos chasseurs de veaux marins sont déjà allés si loin au sud des deux caps, qu'ils doivent pouvoir faire beaucoup mieux maintenant.

— Votre oncle avait les dehors d'un vieux matelot, dit froidement le diacre, et il est possible qu'il préférât les vieilles cartes.

— Il fallait alors qu'il eût bien oublié la première éducation qu'on reçoit au Vineyard; il n'y a pas là une femme qui ne sache que la dernière carte est la meilleure. J'avoue qu'il y a ici pour moi un certain mécompte, car le maître du sloop m'a donné à entendre qu'il avait appris du maître du brick qu'on pouvait trouver quelques détails assez importants sur les cartes du vieux marin.

Le diacre tressaillit; il vit là une preuve que le défunt avait parlé de son secret à d'autres. Il était si naturel, pour un homme comme Dagget, de se vanter de ses cartes, qu'il entrevit la grande probabilité que la difficulté vînt de ce côté. Cependant, il n'avait rien de mieux à faire que de garder le silence. L'étranger, qui ne semblait que peu songer aux vieilles chemises et aux vieux habits, examina la carte une fois encore, et, bien plus, dans les hautes latitudes, non loin de l'endroit où l'on avait placé les îles des veaux marins, et dont on les avait effacées avec tant de soin.

— Il n'est pas compréhensible qu'un homme se soit autant servi d'une carte, dit le capitaine Dagget, et n'y ait écrit qu'un si petit nombre de notes. Et le capitaine Dagget semblait se plaindre d'un ton de reproche.

— Voici des brisants au milieu de la mer, continua le capitaine Dagget, là où, j'en suis sûr, l'eau n'est agitée que par les poissons, et pas un mot qui indique des îles. Qu'en pensez-vous, capitaine Gar'ner? ajouta-t-il en mettant le doigt sur l'endroit où le matin même le diacre s'était donné tant de peine pour effacer les îles. Au moins voit-on qu'on y a mis les doigts.

— C'est un banc de crasse, répondit Gardiner en riant. Voyons, ceci est près de la latitude...° et de la longitude...°. Il ne peut y avoir là de terre connue, car le capitaine Cook lui-même n'est pas allé aussi loin au midi.

— Vous avez été souvent dans ces mers, capitaine Gar'ner? dit Dagget d'un ton curieux.

— J'ai été élevé dans le métier, répondit le jeune homme avec franchise. — Au reste, je ne me préoccupe pas des cartes marines, elles peuvent servir lorsqu'un vaisseau est en route; quant aux baleines et aux veaux marins, ceux qui veulent en trouver maintenant, n'ont qu'à les chercher, comme je le dis à mon patron. On assure qu'autrefois un vaisseau n'avait qu'à mettre à la voile pour jeter le harpon; mais ce temps-là est passé, capitaine Dagget, et il faut chercher les baleines dans la mer, non moins qu'ici l'argent sur le rivage.

— Le vaisseau que j'ai vu près du quai est-il destiné à la pêche à la baleine?

— Il va chercher fortune, prêt à l'accepter sous quelque forme qu'elle se présente.

— Il est un peu petit pour la pêche à la baleine, quoique des vaisseaux de cette dimension aient réussi en restant près de nos côtes.

— Nous saurons mieux à quoi il est bon après l'avoir essayé, reprit Gardiner évasivement. Que pensez-vous d'une expédition à Terre-Neuve?

L'homme du Vineyard lança un coup d'œil d'impatience qui signifiait: Dites donc cela à des marins; et il ouvrit la seconde carte, qu'il avait négligée jusqu'alors.

— Assurément, murmura-t-il à voix basse, mais assez haut cependant pour être entendu du diacre, dont l'oreille était fort attentive, — voilà une carte des Indes Occidentales et de tous les parages qui s'y trouvent.

Ces paroles, échappées à Dagget, apprenaient au diacre que

l'étranger savait quelque chose, et son inquiétude ne faisait qu'en augmenter. Il avait maintenant la conviction que, grâce aux maîtres du brick et du sloop, les parents de Dagget avaient eu les renseignements sur lesquels il avait lui-même compté pour faire sa fortune. Jusqu'où les conjectures étaient-elles allées? c'est ce qu'il ne pouvait que supposer; mais il fallait qu'on fût entré dans des détails pour que le neveu de Dagget fût venu à Oyster-Pond examiner les cartes marines avec autant de soin.

Il se félicita donc de s'y être pris à temps pour effacer les notes importantes qui se trouvaient sur le papier.

— Capitaine Gar'ner, vous avez de plus jeunes yeux que les miens, dit l'homme du Vineyard en tenant la carte marine au jour; voulez-vous avoir la bonté de regarder ceci? Est-ce qu'il ne vous semble pas qu'il y avait une note à côté de ce parage, et qu'on a effacé les mots qui se trouvaient sur la carte?

Le diacre, en ce moment, regarda par-dessus l'épaule de Roswell Gardiner, et il fut heureux de pouvoir s'assurer que l'étranger avait mis le doigt sur un point qui était à plusieurs centaines de milles de celui qu'il supposait renfermer le trésor des pirates.

On eût dit, en effet, qu'il y avait quelque chose d'effacé au point indiqué; mais la carte était si vieille et si sale, qu'il était presque inutile de l'examiner. Si le capitaine Dagget avait en vue le parage qu'il venait de montrer, c'était tout ce que l'on pouvait désirer, puisque ce parage était fort éloigné du point véritable.

— Il est étrange qu'un si vieux marin ait usé une carte à force de s'en servir et qu'il n'y ait laissé aucune observation, répéta l'étranger, dont le mécontentement et la surprise étaient visibles. Toutes mes cartes sont couvertes de remarques, comme si j'avais voulu en faire un livre pour mon usage particulier.

— Les goûts et les habitudes diffèrent, répondit Roswell Gardiner d'un ton indifférent. Il y a des navigateurs qui sont constamment à la recherche de rochers et de brisants, et qui ne cessent d'écrire sur leurs cartes marines; mais je ne me suis jamais aperçu qu'ils en obtinssent un bon résultat. C'est à ceux qui ont fait les cartes qu'il faut surtout se fier. Pour ma part, je ne donnerais pas six sous d'une note prise par un homme qui a passé au milieu d'une rafale à côté d'un rocher ou d'un banc de sable.

— Que diriez-vous donc d'une observation d'un chasseur de veaux marins qui avait indiqué sur sa carte marine une île où les veaux marins se trouvent en foule sur la grève, comme des troupeaux de pourceaux ? Appelleriez-vous une telle carte un trésor ?

— Ceci est autre chose, répondit Gardiner en riant, quoique je ne croie pas qu'on puisse trouver de pareilles richesses dans cette valise. La plupart de nos marins naviguent trop au hasard pour que leurs cartes aient beaucoup de valeur. Il y a des gens qui sauraient eux-mêmes trouver leur chemin, mais qui ne peuvent le montrer à d'autres. J'ai vu tel vieux marin indiquer un banc de sable qu'il croyait avoir vu, et se tromper de tout un degré. Une observation de ce genre peut faire plus de mal que de bien en trompant ceux qu'elle devrait guider.

— Sans doute, lorsqu'il s'agit d'hommes nerveux qui voient toujours le danger où il n'est pas ; mais cela est différent s'il est question d'îles déjà connues. Je ne vois pas, monsieur Pratt, qu'il soit nécessaire que vous vous donniez plus de peine. Mon oncle n'était pas très-riche, cela est évident, et si j'ai envie d'avoir plus que je n'ai déjà, il faut que je m'occupe de faire fortune moi-même. Si le défunt a laissé quelques dettes, je suis prêt à les payer.

La question se trouvait ainsi posée d'une manière si catégorique, que le diacre ne sut trop d'abord que dire. Il pensa à ses dix dollars, et son avarice l'emporta assez sur sa prudence pour le déterminer à en parler.

— Le docteur Sage a sans doute une note à présenter, mais votre oncle a payé sa dépense tant qu'il a vécu. J'ai cru que la veuve qui a eu soin de lui avait droit à quelque chose de plus, et ce matin je lui ai remis dix dollars, que vous pouvez, comme vous voudrez, me rendre ou ne pas me rendre.

Le capitaine Dagget compta aussitôt cette somme à M. Pratt.

Puis il remit les cartes en place, et, sans ouvrir la petite caisse, qui se trouvait dans la valise, il ferma cette valise et mit la clef dans sa poche en disant qu'il ferait tout emporter, car il désirait débarrasser le diacre de tout cet encombrement. Cela fait, il demanda l'adresse de la veuve White, avec laquelle il désirait causer avant de quitter Oyster-Pond.

— J'aurai à répondre, dit-il en souriant, aux questions de tant de cousins, lorsque je reviendrai à la maison, que je ne puis partir sans m'être mis en état de les satisfaire le mieux possible. Si vous voulez bien me montrer le chemin, capitaine Gar'ner, je promets d'en faire autant pour vous, lorsque vous viendrez au Vineyard à la piste de l'héritage de quelque vieux parent.

Roswell Gardiner se prêta très-volontiers au désir de l'étranger, sans s'apercevoir du mécontentement du diacre. Ils sortirent tous les deux, et ils se trouvèrent bientôt devant la porte de la veuve ; là, le jeune homme se sépara de l'étranger, étant forcé de se rendre à bord du *Lion de Mer*.

La veuve White accueillit le capitaine Dagget avec une vive satisfaction, un de ses plus grands plaisirs consistant à donner et à recevoir des nouvelles.

— Je suis sûr que les rapports vous ont paru agréables avec mon oncle, dit le capitaine, les gens du Vineyard étant d'une nature ouverte.

— C'est vrai, capitaine Dagget, et, lorsque le diacre n'était pas venu le tourmenter et éveiller en lui l'esprit mondain, il était aussi bien préparé qu'aucun malade que j'aie jamais vu. C'était différent, sans doute, quand le diacre lui avait rendu visite.

— Le diacre Pratt avait l'habitude de venir ici lire et prier avec le malade ?

— Lui, prier ! Je ne crois pas que, dans toutes ses visites, il lui soit arrivé de dire un mot de prière. Ils ne parlaient que d'îles et de veaux marins quand ils étaient ensemble.

— En vérité ! s'écria le neveu en prêtant un nouvel intérêt à la conversation. Et que pouvaient-ils trouver à dire sur un pareil sujet ? Des îles et des veaux marins, c'était un étrange sujet de conversation pour un mourant.

— Je le sais, répondit la veuve, je le sentais bien en les entendant ; mais que pouvait y faire une pauvre femme ? Et quand on pense que M. Pratt est diacre du *meeting* !

— Ainsi cette conversation avait lieu ouvertement en votre présence, devant vous, madame ?

— Non pas précisément. Ils parlaient, et j'entendais ce qui se disait, comme cela arrive lorsqu'on n'est pas loin de ceux qui parlent.

L'étranger n'insista point. Il avait été élevé dans un pays d'*écouteurs*. Une île qui est privée de presque toute communication avec le reste de la terre, et dont les deux tiers des habitants mâles sont forcés à des absences périodiques, doit avoir atteint la perfection dans l'art du commérage, qui comprend celui d'écouter aux portes.

— Oui, dit-il, il y a bien des choses qu'on apprend, l'on ne sait trop comment. Ils parlaient donc d'îles et de veaux marins ?

A cette question, la veuve répondit en révélant au capitaine Dagget tous les détails qu'elle trouva dans sa mémoire. A mesure qu'elle avançait dans le récit des conférences secrètes qui avaient eu lieu entre le diacre Pratt et le vieux matelot, son zèle augmentait, et elle n'omit rien de ce qu'elle avait entendu, en y ajoutant beaucoup de ce qu'elle n'avait pas entendu.

Mais le capitaine Dagget était accoutumé à de pareils récits, et il savait le degré de foi qu'il devait y prêter. Il écoutait avec la résolution de ne pas croire plus de la moitié de ce qu'on lui disait, et, grâce à une longue expérience, il réussit admirablement à séparer la partie croyable du récit de cette femme de celle qui était vraiment incroyable. Ce qui jetait beaucoup d'obscurité sur le récit de la veuve White, c'est qu'elle n'avait point assisté à la conférence la plus importante. En somme, le capitaine Dagget ne doutait plus que le diacre ne sût l'existence de l'île des veaux marins, quoiqu'il n'eût point la certitude que le bruit du trésor caché fût arrivé jusqu'à M. Pratt. L'achat et l'équipement du *Lion de Mer* coïncidant avec le récit de la veuve, suffisaient pour convaincre un homme de son expérience qu'il s'agissait d'une expédition pour aller à la chasse des veaux marins.

L'entrevue entre le capitaine Dagget et la veuve White dura plus d'une heure. Le premier eut ainsi le temps d'obtenir tous les renseignements que la dernière pouvait lui donner, et ils se séparèrent dans les meilleurs termes du monde. Il est vrai que le capitaine n'avait rien donné à la veuve; il s'était acquitté à cet égard, en remettant au diacre l'argent que celui-ci avait avancé; mais il l'écouta avec la patience la plus exemplaire, et, auprès des grands parleurs, il n'y a personne qui soit plus en faveur que les écouteurs dévoués.

L'intérêt avait donné à l'étranger un grand air d'attention, et la veuve charmée s'était épanchée en un torrent de paroles; ce qui avait satisfait au plus haut degré le besoin extrême qu'elle éprouvait sans cesse de mettre son prochain au fait. En se séparant, les deux interlocuteurs convinrent de s'écrire.

Dans la même journée, le capitaine Dagget transporta à Sag-Harbour la valise de son parent, et il s'y rendit lui-même. Il passa aussi une heure ou deux pour prendre des informations sur l'état où se trouvait l'équipement du *Lion de Mer*, et sur le moment de son départ.

On causait beaucoup de cet équipement dans Sag-Harbour, et l'homme du Vineyard entendit faire, à cet égard, beaucoup de conjectures, mais n'obtint aucun renseignement positif. Cependant il put conclure que le *Lion de Mer* partirait dans une dizaine de jours, que son voyage serait long, que son absence durerait plus d'une année, et qu'on pensait que l'expédition avait encore un autre but que celui de la chasse des veaux marins. A la nuit, le rude marin, à moitié cultivateur, se jeta dans son bateau baleinier et fit voile tout seul vers le Vineyard, remportant la valise. Cela n'était rien pour lui cependant; car bien souvent il avait affronté la mer dans ce bateau, lorsqu'il allait comme pilote au-devant des vaisseaux qui arrivaient au port.

CHAPITRE VI.

> Lance ta barque, matelot! Chrétien, que Dieu t'aide! prends en main le gouvernail, que les bons anges te conduisent! dispose tes voiles avec prudence, les tempêtes viendront; dirige ta course avec persévérance, chrétien, ta course vers ta patrie!
>
> Mistriss Southey.

La visite du capitaine Dagget eut pour effet de hâter l'équipement du *Lion de Mer*. Le diacre connaissait trop bien le caractère des marins de l'île pour traiter légèrement un incident de cette importance. Il ne savait point ce qu'on avait pu dire aux gens du Vineyard de ses grands secrets; mais il ne doutait pas qu'ils n'en sussent assez et qu'ils n'en eussent assez appris par la visite du capitaine Dagget, pour attiser toutes leurs convoitises et pour les pousser vers les régions polaires.

Pour un tel peuple, les distances et les difficultés ne sont rien; le même homme qui a été occupé aujourd'hui à couper les blés dans son champ solitaire, où l'on pourrait croire que l'ambition et l'amour de l'argent ne sauraient pénétrer, est prêt à quitter ses foyers en vingt-quatre heures, prenant l'épissoir en même temps qu'il met la fourche de côté, et partant pour l'autre extrémité du monde avec aussi peu d'hésitation que d'autres pourraient en mettre à faire un voyage d'une semaine. Le diacre n'ignorait pas que tel était le caractère de ceux auxquels il avait affaire, et il comprit la nécessité de la plus grande prudence unie à la persévérance et à l'activité.

Philip Hasard, dont il a déjà été question, reçut l'ordre de ne pas perdre de temps, et les hommes déjà recrutés pour le voyage commencèrent à traverser le Sund et à se montrer à bord du schooner. Quant au vaisseau, il avait tout ce qui lui était nécessaire, et le diacre commença à témoigner quelque impatience de ce qu'il ne voyait pas arriver deux ou trois hommes d'un mérite supérieur, à la recherche desquels était Philip Hasard, et que le capitaine Gardiner voulait avoir.

Le digne armateur ne supposait guère que les gens du Vineyard fussent en marché avec ces hommes et les empêchassent de s'entendre avec Philip Hasard, afin de se donner le temps d'équiper un autre *Lion de Mer* qu'ils armaient déjà depuis près d'un mois. Ils avaient acheté ce vaisseau à New-Bedford, pour profiter des renseignements incomplets qu'ils avaient reçus des capitaines du brick et du *sloop*. L'identité de nom était l'effet du hasard, ou il serait plus exact de dire qu'elle avait été suggérée par la nature commune de l'entreprise ; mais il en résulta que la compagnie qui s'était formée au Vineyard adopta le plan de confondre, pour ainsi dire, les deux vaisseaux, et espéra tirer quelque avantage de cette combinaison ; mais nous ne parlerons pas encore de ce plan.

Après un délai de plusieurs jours, Hasard envoya de Bonnington un homme du nom de Watson, qui avait la réputation d'être un grand chasseur de veaux marins. Cette recrue parut excellente, et, en l'absence de ses deux officiers qui étaient l'un et l'autre absents et occupés à recruter des hommes, Roswell Gardiner, pour lequel le commandement était une chose nouvelle, consulta fréquemment cet habile marin. Il fut heureux pour le diacre qu'il n'eût encore rien révélé de ses deux grands secrets au jeune capitaine : Gardiner savait sans doute que le sloop devait aller à la chasse des veaux marins, des lions de mer, des éléphants de mer, et de tous les animaux de l'espèce du phoque ; mais on ne lui avait rien dit des révélations de Dagget.

Nous disons qu'il fut heureux que le diacre eût été si prudent, car Watson n'avait aucunement l'intention de faire voile d'Oyster-Pond, étant engagé comme second du *Lion de Mer* rival, qu'on avait acheté à New-Bedford, et dont on complétait alors l'équipement. En un mot, Watson était un espion envoyé par les gens du Vineyard pour s'assurer des intentions de l'armateur du schooner, pour s'insinuer dans la confiance de Gardiner, et pour rapporter exactement l'état des choses. Les Américains aiment à se vanter de n'avoir pas d'espions chez eux. Cela est vrai, si l'on tient à la signification ordinaire du mot, mais il n'y a rien de moins exact sous d'autres rapports. Il n'y a peut-être pas, au contraire, dans toute la chrétienté, de pays plus livré à l'espionnage, pour peu qu'il s'agisse de l'empressement qu'on y met à se mêler des affaires d'autrui. Un système très-général et très-notoire d'espionnage existe parmi les négociants, et un grand nombre d'hommes de presse s'enrôlent eux-mêmes comme espions dans un but politique et aussi dans d'autres intérêts.

Il ne faut donc pas que le lecteur se contente des impressions qu'il aura pu recevoir, à cet égard, d'assertions générales, et récuse, parce qu'ils ne reflètent pas l'hypocrisie du jour, la vérité des tableaux que nous traçons avec l'exactitude du daguerréotype.

Watson, qui s'était presque engagé à faire partie de l'équipage du *Lion de Mer*, du capitaine Roswell Gardiner, n'était pas seulement un espion, mais un espion envoyé dans un camp ennemi avec les motifs les plus vils et avec des intentions aussi hostiles que la nature des circonstances pourrait le permettre.

Tel fut l'état des choses à Oyster-Pond pendant la semaine qui suivit la visite du capitaine Dagget. Le schooner était maintenant tout à fait prêt à partir, et le capitaine Gar'ner commença à parler de quitter le quai. Les hommes expérimentés qu'il attendait n'arrivaient point cependant, et le jeune commandant en montrait quelque impatience, car il avait toutes ses nouvelles recrues, et s'il voulait s'éloigner du quai, c'était pour les exercer au maniement des rames.

— Je ne sais pas ce que font Hasard et Green, cria un jour Roswell Gardiner à son armateur, du gaillard d'arrière où il se trouvait, tandis que le diacre se tenait sur le quai et que Watson était occupé dans les grands haubans. — Ils ont été assez longtemps à terre pour recruter une douzaine d'équipages, et il nous manque encore deux hommes, lors même que celui-ci signerait l'engagement qu'il n'a pas encore signé. A propos, Watson, il serait temps que nous vissions votre écriture.

— Je ne suis qu'un ignorant, capitaine Gard'ner, et il me faut du temps, même pour signer mon nom.

— Oui, oui, vous êtes un gaillard prudent, et je ne vous en

aime que mieux. Mais vous avez eu tout le temps qu'il vous fallait pour prendre votre parti.

— Eh! oui, Monsieur, tout cela est assez vrai tant qu'il ne s'agit que du vaisseau. S'il n'était question que d'un voyage aux Indes Orientales, je n'hésiterais pas une minute à signer l'engagement, et je ne vous demanderais même pas si le vaisseau est assez grand pour une expédition baleinière; mais la chasse des veaux marins est une autre affaire, et il suffit d'un homme inhabile pour exposer une expédition à bien des échecs.

— Tout cela est assez vrai, mais nous n'avons l'intention ni d'embarquer des hommes inhabiles, ni de nous exposer à des échecs. Vous me connaissez...

— Oh! si tout le monde était comme vous, capitaine Gar'ner, je ne prendrais pas même le temps d'essayer la plume; votre réputation s'est faite dans le Midi, et personne ne peut contester votre habileté.

— Eh bien, les deux seconds sont d'anciens marins qui entendent ce genre d'expédition, et nous voulons qu'il n'y ait pas un homme dans l'équipage qui ne soit aussi déterminé que vous.

— Il faut des hommes de cœur, Monsieur, pour se mettre à l'ouvrage au milieu de ces éléphants de mer, de ces chiens de mer, plutôt, car c'est comme cela que je les appelle. On dit que les veaux marins deviennent rares; mais je prétends qu'avant tout, il faut savoir son affaire... Ainsi, dis-je, voilà le jeune capitaine Gar'ner qui arme un schooner pour quelque partie inconnue du monde, peut-être pour le pôle sud, ou tout autre coin du globe; il reviendra *plein*, ou je ne m'y connais pas.

— Eh bien! si c'est là votre opinion, vous n'avez qu'à signer un engagement et à faire partie de l'expédition.

— Oui, oui, Monsieur, quand j'aurai vu mes camarades. Il n'y a pas d'industrie sous le soleil qui exige un plus grand dévouement de la part de chaque homme que la chasse des éléphants de mer. Avec un équipage énergique, on peut triompher d'animaux plus petits, mais lorsqu'on en vient aux véritables vieux taureaux de mer, aux bouledogues de mer, comme on pourrait les appeler, donnez-moi des cœurs et des bras intrépides.

— Eh bien, suivant moi, Watson, il est quelquefois moins dangereux d'attaquer un éléphant de mer que de lutter contre un de ces bouledogues de vieille baleine qui a déjà été harponné une demi-douzaine de fois.

— Oui, c'est quelquefois difficile aussi, quoique je ne me préoccupe pas autant d'une baleine que d'un éléphant de mer ou d'un lion de mer. Ce que je voudrais savoir, ce sont les noms de mes camarades lorsqu'il s'agit d'une expédition dont le but est la chasse des veaux marins.

— Capitaine Gard'ner, dit le diacre qui avait entendu toute cette conversation, il faudrait savoir si cet homme veut s'embarquer sur le schooner, oui ou non.

— Je m'engagerai à l'instant, reprit Watson aussi hardiment que s'il avait été sincère; seulement, que je sache ce que j'entreprends. Si l'on me disait vers quelles îles le schooner va se diriger, cela pourrait changer ma résolution.

Cette question de l'espion était habilement posée, quoiqu'elle manquât son effet par suite de la prudence avec laquelle le diacre avait évité de communiquer son secret même au capitaine de son schooner. Si Gardiner avait su exactement où il allait, le grand désir qu'il éprouvait d'engager un homme aussi habile que Watson aurait pu lui arracher quelque révélation téméraire; mais, ne sachant rien lui-même, il se trouva forcé de répondre de son mieux.

— Vous demandez où nous allons? dit-il. Eh! nous allons à la chasse des veaux marins, et nous les chercherons partout où on peut les trouver.

— Oui, oui, Monsieur, reprit Watson en riant; ce n'est ni ici, ni là, voilà tout.

— Capitaine Gar'ner, interrompit le diacre d'un ton solennel, cela tombe dans la plaisanterie, et il faut engager cet homme ou en engager un autre à sa place. Venez à terre, Monsieur, j'ai à traiter d'affaires avec vous à la maison.

Le ton sérieux du diacre surprit également le capitaine et le marin. Quant au premier, il descendit pour mettre une cravate noire, avant de se rendre dans la maison du diacre, où il s'attendait à rencontrer Marie. Pendant que le capitaine Gardiner faisait ce changement à sa toilette, Watson descendit des haubans ; et en même temps que le jeune capitaine se hâtait de gagner la demeure du diacre Pratt, Watson se trouva sur le pont et appela Baiting Joe, qui pêchait non loin du quai. Au bout de quelques minutes, Watson fut dans le bateau de Joe, avec son sac ; il n'avait pas apporté de valise, et il se rendait au port. Il fit voile le même jour dans un bateau baleinier qui l'attendait, et il alla porter à Holmes Hole la nouvelle que le *Lion de Mer* d'Oyster-Pond serait prêt à partir dès la semaine suivante. Quoique Watson parût avoir quitté son poste en s'éloignant d'Oyster-Pond, ce n'était point sans l'agrément de ceux dont il était l'agent. Il avait besoin de quelques jours pour faire ses préparatifs, avant de quitter le quarante et unième degré de latitude nord, et d'aller au midi aussi loin qu'un vaisseau pût aller. Il ne laissa pas cependant son poste tout à fait vacant. Un des voisins du diacre Pratt, moyennant finances, s'était engagé à fournir tous les renseignements qu'il pourrait se procurer relativement au schooner, au moment où il mettrait à la voile. Ce moment n'était pas aussi rapproché que Roswell Gardiner l'avait espéré, car les agents de la compagnie du Vineyard avaient réussi à débaucher deux des meilleurs marins de Hasard ; et comme on ne ramasse pas d'habiles chasseurs de veaux marins comme des cailloux sur la grève, le retard qui en résultait pouvait avoir quelque chose de sérieux.

Pendant ce temps-là, le *Lion de Mer* de Holmes Hole faisait tous ses préparatifs avec une activité infatigable, et il était probable qu'il pourrait partir aussi tôt que son rival.

Mais revenons à Oyster-Pond.

Le diacre Pratt était sous le porche de sa maison avant que Roswell Gardiner l'atteignît. Là le diacre fit encore entendre à son jeune ami qu'il avait à traiter avec lui d'affaires importantes, et il le conduisit dans son appartement, qui lui servait en même temps de bureau, de chambre à coucher et d'oratoire ; l'excellent homme ayant l'habitude d'adresser ses supplications au trône de la miséricorde dans le même endroit où il faisait ses affaires temporelles. Fermant la porte et tournant la clef dans la serrure, à la grande surprise de Roswell, le vieillard regarda le jeune marin de l'air le plus sérieux et le plus solennel, lui déclarant qu'il allait l'entretenir d'un sujet du plus haut intérêt.

Le jeune marin ne savait trop que penser, mais il espérait que Marie se trouverait quelque peu mêlée au résultat.

— D'abord, capitaine Gar'ner, poursuivit le diacre, il faut que je vous demande de prêter un serment.

— Un serment, diacre! Cela est tout à fait nouveau dans la chasse des veaux marins.

— Oui, Monsieur, un serment, et un serment qu'il faudra garder très-religieusement après l'avoir prêté sur cette Bible. Ce serment est la condition que je mets à toute affaire entre nous, capitaine Gar'ner.

— Qu'à cela ne tienne, diacre, je prêterai deux serments s'il le faut.

— C'est bien. Je vous demande, Roswell Gar'ner, de jurer sur ce saint livre que les secrets que je vais vous révéler, vous ne les communiquerez à personne, excepté de la manière que je vous prescrirai; que vous ne vous en servirez dans l'intérêt de personne, et que vous serez en tous points fidèle à vos engagements envers moi. Ainsi, Dieu vous soit en aide!

Roswell Gardiner baisa le livre, très-surpris et fort curieux de voir ce qui allait suivre. Le diacre posa le livre sacré sur une table, ouvrit un tiroir, et y prit les deux cartes si importantes où il avait transcrit les notes de Dagget.

— Capitaine Gar'ner, reprit le diacre en étendant sur le lit la carte de l'Océan antarctique, il y a assez longtemps que vous me connaissez pour éprouver quelque surprise de me trouver, à cette époque de ma vie, occupé pour la première fois de l'armement d'un vaisseau.

— Si j'ai éprouvé quelque surprise, diacre, c'est qu'un homme de votre jugement se soit tenu si longtemps éloigné d'une occupation qui est seule digne d'un homme de capacité et d'énergie.

— Voilà le langage d'un marin, mais vous aurez de la peine à faire entrer dans vos idées ceux qui n'ont pas navigué.

— Parce que ceux qui n'ont pas navigué pensent et agissent suivant la manière dont on les a élevés. Maintenant, diacre, voyez cette carte; voyez combien elle renferme d'eau et combien peu de terre. Le ministre Whittle nous a dit le dernier jour de sabbat que rien n'avait été créé sans dessein, et qu'on retrouvait dans toutes les œuvres de la nature une sage dispensation de la divine Providence. Si donc la terre avait dû l'emporter sur la mer, y aurait-il autant de l'une et aussi peu de l'autre? C'est là la pensée qui m'est venue à l'esprit lorsque j'ai entendu les paroles du ministre; et si Marie.....

— Et qu'avez-vous à me dire de Marie? reprit le diacre, voyant que le jeune homme faisait une pause.

— J'espérais, diacre, dit Roswell Gardiner, que, dans ce que vous aviez à me dire il était un peu question d'elle.

— Le sujet dont j'ai à vous entretenir, reprit le diacre, offre plus d'intérêt qu'une cinquantaine de Maries. Quant à ma nièce, Gard'ner, si elle veut de vous, soyez le bienvenu. Mais vous voyez cette carte... regardez-la bien, et dites-moi si vous y trouvez quelque chose de nouveau ou de remarquable.

— Cela me rappelle le temps passé, diacre; voilà bien des îles que j'ai visitées et que je connais. Qu'est-ce que cela? Des îles tracées au crayon, avec la latitude et la longitude en chiffres. Qui dit qu'il y ait là de la terre, diacre Pratt, si je puis vous poser cette question?

— Moi, je le dis, et c'est une bonne terre pour des chasseurs de veaux marins. Ces îles, Gar'ner, peuvent faire votre fortune aussi bien que la mienne. Peu importe comment je sais qu'elles sont là, pourvu que je le sache, et que je sois résolu à y envoyer en droite ligne le *Lion de Mer*; remplissez-le d'huile d'éléphant, d'ivoire et de peaux, et ramenez-le aussi promptement que vous pourrez.

— Des îles dans cette latitude et cette longitude! dit Roswell Gardiner en examinant la carte d'aussi près que si c'eût été une fort belle gravure. Je n'ai jamais entendu parler de rien de pareil.

— Cela est cependant, et ces îles, comme toutes les terres dans les mers lointaines, n'étant pas souvent fréquentées par les hommes, sont remplies abondamment de tout ce qui peut défrayer des marins de leur voyage.

— Oh! je n'en doute pas, si en effet il y a là des îles. Ce peut être un faux cap qu'un marin aura cru voir dans un brouillard. L'Océan est plein de ces îles!

— Non, ce n'est point cela, c'est de la véritable terre, comme je l'ai appris de l'homme qui l'a foulée de ses pieds. Il faut prendre garde, Gar'ner, et ne pas y aller toucher, ajouta le diacre, en se permettant un petit éclat de rire, comme un homme qui est peu habitué à se donner ce genre de satisfaction.—Je ne suis pas assez riche pour acheter et équiper des *Lions de Mer*, si vous devez les briser sur quelque rocher.

— C'est là une haute latitude pour y mener un vaisseau. Cook lui-même n'est pas allé si loin!

— Ne songez pas à Cook; c'était un marin du roi, tandis que mon homme était un chasseur de veaux marins américain, et ce qu'il a vu une fois, un Américain doit le retrouver. Voilà les îles; il y en a trois, vous les trouverez, et sur leurs rivages autant d'animaux qu'il y a de coquillages sur la grève.

— Je l'espère; s'il y a là de la terre, et que vous risquiez le schooner, je tâcherai d'y aller voir. Je vous demanderai cependant de m'écrire l'ordre de me rendre aussi loin.

— Vous aurez tous les pouvoirs qu'un homme peut demander. Sur ce point il ne peut y avoir de difficulté entre nous; c'est moi qui réponds du risque à courir pour le schooner, mais je vous le recommande d'une manière toute spéciale. Allez donc vers ces parages, et remplissez le schooner. Mais, Gar'ner, ce n'est pas tout! aussitôt que le schooner sera plein, vous vous dirigerez vers le midi, et vous sortirez des glaces le plus vite possible.

— C'est assurément ce que j'aurais fait, diacre, quoique vous n'en eussiez pas encore parlé.

— Oui, d'après tout ce qu'on en dit, ce sont des mers orageuses, et le plus tôt qu'on peut en sortir est le mieux. Maintenant, Gar'ner, il me reste encore un serment à vous demander. J'ai un autre secret à vous dire; baisez encore une fois ce livre sacré, et jurez de ne jamais révéler à personne ce que je vais vous dire, à moins que ce ne soit devant un tribunal et pour obéir à la justice, et ainsi Dieu vous soit en aide !

Comment! diacre, un second serment? Vous êtes comme les douaniers qui vous fouillent dans tous les coins, et qui ne vous croient pas encore quand c'est fini. Il me semble que j'ai déjà prête serment.

— Baisez le livre et jurez ce que je vais vous dire, ou ne vous embarquez jamais sur un vaisseau qui m'appartienne, dit sévèrement le diacre. Promettez de ne jamais révéler ce que je vous dirai maintenant, à moins que la justice ne vous y oblige, et ainsi Dieu vous soit en aide !

Roswel Gardiner, ainsi mis au pied du mur, n'hésita plus; il jura ce qu'on lui demandait, en baisant le livre avec respect. Après avoir obtenu ce gage, le diacre déploya la seconde carte, qui remplaça la première sur le lit.

— Voici, s'écria-t-il d'un ton qui avait quelque chose de triomphant, voici le véritable but du voyage.

— Ce parage! Mais, diacre, c'est la latitude de nord—0, et vous me faites prendre une route beaucoup plus longue lorsque vous me dités d'aller au midi pour m'y rendre.

— Il est bon d'avoir deux cordes à son arc; quand vous saurez ce que vous devez apporter de ce parage, vous comprendrez pourquoi je vous envoie au midi avant que vous reveniez ici avec notre cargaison.

— On ne peut trouver là que des tortues, dit Roswell Gardiner en riant. Rien ne croît sur ces parages que quelques arbustes rabougris, et on n'y trouve jamais que des tortues.

— Gard'ner, reprit le diacre d'un ton encore plus solennel, cette île, tout insignifiante qu'elle peut vous paraître, contient un trésor. Il y a longtemps que des pirates l'y ont déposé, et je suis seul aujourd'hui dépositaire de ce secret.

Le jeune homme regarda le diacre avec étonnement, comme s'il avait douté que le vieillard fût dans son bon sens.

Il connaissait bien son faible; et il lui était facile d'apprécier l'influence qu'une pareille hypothèse pouvait exercer sur son esprit; mais il semblait bien improbable que, demeurant à Oyster-Pond, il eût pu apprendre un fait de cette nature, ignoré de tout le monde, et le jeune homme fut près de penser que le diacre avait tant rêvé d'argent qu'il en avait perdu la tête. Puis il se souvint du matelot mort, des entrevues nombreuses que le diacre avait eues avec lui, de l'intérêt qu'il avait toujours paru témoigner à cet homme, et de l'achat comme de l'armement imprévu et soudain du schooner, et il devina tout.

— C'est Dagget qui vous a dit cela, diacre Pratt, reprit Gardiner, et c'est lui aussi qui vous a parlé des îles des veaux marins.

— En admettant qu'il en soit ainsi, pourquoi pas Dagget aussi bien qu'aucun autre homme?

— Assurément, s'il était sûr de la vérité de ce qu'il avançait; mais les histoires d'un matelot ne sont pas toujours l'Évangile.

— Dagget allait mourir, et l'on ne peut le ranger parmi ceux qui parlent légèrement dans l'orgueil de leur santé et de leur force, et qui sont toujours prêts à dire : « Dieu l'a oublié. »

— Pourquoi vous l'a-t-il dit, à vous, puisqu'il avait tant de parents et d'amis au Vineyard?

Il y avait cinquante ans qu'il n'avait vu ses parents et ses amis. Qu'on vous sépare de Marie seulement le quart de ce temps, et vous oublierez si elle a les yeux bleus ou noirs; vous ne vous souviendrez même plus de sa figure.

— S'il pouvait en être ainsi, je me regarderais comme un misérable. Non, diacre, deux fois cinquante ans ne pourraient me faire oublier ni les yeux ni la figure de Marie!

— Oui, voilà ce qu'éprouvent et ce que disent tous les jeunes gens. Mais qu'ils fassent l'épreuve du monde, et ils reconnaissent leur folie. Dagget m'a fait sa confidence parce que la Providence m'avait mis sur son chemin, et parce qu'il espérait assez bien se rétablir pour faire lui-même le voyage sur le schooner et tirer un profit personnel de l'expédition.

— A-t-il eu l'imprudence d'avouer qu'il avait été pirate et qu'il avait aidé à enfouir un trésor sur ce parage?

— Ce n'est point là son histoire : Dagget n'a jamais été pirate lui-même, mais il s'est trouvé dans la même prison et dans la même chambre qu'un pirate. Ce fut là que les deux hommes se lièrent, et le prisonnier, qui était condamné à mort, en faisant part de son secret à Dagget, voulut lui rendre un dernier service.

— J'espère, diacre, que vous n'attendez pas de grands résultats de cette partie du voyage?

— C'est de là que j'en attends le plus, Gar'ner, et vous penserez comme moi quand vous saurez toute l'histoire.

Le diacre entra alors dans tous les détails des révélations que le pirate avait faites à Dagget, comme Dagget lui-même les lui avait racontées.

Le jeune homme écouta d'abord ce récit avec incrédulité, puis avec intérêt, et enfin avec une certaine disposition à croire que ce fait était plus vrai qu'il ne l'avait d'abord supposé. Ce changement dans les idées du jeune capitaine résultait du sérieux que le diacre mettait à raconter cette histoire autant que de la nature même du récit, car la passion qui l'inspirait en le dominant, donnait à ses paroles quelque chose de très-précis et de très-positif. Le récit de Dagget avait produit sur l'esprit du vieillard une telle impression et y avait excité de telles convoitises, qu'il n'omettait rien, qu'il apportait dans tous les détails la plus minutieuse exactitude, et qu'il communiquait à son auditeur les impressions qu'il avait reçues lui-même lorsqu'on lui avait raconté l'histoire.

— C'est là un récit bien extraordinaire, par quelque bout que vous le preniez, s'écria Roswell Gardiner, aussitôt qu'une pose du diacre lui permit de dire un mot. C'est l'histoire la plus extraordinaire que j'aie jamais entendu raconter ! Comment est-il possible qu'on ait pu abandonner si longtemps tant d'or et d'argent?

— Trois officiers l'enfouirent, craignant de le confier à l'équipage à bord de leur vaisseau. Ils donnèrent pour prétexte qu'ils voulaient prendre des tortues, comme vous ferez vous-même. Tandis que les matelots étaient ainsi occupés, les officiers s'écartèrent du rivage, et firent ce dépôt dans le trou d'un rocher de corail, comme vous me l'avez entendu dire. Oh ! il est impossible que cela ne soit pas vrai.

Roswell vit que les espérances du vieillard étaient trop ardentes pour qu'il fût facile de les contrarier, et que toute son avarice était en jeu. Toutes ses passions se trouvaient ainsi absorbées par une seule. Il ne s'agissait plus pour lui d'occuper une position politique, bien qu'autrefois il eût beaucoup désiré de représenter Suffolk à Albany ; il songeait même bien moins au meeting et à ses honneurs, tandis qu'il ne regardait les autres hommes et ses parents eux-mêmes que comme des rivaux ou des instruments de son avarice.

— Il est facile de donner à un mensonge l'apparence de la vérité, pour peu qu'on ait l'habitude de cette manœuvre. Ce Dagget a-t-il dit le total de la somme qu'il prétendait avoir été laissée par les pirates sur ce parage?

— Oui, reprit le diacre, et toute cette âme étroite et avare sembla étinceler dans ses yeux pendant qu'il faisait cette réponse. D'après le récit du pirate, il ne pouvait y avoir dans ce trésor moins de trente mille dollars, et presque tous en bons doublons frappés au coin des rois, doublons qui pèsent bien seize onces à la livre.

— La cargaison du *Lion de Mer*, si elle est bien choisie, vaudra le double, pourvu que l'on trouve les animaux auxquels il faudra donner la chasse.

— C'est possible, mais pensez, Gar'ner, il s'agit ici d'or monnayé, d'or tout brillant, tout étincelant !

— Mais quel droit avons-nous à cet or, en admettant même qu'il soit là et que nous le trouvions?

— Quel droit ! s'écria le diacre avec beaucoup de surprise. Ce que la divine providence donne à l'homme ne lui appartient-il pas?

— En vertu de la même règle, on pourrait dire que la divine Providence avait donné cet or aux pirates. Il doit y avoir de légitimes possesseurs de cet argent ; si l'on pouvait les découvrir?

— Oui, si l'on pouvait les découvrir. Écoutez, Gar'ner, avez-vous dépensé dernièrement un shilling ou un quart de shilling?

— Un bon nombre de l'un et de l'autre, répondit le jeune homme avec un sourire qui montrait combien il avait le cœur léger. Je voudrais être aussi économe que vous, et je deviendrais riche. Il n'y a que deux heures que j'ai dépensé un quart [1] pour acheter du poisson au vieux Baiting Joe.

— Eh bien, dites-moi comment était cette pièce; y remarquait-on une tête? Quelle était la date, et sous quel règne a-t-elle été frappée? Peut-être venait-elle de l'hôtel de la monnaie de Philadelphie. S'il en est ainsi, y voyait-on le nouvel aigle ou l'ancien? En un mot, Gar'ner, pourriez-vous prêter un serment à l'égard de cette pièce ou de toute autre pièce que vous avez dépensée dans votre vie?

— Peut-être non, diacre; on ne se met pas à dessiner l'empreinte d'une pièce de monnaie toutes les fois qu'on reçoit un peu d'or ou d'argent.

— Et il n'est pas probable que personne pût dire : « Voilà mon doublon ! »

— Cependant il doit y avoir un légitime possesseur de chacune de ces pièces de monnaie, s'il y a là, en effet, de l'argent, reprit Roswell Gardiner avec une certaine énergie. En avez-vous parlé à Marie ?

— Moi, parler d'une telle affaire avec une femme! Croyez-vous que je sois fou, Gar'ner? Si je voulais que le secret courût tout le vieux Suffolk, comme le feu court au printemps sur les prairies salées, je n'aurais rien de mieux à faire, mais non pas autrement. Je n'ai entretenu d'un pareil sujet que le capitaine du vaisseau que je vais envoyer à la recherche de cet or et des îles des Veaux Marins que je vous ai montrées. Si je n'avais eu qu'un objet en vue, je n'aurais pas autant hasardé; mais avoir devant les yeux deux buts aussi importants et ne point agir, ce serait manquer de gratitude envers la Providence.

Roswell vit que les arguments seraient inutiles en présence d'une cupidité aussi vivement excitée. Il se contenta d'écouter le diacre. Il semblait que Dagget avait été assez explicite dans les indications qu'il avait données pour trouver le trésor caché, pourvu que son ami le pirate se fût montré non moins sincère avec lui, et n'eût point cherché à le mystifier.

---

[1]. Monnaie américaine.

LES LIONS DE MER.

La probabilité de cette hypothèse s'était présentée à un esprit aussi prudent que celui du diacre ; mais Dagget avait détruit cette crainte par l'énergie qu'il avait mise à témoigner de la sincérité de son ami.

Le jour qui suivit cette conférence, le *Lion de Mer* s'éloigna du quai, et il ne fut plus possible de communiquer avec le schooner qu'au moyen de bateaux. La subite disparition de Watson pouvait contribuer à ce changement. Trois jours après, le schooner leva l'ancre et fit voile. Il traversa le canal étroit mais profond qui sépare Shelter-Island d'Oyster-Pond, quittant les eaux de Peconic-Bay. Cependant le schooner n'avait point un air de départ. Le diacre ne paraissait pas très-agité ; une partie du linge de Roswell Gardiner se trouvait encore chez la blanchisseuse, circonstances qui se trouvèrent expliquées quand on vit le schooner jeter l'ancre dans Gardiner's-Bay, qui est la grande route extérieure de tous les ports de cette région.

CHAPITRE VII.

> Marchez à la lumière ! vous connaîtrez ainsi cette fraternité d'amour que son esprit peut seul inspirer, l'esprit de celui qui règne au-dessus de nous. Marchez à la lumière ! et le péché abhorré ne vous souillera plus ; le sang de Jésus-Christ, le Seigneur, effacera toutes les taches.
>
> BERNARD BARTON.

Il y avait à peine une heure que le *Lion de Mer* d'Oyster-Pond avait jeté l'ancre dans Gardiner's-Bay, qu'un sloop, venant de l'ouest, s'en approcha. Comme le vent était fort léger, le dialogue suivant s'engagea entre le patron de ce sloop et Roswell Gardiner, avant que le sloop ne fût plus à la portée de la voix.

— Est-ce là le *Lion de Mer* d'Oyster-Pond ? demanda hardiment le patron.

— Oui, répondit Gardiner du ton sentencieux d'un marin.

— Y a-t-il dans ce vaisseau un nommé Watson du Vineyard?

— Il a été à bord pendant une semaine, mais il nous a quittés tout à coup. Comme il n'avait point signé d'engagement, je ne puis pas dire qu'il se soit sauvé.

— Il a donc changé d'idée? reprit l'autre, comme quelqu'un qui exprime sa surprise d'une nouvelle à laquelle il ne se serait point attendu. Votre schooner part-il demain, capitaine Gar'ner?

— Après-demain, répondit Roswell Gardiner avec sa franchise habituelle, ne se doutant pas qu'il parlait à un homme qui était dans les intérêts de ses rivaux. Si ce Watson était resté avec moi, je lui aurais montré une mer que le plomb n'a jamais sondée.

— Oui, oui, c'est une girouette, mais un solide gaillard sur un éléphant de mer. Ainsi vous pensez partir après-demain?

— Si mes seconds reviennent de terre. Ils m'ont écrit hier qu'ils avaient recruté leurs hommes et qu'ils attendaient un bateau pour s'embarquer. Je suis venu ici les attendre et les rallier, pour qu'ils ne soient pas forcés d'aller jusqu'au port.

— Ça leur épargnera beaucoup de chemin. Peut-être les voilà-t-il dans ce bateau?

Roswell Gardiner s'élança aussitôt sur les grands haubans, et il vit, en effet, qu'un bateau se dirigeait en droite ligne vers le schooner et n'en était plus qu'à un demi-mille. On lui donna une lunette d'approche, et il put bientôt annoncer à son équipage que M. Hasard et le second officier se trouvaient dans le bateau avec deux marins, et qu'il pensait que maintenant ils avaient tout leur monde. Le patron du sloop n'en perdit pas un mot.

— Vous allez bientôt vous diriger vers le sud, capitaine Gar'ner, dit encore ce digne personnage comme pour le féliciter, et voilà des gaillards qui vous aideront.

— Je le désire de tout mon cœur, car il n'est rien de plus désagréable que d'attendre lorsqu'on est prêt à partir. Mon armateur s'impatiente aussi et désire voir arriver quelques peaux en échange de ses dollars.

— Allons, capitaine Gar'ner, bonne traversée! C'est une longue route à faire, surtout quand un vaisseau a reçu une destination aussi lointaine pour le midi.

— Comment savez-vous, l'ami, quelle est ma destination? Vous ne m'avez pas demandé où j'allais à la chasse des veaux marins, et il n'est pas d'usage, dans ce genre d'opérations, d'en publier partout le programme.

— Tout cela est vrai ; mais enfin j'ai mes idées à cet égard. Maintenant, comme vous allez bientôt partir, je vous donnerai un avis. Si vous rencontrez un compagnon de voyage, ne vous brouillez pas avec lui, tâchez plutôt de vous entendre ensemble, et regardez comme heureux ce que vous ne pourrez empêcher.

Les hommes qui étaient à bord du sloop rirent de ce discours, tandis que ceux qui se trouvaient sur le schooner en furent surpris. C'était une énigme pour Roswell Gardiner et ses hommes, et ce dernier murmura entre ses dents que l'étranger était un imbécile, pendant qu'il descendait des grands haubans et qu'il donnait des ordres pour recevoir le bateau.

— Ce garçon appartient au Hole, reprit le maître du schooner, et ces gens du Vineyard s'imaginent qu'ils sont les meilleurs matelots du monde, peut-être parce que leur île est plus avant dans la mer que tout ce que j'ai vu en deçà de Montauk.

Le sloop eut bientôt disparu. Le patron était parent d'un de ceux qui se trouvaient intéressés dans l'armement du *Lion de Mer* rival, et il s'était proposé pour aller en quête de renseignements qui seraient d'un grand intérêt au Vineyard. Car au Vineyard, non-seulement on se préoccupait beaucoup des îles fréquentées par les veaux marins, mais aussi du trésor caché. Les renseignements qu'avaient recueillis les parents du marin mort à Oyster-Pond n'étaient ni clairs ni complets : ils consistaient en récits que Dagget avait faits sur le vaisseau à bord duquel il se trouvait lorsqu'il croyait revenir dans son île natale.

Accoutumés à s'entretenir de ces sortes d'expéditions, il n'était pas surprenant que, parmi les insulaires du Vineyard, il s'en fût trouvé quelques-uns de plus entreprenants qui eussent formé une association pour tenter l'entreprise dont il est maintenant question. Lorsqu'ils apprirent ce qui se passait, ils n'hésitèrent plus ; et, à dater du retour du neveu qui était allé à Oyster-Pond pour prendre des informations sur l'actif laissé par son oncle, on avait travaillé à l'équipement du vaisseau de Holmes-Hole d'une manière qui aurait fait honneur à un bâtiment de l'État. Henri Eckford lui-même, si bien connu pour avoir abattu les arbres nécessaires et lancé dans les eaux de l'Ontario, dans le court espace de soixante jours, deux frégates à deux ponts, dont chacune devait porter cent canons, montra à peine autant d'énergie que ces insulaires rustiques en armant le vaisseau qui devait faire concurrence au *Lion de Mer* d'Oyster-Pond.

Cependant ces insulaires fins et énergiques n'étaient pas sans données plus certaines que notre récit jusqu'à présent ne pourrait le faire présumer.

On se souviendra qu'il y avait dans la valise une petite caisse que le diacre n'avait point examinée. Cette caisse renfermait un vieux journal déchiré, non pas du dernier voyage, mais d'une ou deux des précédentes traversées du défunt. A force d'étude, et par le rapprochement de différents passages qui paraissaient n'avoir aucun rapport entre eux, le possesseur actuel de la petite caisse était parvenu à se trouver sur la voie des deux grands secrets de son oncle. Il y avait aussi dans la valise plusieurs morceaux de papier où l'on avait essayé quelques dessins grossiers de cartes de toutes les îles et de tous les parages en question, indiquant leurs positions relatives à l'égard des îles voisines, mais sans jamais donner les longitudes ni les latitudes.

Pour ajouter à ces preuves évidentes que les bruits rapportés au Vineyard n'étaient pas sans fondement, il y avait une lettre non terminée, écrite par le défunt, et adressée comme une sorte de testament, à toutes les personnes du nom de Dagget qui pouvaient se trouver au Vineyard. Cela pouvait comprendre quelques centaines de personnes, tout un clan; mais c'était bien significatif. L'individu entre les mains duquel cette lettre était tombée, portant le nom de Dagget, commença par la lire; puis il la replia soigneusement et la mit dans un agenda de poche qu'il avait l'habitude de porter sur lui. D'après quel principe cette lettre, dont la désignation avait un caractère si général, devenait-elle la propriété d'un seul individu ? c'est ce que nous ne chercherons pas à examiner. Il en était ainsi, cependant, et aucun de ceux qui avaient pris part à l'équipement du *Lion de Mer* de Holmes-Hole ne savait rien de l'existence de ce document, à l'exception celui qui s'en était rendu possesseur. Il lui arrivait quelquefois d'y jeter les yeux, et les renseignements qu'il y trouvait ne lui paraissaient point sans importance.

Les deux entreprises dont nous avons parlé caractérisent l'état de société où elles avaient été conçues. Le diacre, s'il avait une profession, était cultivateur, quoique l'amour de l'argent l'eût entraîné à spéculer en différentes occasions. Les principaux propriétaires du *Lion de Mer* d'Holmes-Hole étaient aussi des cultivateurs, gens qui labouraient leurs terres, qui coupaient leurs blés et fauchaient leurs prairies. Cependant, pas un de ces hommes, pas plus ceux du Vineyard que celui d'Oyster-Pond, n'avaient hésité à mettre leur argent dans une entreprise maritime, comme s'ils avaient été armateurs d'un des grands ports de l'Union américaine. A de tels hommes, il ne s'agit que de montrer en perspective une affaire qui ait des chances réelles de succès, et ils sont prêts à mettre dans une entreprise leur cœur, leurs bras et leur bourse.

Dans la saison dernière, ç'aurait pu être pour aller à la recherche des baleines vers les côtes du Japon; la saison précédente, pour visiter les îles fréquentées par les baleines; aujourd'hui, peut-être, pour chasser les caméléopards, tendre des piéges aux jeunes lions, et attaquer les rhinocéros dans les plaines de l'Afrique; les mêmes hommes transportaient de la glace de Long-Pond à Calcutta et à Kingston, pour ne pas dire à Londres même. Voilà de quelle matière sont faits les descendants des Puritains : un mélange de bien et de mal; leur religion, qui s'attache au passé plutôt par souvenir que par sentiment, se mêle chez eux à des calculs mondains qui vont jusqu'à la rapacité sous le manteau d'un respect de convention pour tous les grands devoirs; mais on ne peut contester la simplicité de leurs mœurs, leur esprit d'initiative et leur infatigable activité.

Roswell Gardiner ne s'était pas trompé à l'égard des personnes qui se trouvaient dans le bateau. C'étaient Philippe Hasard, son premier officier, et Tim Green, le second, ainsi que les deux chasseurs de veaux marins, qu'on avait eu tant de peine à recruter. Bien qu'aucun des deux officiers mariniers ne soupçonnât la vérité, à peine avaient-ils engagé un homme qui leur convint, que celui-ci était travaillé par les agents du Vineyard, et séduit par des propositions plus avantageuses avant qu'il eût pu signer un engagement. Un des motifs pour lesquels on avait envoyé Watson à Oyster-Pond était de faire croire au capitaine Gardiner qu'il avait engagé un homme habile, ce qui l'empêcherait d'en chercher un autre, afin qu'au dernier moment il ne pût mettre à la voile, son cadre n'étant pas complet.

Lorsqu'il s'agit d'un voyage dont le but est la pêche à la baleine ou la chasse des veaux marins, il faut qu'un vaisseau embarque des hommes tout à fait propres à ce genre d'expédition. Depuis quelques années, les marins ont tellement pris l'habitude de déserter, surtout dans l'Océan Pacifique, qu'il n'y a guère que les vaisseaux qui appartiennent aux localités baleinières qui rapportent les équipages qu'ils ont emmenés, et même n'en est-il pas toujours ainsi.

Mais l'équipage de Roswell Gardiner était au grand complet, et il avait fait à peu près tous ses préparatifs pour mettre à la voile. Il ne lui restait plus qu'à se rendre au port, à obtenir le congé de son vaisseau, à avoir une courte entrevue avec son armateur, une plus longue avec Marie, et à partir pour le cercle Antarctique, si la glace lui permettait d'aller au sud.

L'équipage du *Lion de Mer* comprenait maintenant seize personnes, nombre suffisant pour le voyage qu'il allait entreprendre. Voici les noms de ces personnes : 1° Roswell Gardiner, capitaine ; 2° Philippe Hasard, premier officier marinier ; 3° Timothey Green, second ; 4° David Weeks, charpentier ; 5° Nathan Thompson, marin ; 6° Sylvester Havens, idem ; 7° Marcus Josué, idem ; 8° Hiram Itint, idem ; 9° Josué Short, idem ; 10° Stephen Stimson, idem ; 11° Barlet Davidson, idem ; 12° Peter Mount, non marin ; 13° Arcularius Mott, idem ; 14° Robert Smith, idem ; 15° Cato Livingston, cuisinier ; 16° Primus Floyd, mousse.

On regardait cet équipage comme bien composé, chacun des hommes étant natif d'Amérique, et la plupart appartenant au *vieux* comté de Suffolk. Ils étaient presque tous jeunes, actifs, et promettaient de rendre de grands services. Livingston et Floyd étaient des hommes de couleur qui portaient les noms de deux familles respectables dans lesquelles leurs parents avaient été esclaves. Weeks était accoutumé à la mer, et pouvait remplir les fonctions de marin comme celles de charpentier. Mount et Mott, quoique embarqués comme non marins, étaient aussi très-habitués à la mer, ayant navigué dans des caboteurs, bien qu'aucun des deux n'eût fait réellement partie d'une grande expédition.

Il eût été difficile de donner un meilleur équipage au *Lion de Mer ;* cependant on ne pouvait dire qu'il se trouvât à son bord un véritable marin, un capitaine qui eût été capable de prendre le commandement d'une frégate ou d'un vaisseau de ligne. Gardiner lui-même, qui sous presque tous les rapports était le premier de l'équipage, ne réunissait pas toutes les qualités qui font le véritable loup de mer. On eût remarqué partout son activité, son courage, tout ce qui rend un homme utile dans la profession spéciale à laquelle il s'était voué ; mais on n'aurait pu reconnaître en lui cette habileté consommée du marin chez qui l'habitude est devenue un instinct, et qui, dans l'occasion, ne manque jamais d'agir à propos, qu'il fasse beau ou mauvais. Sous tous ces rapports, cependant, il était assez supérieur au reste de l'équipage pour obtenir tout son respect. Stimson était peut-être le meilleur marin après le capitaine.

Le lendemain du jour où le *Lion de Mer* reçut à bord le reste de son monde, Roswell Gardiner se rendit au *Port*, où il rencontra le diacre qui lui avait donné rendez-vous. Il s'agissait d'obtenir le congé du schooner, ce qui ne pouvait se faire qu'à Sag-Harbour. Marie accompagna son oncle pour régler quelques petites affaires de ménage, et il fut alors convenu que le diacre ferait sa dernière visite au vaisseau, tandis que Roswell Gardiner ramènerait Marie à Oyster-Pond dans le bateau du baleinier qui avait amené Marie et son oncle. Comme Baiting Joe avait servi de passeur, il fallut se débarrasser de lui, le jeune marin désirant être seul avec Marie. Un quart de dollar suffit pour désintéresser le vieux matelot, et rien ne s'opposa plus au désir de

Roswell Gardiner. Le vent était favorable, et le bateau glissait rapidement sur les vagues, ce qui permettait au jeune homme de s'occuper à peu près uniquement de sa charmante compagne. Roswell Gardiner avait cherché cette occasion, afin d'ouvrir encore une fois son cœur à Marie avant une longue absence. Il le fit avec une mâle franchise qui était loin de déplaire à l'aimable fille qui l'écoutait. Un instant même elle fut près d'oublier la résolution qu'elle avait prise de ne consulter que le sentiment religieux dans la réponse que lui demandait Gardiner. Mais elle parvint à repousser la tentation que son cœur venait lui offrir et à reprendre plus d'empire sur elle-même.

— Roswell, dit-elle, peut-être aurait-il mieux valu que j'eusse pris congé de vous au port, et que je n'eusse point couru le risque de vous donner et d'éprouver moi-même le chagrin que je prévois. Je ne vous ai rien caché; il est possible même que j'aie été plus sincère que la prudence ne l'autorisait. Vous savez le seul obstacle qui s'oppose à notre union, ajouta la jolie puritaine; mais plus je vous demande d'y réfléchir et de l'écarter, plus il semble augmenter.

— Que voulez-vous que je fasse, Marie? Vous ne voulez pas sans doute que je me rende coupable d'hypocrisie, et que je paraisse croire ce qu'assurément je ne crois pas, ce qu'après toutes mes recherches je ne puis croire.

— Je suis fâchée sous tous les rapports qu'il en soit ainsi, reprit Marie d'un ton triste; je suis fâchée qu'un homme d'un cœur si franc, si loyal, trouve impossible d'accepter la croyance de ses pères, et qu'il creuse ainsi pour toujours entre nous deux un abîme infranchissable.

— Non, Marie, cela ne peut pas être! Il n'y a que la mort qui puisse nous séparer longtemps! Tant que nous nous verrons, nous serons toujours amis, et des amis aiment à se voir souvent.

— Dans un moment comme celui-ci, Roswell, ce que j'ai à vous dire pourra vous paraître dur, mais c'est le contraire qui est vrai lorsque je vous dis que nous ne devons plus nous revoir en ce monde, si nous devons suivre deux voies différentes vers l'autre vie. Mon Dieu n'est pas votre Dieu, et quelle paix peut exister dans une famille où l'on n'a pas les mêmes sentiments en religion? Je ne crois pas que vous ayez assez réfléchi à la nature de ces choses.

— Je ne croyais pas, Marie, que vous eussiez des idées aussi peu généreuses. Si le diacre en avait dit autant, je n'aurais pas été surpris ; mais vous, me dire que mon Dieu n'est pas votre Dieu ! il y a là quelque chose d'étroit..

— N'est-ce pas la vérité, Roswell? Et s'il en est ainsi, pourquoi chercher à la dissimuler? Je crois au Rédempteur, au Fils de Dieu, à l'une des personnes de la Trinité, tandis que vous ne croyez qu'en un homme juste et sans péché, à la vérité, mais qui est simplement un homme. Or, n'y a-t-il pas une différence énorme entre ces deux croyances ? N'y a-t-il pas là réellement la différence qui existe entre Dieu et l'homme?

— En savons-nous assez sur ces questions, Marie, pour qu'elles forment un obstacle à notre bonheur?

— Nous avons appris qu'elles étaient essentielles à notre bonheur, non pas dans le sens que vous voulez dire, Roswell, mais dans un sens plus élevé, et nous ne pouvons montrer à cet égard une indifférence coupable sans en être punis.

— Je crois, chère Marie, que vous portez ces idées-là trop loin, et qu'il est possible pour un mari et une femme de s'aimer tendrement, et d'être heureux ensemble, sans penser tout à fait de même en religion. Combien voyons-nous de femmes bonnes et pieuses, qui jouissent d'un vrai bonheur comme épouses et comme mères, et qui sont membres d'un *meeting*, tandis que leurs maris ne professent aucune religion.

— Cela peut être vrai. Je n'ai pas la prétention de juger personne. Des milliers de jeunes filles se marient sans se rendre compte de devoirs qu'elles croient respecter ; et puis, dans la suite de leur vie, lorsque leurs convictions sont devenues plus profondes, elles ne peuvent plus rompre les liens qu'elles ont formés. Il en serait autrement d'une jeune femme qui, pénétrée du sentiment chrétien, deviendrait, de propos délibéré, et en parfaite connaissance de cause, la femme de celui qui regarde Dieu comme un homme, un homme pur, un homme sans péché, peu importe comment vous le caractérisez, du moment qu'il n'est plus qu'un homme. La différence entre Dieu et l'homme est trop immense pour que rien puisse l'affaiblir.

— Mais si je trouve impossible de croire tout ce que vous croyez, Marie, vous ne me punirez sans doute pas de la franchise que je mets à vous dire la vérité, toute la vérité.

— Non, certainement, Roswell, répondit avec douceur, presque avec tendresse, l'aimable fille ; rien ne m'a donné une meilleure opinion de vos sentiments, Roswell, que la noblesse avec laquelle vous avez admis la justice de mes soupçons sur votre manque de foi, car il n'y a de vrai que la foi. Cette droiture de votre cœur m'a fait vous honorer et vous estimer, sans parler de l'attachement d'enfance que, je ne veux point vous le cacher, j'ai depuis si longtemps ressenti pour vous.

— O Marie, s'écria Roswell, prêt à tomber à genoux devant la jolie enthousiaste, qui était assise à ses côtés, et dont la physionomie, pleine de sympathie pour Roswell, rayonnait de la lumière de deux beaux yeux bleus, les plus doux qu'une jeune fille ait jamais baissés devant un jeune homme sous l'impression d'un modeste amour ; ô Marie ! comment, vous si bonne en tout, pouvez-vous être si cruelle sur un seul point ?

— Parce que ce seul point est tout pour moi, Roswell ; répondit la jeune fille, et en même temps ses traits s'animèrent. Il faut que je vous réponde comme Josué parlant autrefois aux Israélites : Aujourd'hui, choisissez qui vous voulez servir ; que ce soient le Dieu que vos pères ont servi, ou les dieux des Ammonites, sur la terre desquels vous vivez ; *mais quant à moi et à ma maison, nous servirons le Seigneur*.

— Me classez-vous parmi les idolâtres et les païens de la Palestine ? dit Gardiner d'un ton de reproche.

— Vous l'avez dit, Roswell. Ce n'est pas moi qui vous ai classé ainsi, c'est vous qui vous êtes classé vous-même. Vous adorez votre raison, au lieu du seul et vrai Dieu vivant ! C'est là une idolâtrie de la plus mauvaise espèce, puisque l'adorateur ne voit jamais son idole, et qu'il n'en connaît pas l'existence.

— Vous regardez donc comme une idolâtrie de se servir des

dons qu'on a reçus de son Créateur, et de traiter les sujets les plus importants comme un être raisonnable, au lieu d'adopter une croyance aveuglément et sans réflexion ?

— A quoi sert donc votre raison si vantée ? Elle ne peut expliquer un seul des mystères de la création, quoiqu'il y en ait par milliers. Je crois que tous ceux qui ne sont pas ouvertement incrédules admettent que la mort du Christ a été une expiation offerte pour le salut de l'humanité. Maintenant, peut-on expliquer ce dogme de notre religion, mieux que la nature divine du Rédempteur ? Peut-on mieux raisonner sur la chute que sur la rédemption de l'homme ? Je sais que je suis peu propre à traiter des matières aussi profondes, dit Marie d'un ton modeste, quoique très-animé et très-sérieux ; mais il me semble certain que les faits dont il s'agit nous transportent au delà des limites de notre intelligence ; nous devons croire et non raisonner la révélation, toute l'histoire du christianisme nous l'enseigne : ses premiers ministres étaient des hommes sans éducation, des hommes qui restèrent tout à fait ignorants jusqu'à ce qu'ils fussent éclairés par la foi ; et la leçon que nous devrons en tirer, c'est que la foi au Rédempteur est la première des perfections morales, et qu'elle est le plus grand des biens, celui qui renferme tous les autres. Avec la foi, le cœur ne fait pas une pierre d'achoppement de tout ce que la tête ne peut comprendre.

— Je ne sais pourquoi, Marie, répondit Roswell Gardiner sous l'empire de la parole de la jeune fille, quand je parle avec vous sur ce sujet, je ne suis plus le même qu'avec mes amis, et j'ai de la peine à vous répondre...

— Ne vous excusez pas auprès de moi, Roswell ; parlez plutôt au Dieu Tout-Puissant que vous offensez, et dont vous négligez les enseignements... Mais, Roswell, ne rendons pas cette séparation plus pénible en traitant à cette heure de pareils sujets ! J'ai d'autres choses à vous dire et peu de temps à y consacrer. La promesse que vous me demandez de ne point me marier jusqu'à votre retour, je vous la fais volontiers. Il ne m'en coûte rien de vous donner cette assurance, car il n'est guère possible que j'en épouse jamais un autre.

Marie répéta ces paroles, ou plutôt cette idée, en d'autres mots, à la grande satisfaction de Roswell Gardiner.

CHAPITRE VIII.

> Et je t'aime, Océan, et la joie des jeux de ma jeunesse était de me sentir porté sur ton sein, comme tes bulles d'eau ; enfant, je bravais tes brisants ; ils étaient mes délices ; et si la mer fraîchissante leur donnait un aspect de terreur, c'était un charme que cette crainte ; car j'étais comme ton enfant et je me fiais à tes vagues, au loin et près du rivage, et je portais la main sur ta crinière flottante, comme je le fais ici.
> BYRON.

Le soleil se couchait lorsque Roswell Gardiner fut de retour au vaisseau, après avoir accompagné Marie chez son oncle et lui avoir dit un dernier adieu. Nous ne nous étendrons pas sur cette séparation. Elle fut touchante et en même temps solennelle ; car Marie remit à son amant une petite Bible, en le priant d'en consulter quelquefois les pages. Ce livre fut accepté avec le même esprit qui le faisait offrir, et placé dans une petite caisse qui contenait une centaine d'autres volumes.

A mesure que l'heure de lever l'ancre approchait, l'inquiétude toute nerveuse du diacre se montrait au jeune capitaine... A chaque instant il allait trouver Roswell, et il était, qu'on nous passe l'expression, toujours sur son dos, ayant toujours quelque avis à lui donner ou quelques questions à lui adresser. On aurait dit qu'au dernier moment le vieillard n'avait pas le courage de se séparer du vaisseau, sa propriété, ou de le perdre de vue. Cela fatiguait beaucoup Roswell Gardiner, quelque favorablement disposé qu'il fût pour tout ce qui portait le nom de Pratt.

— Vous n'oublierez pas les îles, capitaine Gar'ner, disait le vieillard, et vous aurez soin de ne pas aller toucher. On dit que dans ces latitudes élevées la marée est terrible, et qu'elle galope comme un cheval; on assure que les marins échouent avant de savoir où ils sont.

— Oui, oui, Monsieur, je m'en souviendrai, répondit Gardiner, las de s'entendre recommander ce qu'il était si difficile d'oublier. Je me connais en marées, et j'ai croisé dans ces mers. Eh bien, monsieur Hasard, où en sommes-nous pour l'ancre?

— Nous sommes à pic, Monsieur, et nous n'attendons plus que l'ordre de partir et de quitter la terre.

— Allons, partons, Monsieur, et adieu à l'Amérique, à cette partie de l'Amérique du moins.

— Près de ces parages, ajoutait le diacre, qui ne pouvait se résoudre à quitter le vaisseau, on assure que la navigation est périlleuse, Gar'ner, et qu'on a besoin de tous ses yeux pour éviter le danger dont un vaisseau est menacé; prenez garde au vaisseau, Gar'ner!

— Il y a partout du danger pour le navigateur qui s'endort, mais celui qui a toujours les yeux ouverts n'a que peu de chose à craindre. Si vous nous aviez donné un chronomètre, il n'y aurait pas eu la moitié du péril que nous pourrons courir faute d'en avoir un.

Cette question avait été vivement débattue entre le capitaine et l'armateur du *Lion de Mer*. A l'époque de cette histoire, les chronomètres n'étaient pas d'un usage aussi général qu'aujourd'hui, et le diacre avait repoussé avec horreur la dépense à laquelle pouvait le soumettre l'achat de cet instrument. S'il avait réussi à s'en procurer un au quart de la valeur ordinaire, il aurait pu se résigner; mais il n'entrait nullement dans ses principes de savoir dépenser pour éviter une plus grande perte.

A peine le schooner fut-il démarré du rivage, que ses voiles s'enflèrent et qu'il côtoya cette langue de terre basse et sablonneuse dont il a déjà été question, avec une légère brise du sud-ouest qui était favorable, et une marée descendante.

Jamais vaisseau probablement ne partit sous de meilleurs auspices. Le diacre persista à rester à bord jusqu'à ce que Baiting Joe, qui devait lui servir de rameur, lui rappelât la distance déjà parcourue et la probabilité que la brise descendrait entièrement avec le soleil. Pour le retour, on aurait à lutter contre vent et marée, et il faudrait toute sa connaissance des remous pour conduire le bateau baleinier à Oyster-Pond en temps raisonnable. L'armateur, ainsi pressé par Baiting Joe, s'arracha de son vaisseau bien-aimé en faisant au jeune Gardiner autant de *recommandations dernières* que si celui-ci allait être exécuté. Roswell avait aussi une dernière recommandation à lui faire, et celle-là était relative à Marie.

— Répétez à Marie, diacre, dit le jeune marin en le prenant à part, que je me fie à sa promesse et que je penserai à elle, soit sous le soleil brûlant de la Ligne, soit au milieu des glaces du pôle antarctique.

— Oui, oui, c'est comme cela qu'il faut que ce soit, reprit le diacre avec une certaine cordialité. J'aime votre persévérance, Gar'ner, et j'espère que la jeune fille finira par se rendre, et que vous serez mon neveu. Il n'y a rien qui séduise les femmes comme l'argent. Remplissez le schooner de peaux et d'huile, et rapportez le trésor, et vous êtes aussi sûr d'avoir Marie pour femme que si le ministre vous avait déjà donné la bénédiction.

Voilà comme le diacre Pratt jugeait sa nièce et toutes les femmes. Pendant plusieurs mois, il regarda ce discours comme un *coup de maître*, tandis que Roswell l'eut oublié au bout d'une demi-heure, tant l'amant comprenait mieux que l'oncle le caractère de la nièce.

Le *Lion de Mer* avait maintenant rompu le dernier lien qui l'attachait à la terre. Il n'avait point de pilote, aucun n'étant nécessaire dans ces eaux ; tout ce qu'un vaisseau avait à faire était de se tenir assez au large de Long-Island en doublant l'extrémité orientale de l'île. Le bateau fut embarqué près de Gardiner's-Island, et il n'y eut plus qu'un lien moral qui attachât les hardis aventuriers à leur patrie. Il est vrai que le Connecticut, et ensuite Rhode-Island étaient encore visibles d'un côté, et une petite partie de New-York d'un autre ; mais à mesure que l'obscurité augmentait, ce dernier rapport se rompait aussi. Le phare de Montauk fut pendant plusieurs heures le seul fanal de ces intrépides marins, qui en firent le tour vers minuit environ ; et ils se trouvèrent alors vraiment en présence des grandes vagues de l'Atlantique. On pouvait dire qu'en cet instant le vaisseau mettait à la voile pour la première fois.

Le *Lion de Mer* manœuvrait bien. Il avait été construit avec l'idée d'en faire un vaisseau à la fois commode pour l'équipage et bon voilier. Il y avait dans sa coque une juste proportion, qui le rendait éminemment propre à la navigation.

Comme le vent était au sud-ouest, le schooner fut orienté au plus près un peu largue, aussitôt qu'il eut relevé droit de l'avant le phare de Montauk. Il se dirigea ainsi vers le sud-est, un peu à l'est. Comme le temps paraissait fixé, et qu'il n'y avait aucun signe de changement, Gardiner descendit, laissant le commandement à l'officier de quart, avec ordre de l'appeler au lever du soleil. La fatigue eut bientôt exercé son influence sur le jeune homme, et il dormit aussi profondément que s'il ne venait point de quitter pour deux ans une maîtresse qui lui inspirait plus que de l'amour, presque de l'adoration.

Le capitaine du *Lion de Mer* fut réveillé à l'heure précise qu'il avait indiquée. Cinq minutes suffirent pour qu'il fût sur le pont, où il trouva tout comme il l'avait laissé, à l'exception du schooner lui-même. Pendant les six heures que Gardiner avait passées dans sa cabine, son vaisseau avait fait près de quarante milles. On n'apercevait plus de terre, car la côte américaine est très-basse et n'a rien de pittoresque à l'œil; ce que le meilleur patriote, s'il a quelque connaissance d'autres parties du monde, doit être forcé d'admettre. Une longue côte monotone, qu'on aperçoit à peine à la distance de cinq lieues, n'est assurément pas comparable aux magnifiques rivages de la Méditerranée, par exemple, où la nature semble s'être épuisée elle-même à réunir la beauté à la grâce. Sur ce continent, du moins dans la partie que nous en habitons, nous devons nous tenir satisfaits de l'utile et n'avoir aucune prétention au beau; les rivières et les baies, par les admirables facilités commerciales qu'elles nous procurent, nous offrent d'assez grandes compensations de cette monotonie et de cette tristesse de nos côtes. Nous disons ceci en passant, parce qu'un peuple qui ne comprend pas sa position relative à l'égard des autres nations, est un peu enclin à commettre des erreurs qui ne contribuent pas à relever son caractère, surtout lorsqu'il montre un amour-propre fondé généralement sur l'ignorance et nourri par la flatterie.

La première chose que fait un marin quand il monte sur le pont, c'est de regarder du côté du vent. Puis il lève les yeux pour voir ce qu'il y a de voiles dehors. Quelquefois il intervertit l'ordre de ses observations, il regarde d'abord les voiles et ensuite les nuages. Roswell Gardiner jeta un premier regard sur le sud et l'ouest, et il vit que la brise promettait de durer. Puis, en levant les yeux, il fut satisfait de la manière dont le vaisseau marchait; ensuite il se retourna vers le second officier marinier qu'il avait chargé du commandement, et lui adressa la parole avec cordialité, et même avec une politesse qu'on n'a pas toujours entre marins.

— Une belle journée, monsieur, dit Roswell Gardiner, pour prendre congé de l'Amérique. Nous avons une longue route à suivre, Monsieur Green; mais aussi avons-nous un solide navire. Nous voilà tout à fait au large. Rien en vue à l'ouest, pas même un caboteur. Il est de trop bonne heure pour un bâtiment parti à la dernière marée, et trop tard pour celui qui aurait levé l'ancre à la marée précédente. Jamais je n'ai vu ces parages aussi nus et sans une voile à l'horizon.

— Oui, oui, Monsieur. On dirait qu'il n'y a rien à l'horizon ! Voilà cependant un gaillard sous le vent qui semble disposé à lutter de vitesse avec nous. Le voilà, Monsieur, un peu en arrière, et, autant que j'en peux juger, c'est un schooner à peu près dans les mêmes proportions que le nôtre; si vous voulez vous servir de cette lunette, capitaine Gar'ner, vous verrez qu'il n'a pas seulement notre gréement, mais aussi notre voilure.

— Vous avez raison, monsieur Green, répondit Roswell après avoir regardé; c'est un schooner du même tonnage que le nôtre à peu près, et exactement avec la même voilure. Combien y a-t-il de temps qu'il *marche* ainsi ?

Il s'est montré au-dessous de Blok-Island il y a quelques heures, et nous l'avons vu au clair de la lune. Toute la question, pour moi, est de savoir d'où il vient. Un vaisseau de Bonnington serait passé naturellement au vent de Blok-Island, et un *gaillard* venant de Newport ou de Providence ne serait pas allé aussi loin au vent sans courir dans ce but une ou deux bordées. Ce schooner m'a tourmenté depuis le point du jour, car je ne sais comment le placer où il est, et j'y perds toute ma science.

— On dirait qu'il s'est trompé de route.

— Non, non, capitaine Gar'ner, ce *gaillard* va au sud comme nous-mêmes, et il n'est pas compréhensible qu'il soit où il est maintenant, si loin au vent et si près sous le vent, comme on pourrait dire. S'il s'était dirigé au sud-est d'un port quelconque voisin de *Judith-Point*, il serait arrivé près de *No-Man's-Land*, et le voilà presque en ligne directe avec Blok-Island !

— Peut-être vient-il de New-London, et allant aux Indes Occidentales, s'est-il peu préoccupé de doubler l'île. Ce n'est pas une grande affaire.

— C'est quelque chose, capitaine Gar'ner, comme de faire le tour d'un meeting au lieu d'entrer par la porte qui est devant vous. Mais il n'y avait pas de vaisseau de cette espèce à Bonnington ou à New-London, comme je le sais pour avoir été, il y a quarante-huit heures, dans ces deux endroits.

— Vous commencez à me rendre aussi curieux à l'égard de ce vaisseau que vous l'êtes vous-même, Monsieur.

— Et maintenant que j'y pense, continua Roswell, il me semble aussi extraordinaire qu'à vous que ce vaisseau soit où il est ; mais il est facile de le voir de plus près. — Et Roswell donna aussitôt les ordres nécessaires pour que l'on manœuvrât dans cette direction.

Il était midi quand les deux schooners furent à portée de voix l'un de l'autre ; comme de raison, dès qu'ils se trouvèrent ainsi rapprochés, les équipages des deux vaisseaux purent s'observer mutuellement. Pour la dimension, il n'y avait aucune différence apparente entre les deux vaisseaux, et dans les détails il y avait une ressemblance très-remarquable.

— Ce vaisseau, dit Roswell Gardiner lorsqu'il se vit à moins d'un mille du nouveau venu, n'est pas destiné aux Indes Occi-

6.

dentales; il a un bateau sur le pont, il en a deux à l'arrière. Est-il possible qu'il soit destiné, comme le nôtre, à la chasse des veaux marins?

— Je crois que vous avez raison, Monsieur, répondit Hasard, le premier officier marinier, qui, en ce moment, se trouvait sur le pont. Le capitaine, si je ne me trompe, a quelque chose d'un chasseur de veaux marins. Il est assez extraordinaire, capitaine Gar'ner, que deux vaisseaux qui vont à l'autre extrémité du monde se rencontrent ainsi au large.

— Il n'y a rien de si extraordinaire là-dedans, lorsqu'on pense que c'est le moment du départ pour tous les vaisseaux qui veulent arriver au cap Horn dans la saison d'été. Nous n'y serons que vers le mois de décembre, et je suppose que le capitaine de ce schooner sait cela aussi bien que moi-même.

— Monsieur, dit Stimson, qui était un vieux loup de mer, ce vaisseau porte une tête d'animal, autant que j'en puis juger à cette distance.

— Vous avez raison, Stephen, cria Roswell Gardiner, et cet animal est un veau marin, c'est le frère jumeau du lion de mer que nous avons sur notre beaupré. Qu'est donc devenu, à propos, le schooner que vous avez vu?

— J'ai entendu dire, Monsieur, qu'il avait été acheté par quelques hommes du Vineyard, et qu'on l'avait dirigé vers Holmes-Hole. J'aurais voulu aller voir ce que c'était, mais je rencontrai M. Green, et je m'engageai.

— Et j'espère que vous n'y perdrez pas, mon brave, dit le capitaine. Vous pensez que c'est là le bateau qui a été construit à New-Bedford et équipé par les gens du Vineyard?

— Certainement, Monsieur, et je le reconnais très-bien.

— Donnez-moi le porte-voix, monsieur Green; nous serons bientôt assez près d'eux pour les héler.

Roswell Gardiner attendit quelques minutes que les deux schooners se trouvassent tout près l'un de l'autre, et il allait se servir du porte-voix, lorsque le nouveau venu salua le premier le *Lion de Mer*. Pendant la conversation qui s'engagea, les deux vaisseaux se rapprochèrent de plus en plus, jusqu'à ce que, de part et d'autre, on mit de côté les porte-voix, et l'on continua de se parler sans aucun intermédiaire.

— Hohé du schooner! furent les premières paroles du nouveau venu. — Holà! fut la réponse.

— Quel est ce schooner, je vous prie?

— Le *Lion de Mer* d'Oyster-Pond, Long-Island, à la destination du sud et frété pour la chasse des veaux marins, comme vous pouvez en juger par notre équipement.

— Quand avez-vous quitté Oyster-Pond, et comment avez-vous laissé le bon diacre M. Pratt?

— Nous avons mis à la voile hier dans l'après-midi, à la première marée, et le diacre nous a quittés lorsque nous avons levé l'ancre. Il allait bien, et paraissait plein d'espoir quant au succès de l'expédition. — Quel est, je vous prie, ce schooner?

— Le *Lion de Mer* de Holmes-Hole, à la destination du sud, et frété pour la chasse des veaux marins, comme vous pouvez le voir à notre équipement. Qui commande ce schooner?

— Le capitaine Roswell Gar'ner. — Qui commande, je vous prie, le vôtre?

— Le capitaine Jason Dagget, — et il se montra plus à découvert en ce moment. — J'ai eu le plaisir, ajouta-t-il, de vous voir à Oyster-Pond, lorsque je m'y rendis pour recueillir ce qu'avait pu laisser mon oncle; vous pouvez vous en souvenir, capitaine Gar'ner, il n'y a de cela que peu de jours, et vous n'avez sans doute pas oublié ma visite.

— Pas le moins du monde, capitaine Dagget, quoique je n'eusse point alors la pensée que vous aviez l'intention de faire si tôt un voyage au sud. Quand avez-vous quitté Holmes-Hole, Monsieur?

— Avant-hier, dans l'après-midi. Nous sommes partis à cinq heures environ.

— Comment était le vent, Monsieur?

— Sud-ouest et sud-est; depuis trois jours il n'y a guère eu de changement à cet égard.

Roswell Gardiner murmura quelque chose entre ses dents; mais il ne jugea pas à propos d'exprimer les pensées qui se présentaient alors à son esprit.

— Oui, oui, reprit-il au bout de quelques instants, le vent est resté le même toute la semaine ; mais je crois qu'il y aura bientôt du changement. Il y a dans l'air quelque chose qui sent le vent d'est.

— Eh bien, soit. En allant comme nous allons, nous pourrions passer devant Hatteras avec un vent de sud-est. Il y a là le long de la côte des vents du sud qui vous suivent pendant deux ou trois cents milles.

— Un vent du sud-est, s'il était violent, pourrait nous jeter au milieu des bancs de sable d'une manière qui ne me conviendrait pas beaucoup, Monsieur ; j'aime autant que possible à me tenir à l'est du courant dès que je quitte la terre.

— Très-vrai, capitaine Gar'ner ?

— Très-vrai, Monsieur. Il vaut mieux se tenir en dehors du courant lorsqu'on le peut.

— Eh bien, Monsieur, puisque nous faisons le même voyage, je suis heureux de vous avoir rencontré, et je ne vois pas pourquoi nous n'agirions pas en bons voisins, et pourquoi nous ne nous verrions pas quand nous n'aurons rien de mieux à faire. Votre schooner m'a tellement plu, que je me suis efforcé de le prendre, autant que possible, pour modèle du mien. Vous voyez qu'il est absolument peint de la même manière.

— J'ai fait cette observation, capitaine Dagget, et vous pourriez en dire autant des figures de nos proues.

— Oui, oui, lorsque j'étais à Oyster-Pond, on m'a dit le nom du sculpteur en bois qui avait fait votre lion, et je lui en ai commandé le frère jumeau. Si les deux vaisseaux se trouvaient dans un chantier, je doute qu'on pût en faire la différence.

— C'est vrai, Monsieur. N'avez-vous pas à bord un homme qui s'appelle Watson ?

— Oui, oui, c'est mon second officier marinier. Je vous comprends, capitaine Gar'ner, vous avez raison, c'est le même qui était à votre bord ; mais j'avais besoin d'un second officier marinier, et il a mieux aimé venir à mon bord avec un grade plus élevé.

Cette explication satisfit probablement tous ceux qui l'entendirent, quoique ce ne fût que la moitié de la vérité. Pour tout dire, Watson était engagé comme second officier marinier à bord du schooner de Dagget, avant qu'il eût jamais vu Roswell Gardiner, et il avait reçu la mission de surveiller l'équipement du schooner d'Oyster-Pond, comme nous l'avons déjà dit. Il était cependant si naturel qu'un homme acceptât l'avancement qui lui était offert, que Gardiner lui-même fut beaucoup moins disposé à blâmer Watson qu'il ne l'avait fait jusqu'alors. Cependant la conversation continua.

— Vous ne nous avez point parlé de l'équipement de ce schooner, dit Roswell Gardiner, lorsque vous étiez à Oyster-Pond.

— J'étais tout préoccupé des affaires de mon pauvre oncle, capitaine Gardiner. La mort est notre destinée à tous, mais elle paraît plus triste quand elle frappe nos amis.

Malgré le ton naturel du capitaine Dagget, Roswell Gardiner n'était pas sans soupçon. Cet équipement d'un autre vaisseau lui donnait à réfléchir, et il était tenté de croire que Dagget aussi savait quelque chose du but de l'expédition.

Ce qu'il y a de bizarre, c'est que cette disposition d'esprit chez Roswell Gardiner fut favorable aux intérêts du diacre. Tout d'abord, Gardiner avait été peu enclin à ajouter beaucoup de foi aux renseignements donnés par le vieux marin, attribuant la plus grande partie de ses récits à une tactique de matelot et au désir de se rendre important. Mais maintenant qu'il voyait un membre de la famille de ce matelot embarqué dans une entreprise semblable à la sienne, il commença à changer d'opinion sur la portée même de cette entreprise.

Sachant avec quelle prudente mesure on agit dans cette partie du monde, il ne pensait pas qu'une compagnie d'hommes du Vineyard eût risqué son argent dans une affaire sans avoir de bonnes raisons pour croire qu'elle réussirait. Quoiqu'il ne pût se rendre compte des renseignements qu'elle s'était procurés, il lui était facile de voir que les îles de veaux marins ou le butin que renfermait l'île des Pirates, étaient les mobiles de l'expédition des hommes du Vineyard. Voilà sans doute les motifs qui les avaient déterminés à risquer leur argent. Il en résultait naturellement que Roswell crut devoir attacher plus d'importance qu'il ne l'avait fait jusqu'alors aux cartes marines et aux instructions que lui avait données le diacre Pratt. Jusqu'à ce moment il avait pensé qu'il ne devait pas contrarier le diacre dans ses fantaisies, mais au fond il s'en remettait surtout à lui-même du succès de son voyage. Maintenant il se décida à faire voile vers les îles de Daggett, comme son armateur appelait les îles dont l'existence lui avait été révélée. Il pensa que l'autre *Lion de Mer* pourrait vouloir lui tenir compagnie; mais là distance était si grande que des milliers d'occasions devaient s'offrir de se débarrasser de cette société, si cela devenait nécessaire.

Pendant plusieurs heures, les deux schooners marchèrent de conserve, et avec une égale rapidité. Il n'y avait rien d'extraordinaire dans ce fait que deux vaisseaux construits pour le même genre d'entreprise eussent un grand caractère de ressemblance; mais il était rare de voir des vaisseaux dont la marche était à peu près la même. S'il y avait quelque différence, elle était en faveur du *Lion de Mer* du Vineyard, qui, dans l'après-midi, dépassait son compagnon.

Il est à peu près inutile de dire qu'à bord des deux vaisseaux rivaux on faisait beaucoup de commentaires sur la bizarrerie de cette situation.

— Plus j'y réfléchis, monsieur Hasard, dit Roswell Gardiner à l'un des officiers mariniers, plus je crois que ce schooner n'a fait un tel détour que pour nous rencontrer, sachant bien qu'à un certain moment nous devions tourner Montauk.

— Eh bien, Monsieur, c'est peut-être bien là ce qu'ils ont voulu. Des hommes qui ont la même destination aiment à se trouver en bonne compagnie pour rendre le voyage plus court en le rendant plus agréable.

— Il est impossible que ces gens-là supposent que les deux schooners resteront en vue l'un de l'autre du 41e degré nord jusqu'au 70e sud, ou peut-être plus loin encore au sud! C'est tout au plus si nous resterons une semaine ensemble.

— Je n'en sais rien, Monsieur. Je me suis trouvé une fois à

bord d'un vaisseau baleinier qui n'a jamais pu se débarrasser d'un voisin curieux.

— On ne fait pas ainsi des armements au hasard; ces gens du Vineyard savent aussi bien que nous où ils vont, peut-être mieux.

— Ils ont une grande confiance dans le chef, capitaine Gar'ner, et je puis vous assurer qu'à cet égard il n'y a parmi eux qu'une opinion.

— Quelle opinion, monsieur Hasard?

— Qu'une part dans cette expédition vaudrait une part et demie dans tout autre schooner d'Amérique! Les matelots se décident en général d'après le talent et le bonheur du capitaine qui doit les commander. J'en ai connu qui n'auraient pas voulu s'embarquer avec les meilleurs capitaines qui aient jamais dirigé un navire, s'ils n'avaient pas cru qu'ils fussent aussi heureux qu'habiles.

— Oui, oui, le *bonheur!* Ces gens-là se soucient peu de la *Providence.* Eh bien, j'espère que le schooner ne trompera ni l'espoir de notre équipage, ni celui de son capitaine; mais quand il s'agit de la pêche à la baleine et de la chasse des veaux marins, on peut être déçu dans ses plus flatteuses espérances.

— Oui, oui, Monsieur; cependant le capitaine Gar'ner s'est fait un nom, et l'on y mettra sa confiance.

Notre jeune capitaine ne pouvait entendre qu'avec plaisir de telles paroles, au moment où la concurrence d'un schooner rival le poursuivait au milieu des mers.

Vers le soir, le vent tomba, et, après avoir échangé les compliments d'usage entre marins, Roswell Gardiner fit mettre une chaloupe à la mer et alla rendre visite au capitaine de l'autre schooner.

Chacun de ces petits vaisseaux était bien pourvu de chaloupes, et de celles dont se servent ordinairement les vaisseaux baleiniers. Un vaisseau baleinier se termine en pointe aux deux bouts; on le dirige avec deux avirons au lieu d'un gouvernail; il est léger et peut résister au choc des vagues, et il est facile de le diriger. Lorsqu'on pense qu'une de ces petites coques, petites comme vaisseaux, quoique d'une assez grande dimension comme bateaux, filé quelquefois dix ou douze nœuds au milieu d'une mer agitée, et que souvent la marche de ce vaisseau est plus rapide, on comprend facilement l'importance qu'on attache à sa forme, à sa légèreté et à sa solidité. Les marins croient généralement qu'un vaisseau baleinier est le bâtiment le plus sûr pour affronter les dangers de l'Océan.

Le capitaine Dagget reçut son hôte avec une politesse marquée. On servit l'eau et le rhum, et tous les deux en prirent un verre. Les deux capitaines burent à leurs succès mutuels et échangèrent leurs observations au sujet des lions de mer, des éléphants de mer, et de la manière de prendre ces animaux. Gardiner donna même une poignée de main amicale à Watson, quoique ce dernier fût à moitié déserteur.

L'Océan offre beaucoup des aspects de l'éternité, et dispose souvent les marins à regarder des camarades avec ce sentiment fraternel qui répond à leur situation commune. Son étendue leur rappelle l'éternité qui n'a ni commencement ni fin; son mouvement perpétuel, l'agitation incessante des passions humaines, et ses dangers, la Providence qui nous protége tous et qui peut seule nous préserver.

Roswell Gardiner avait le cœur naturellement bon, et il était disposé à juger autrui avec bienveillance. Aussi, l'adieu qu'il fit à Watson fut-il aussi franc et aussi sincère que celui qu'il adressa au capitaine Dagget lui-même.

CHAPITRE IX.

> Roule, Océan au bleu sombre et profond, roule!
> dix milliers de flottes balayent en vain tes flots;
> l'homme marque la terre de l'empreinte des
> ruines; sa puissance s'arrête devant le rivage;
> sur la plaine liquide, les naufrages ne sont que
> ton œuvre, et il n'y reste de trace des ravages
> de l'homme, que la sienne, lorsqu'en un mo-
> ment, comme une goutte de pluie, il disparaît
> dans tes profondeurs.
>
> BYRON.

Ce soir-là, le soleil se coucha au milieu des nuages. Quoiqu'à l'est l'horizon fût relativement clair, les objets offraient cependant un contour extraordinaire, qui en augmentait les proportions, et les rendait en quelque sorte indéfinis.

Nous ne savons pourquoi le vent d'est produit ces phénomènes, et nous ne nous souvenons pas qu'on en ait jamais donné l'explication; mais des années d'expérience nous ont convaincu de la justesse de l'observation. Lorsque le vent est tourné à l'est, on voit les objets à travers le médium d'une réfraction qui n'existe pas en présence d'un vent du nord; la crête des vagues jette une lumière qui est beaucoup plus apparente que dans d'autres moments, et à minuit la surface de l'Océan présente quelquefois l'aspect d'une journée nuageuse. Nos nerfs aussi se trouvent soumis à l'influence des vents d'est. Nous avons en nous un baromètre qui nous dit quand le vent est à l'est, sans que nous ayons besoin de nous orienter. Il est vrai qu'on a souvent fait allusion à cette influence du vent d'est, mais sans jamais l'expliquer.

Roswell, lorsqu'il monta à bord le lendemain matin, trouva le temps complétement changé. La tempête qui se préparait depuis longtemps était enfin venue, et le vent soufflait un peu du sud-est.

Hasard avait manœuvré en conséquence. Le *Lion de Mer* du

Vineyard imita chaque mouvement de son rival, et se réduisit à la même voilure. En ce moment les deux vaisseaux n'étaient pas à un câble de distance, celui d'Oyster-Pond se trouvant un peu sous le vent. Le schooner avait cependant quelque avantage dans sa marche lorsque le vent était frais et la mer houleuse.

— Je voudrais que nous fussions à deux cents milles dans la direction de l'est, dit le jeune capitaine à son premier officier, aussitôt qu'il eut examiné l'étendue qui se déroulait devant lui. J'ai peur que nous n'allions nous perdre près du cap Hatteras. Nous sommes menacés de mauvais temps, monsieur Hasard.

— Oui, Monsieur, oui, fut la réponse indifférente du marin. J'ai vu des vaisseaux retourner au fort Pond-Bay et même à l'île Gardiner, pour y chercher un refuge contre ce vent du sud-est jusqu'à ce qu'il eût cessé de souffler.

— Il est impossible d'y songer, nous sommes à cent milles sud-est de Montauk, et si je cherche quelque part un refuge, ce sera à Charleston ou près d'une des îles qui longent la côte.

— C'est une simple observation de ma part, capitaine Gar'ner. Après tout, quand on s'embarque sur les vaisseaux baleiniers, il faut s'attendre aux rafales. Je suis prêt à lutter, quant à moi, à lutter aussi longtemps que notre voisin; il est visible qu'il fait tous ses efforts pour marcher avec nous.

Cela était assez vrai : le *Lion de Mer* du Vineyard faisait de son mieux, et quoiqu'il ne pût marcher de front avec son rival, il ne s'en trouvait qu'à une si petite distance qu'elle était imperceptible. Les officiers et les équipages de ces deux vaisseaux s'observaient respectivement avec une vigilance extrême et un profond intérêt. L'équipage du *Lion de Mer* d'Oyster-Pond regardait les mouvements de l'autre vaisseau, comme une belle dans un bal suit du regard le succès des autres belles, ou comme un médecin rival assiste à une opération qui doit ajouter aux lauriers d'un concurrent ou les flétrir à jamais. On fit, de part et d'autre, toutes les observations que l'expérience, la jalousie ou l'habileté purent suggérer, et comme les gens d'Oyster-Pond se donnaient l'avantage, ceux du Vineyard, comme de raison, se permettaient les mêmes commentaires. Ils faisaient leurs comparaisons, et tiraient leurs conclusions avec la même partialité en leur faveur et les mêmes espérances que leurs rivaux.

Le vent augmenta graduellement, et l'on diminua la voilure des schooners. Quoique la marche des deux vaisseaux devînt beaucoup moins rapide, on crut qu'il valait mieux filer quelques nœuds que de s'arrêter, et, en définitive, les deux capitaines firent plus de chemin du côté du vent que s'ils avaient exécuté l'autre manœuvre.

Au bout de trois jours, Roswell Gardiner pensa qu'il se trouvait à la latitude du cap Henry, et à trente ou quarante lieues de terre. Il était plus facile de calculer le dernier que le premier de ces deux faits matériels. Le soleil ne s'était pas montré depuis que la tempête avait commencé, et, pendant la moitié de la dernière journée, les deux vaisseaux s'étaient trouvés enveloppés dans le brouillard et la pluie. Une ou deux fois, ces vaisseaux furent sur le point de se séparer, la distance qui les séparait devenant si considérable qu'il semblait impossible, pour eux, de marcher ensemble; puis les schooners changeaient de place par l'effet d'une manœuvre habile, et se rapprochaient beaucoup l'un de l'autre. Personne, en ce moment, n'aurait pu dire d'une manière précise comment cela avait lieu, quoique la plupart de ceux qui se trouvaient à bord en comprissent les raisons. Les grains, la manière de gouverner les schooners, les courants, les remous, et tous les accidents de l'Océan contribuent à produire ces oscillations qui donnent à deux vaisseaux d'une égale rapidité et ayant la même voilure, l'apparence de qualités très-différentes. Pendant les nuits, les changements étaient plus grands, les schooners se trouvaient souvent à plusieurs lieues de distance, et l'on aurait pu croire qu'ils étaient complétement séparés. Mais Roswell Gardiner eut bientôt la conviction que le capitaine Dagget s'attachait à lui par calcul; car toutes les fois que ce dernier se trouvait loin du *Lion de Mer* d'Oyster-Pond, il parvenait toujours à s'en rapprocher avant que le danger d'une séparation fût devenu inévitable.

Nos mariniers calculaient la distance où ils étaient de la terre, au moyen de la sonde. Si la côte d'Amérique n'a rien de sublime et de pittoresque, et s'il est impossible au voyageur de ne pas le reconnaître, cette côte offre un avantage essentiel, celui de sondages décroissants.

L'élévation graduelle du fond est si régulière, et les sondages ont été marqués avec tant de soin, qu'un navigateur prudent trouve toujours son chemin près de la côte, et ne risque jamais d'échouer, comme cela arrive souvent, sans avoir pu le prévoir. Les bornes milliaires, sur une grande route, indiquent moins bien les distances que la sonde près de la côte d'Amérique.

Roswell Gardiner pensa donc qu'il se trouvait à environ trente-deux ou trente-trois lieues marines de la terre, le soir du troisième jour que la bourrasque avait commencé.

— Je voudrais savoir quelle est l'opinion de Dagget lui-même, dit le jeune capitaine tandis que la journée finissait et qu'une soirée orageuse allait commencer. Je n'aime pas l'apparence du temps, mais je ne voudrais pas tenir le large si l'autre schooner, en supposant qu'il y ait du danger, le bravait de plus près que nous.

Ici Roswell Gardiner montrait une faiblesse qui est au fond de toutes nos fautes. Il ne voulait pas être vaincu par un rival, même en témérité. Si le *Lion de Mer* de Holmes-Hole pouvait doubler cette côte en continuant sa bordée, pourquoi le *Lion de Mer* d'Oyster-Pond n'en ferait-il pas autant? C'est la vanité humaine qui fait que les hommes s'encouragent ainsi mutuellement dans leurs fautes, et que les plus graves erreurs obtiennent, sinon la sanction de la raison, du moins celle de la foule. Voilà comment les masses sont souvent trompées, ce qui arrive rarement sans qu'elles deviennent tyraniques.

Cependant Roswell Gardiner ne négligea point de se servir de la sonde. Il était évident que le schooner se rapprochait de terre, car le vent était presque au sud. Il arriva de la sorte que les deux vaisseaux, s'encourageant mutuellement dans leur témérité, allaient presque se jeter dans la gueule du lion; car lorsque le jour reparut, le vent tourna à l'est, un peu au nord-est, poussant les vaisseaux droit sur un rivage qui était placé sous le vent; et le temps était si gros qu'une voile de l'avant, réduite à l'état de chiffon, était plus de voilure que ces petits vaisseaux n'en pouvaient supporter. Quand le jour reparut et que la brume fut un peu tombée, on vit la terre. En consultant ses cartes marines, et après avoir jeté un coup d'œil sur la côte, Roswell Gardiner s'assura qu'il était au vent de Currituck, ce qui le plaçait à environ six degrés au sud-est du port d'où il était parti, et à près de quatre à l'ouest.

Notre jeune homme sentit alors quelle faute il avait commise en se laissant dominer par un fol esprit de concurrence, et regretta de n'avoir pas suivi une autre route la soirée précédente. Maintenant il hésitait sur le parti qu'il avait à prendre.

Gardiner n'imaginait pas que le seul motif de Dagget, en s'engageant dans cette direction, eût été de lui tenir compagnie; car Dagget, lorsqu'il vit Gardiner faire voile vers la côte, s'était persuadé que le *Lion de Mer* d'Oyster-Pond se rendait aux Indes Occidentales pour visiter la plage où l'on pensait que le trésor était enfoui, et dont il avait entendu faire des récits qui avaient excité en lui toute la soif de l'or, sans lui indiquer les moyens nécessaires pour réussir. C'est ainsi qu'une vigilance mal entendue d'un côté, et d'un autre côté un faux orgueil, avaient jeté ces deux vaisseaux dans une situation aussi critique que si l'on avait voulu réellement les exposer au plus grand péril.

A dix heures environ, le vent était très-élevé, soufflant toujours de l'est un peu au nord. Dans le cours de la matinée, les officiers qui se trouvaient à bord des deux schooners, profitant de quelques moments de calme, avaient assez bien vu la terre pour se rendre parfaitement compte de leurs situations respectives. Toute pensée de concurrence s'était évanouie. Chaque vaisseau manœuvrait dans l'unique intérêt de son salut. Les grandes voiles furent larguées, on y prit un ris, et les coques des deux bâtiments se trouvèrent ainsi poussées contre vent et marée avec une force extraordinaire.

— Le grand mât plie comme une canne de baleine, dit Hasard lorsqu'on eut fait cette nouvelle expérience pendant dix minutes. Il saute comme une grenouille qui est pressée de se jeter dans une mare!

— Il faut que le schooner soutienne cette lutte ou qu'il échoue, répondit froidement Gardiner, quoique en lui-même il fût fort inquiet. Lors même que le diacre Pratt me le pardonnerait si je perdais son schooner, je ne me le pardonnerais jamais à moi-même.

— Si le schooner périssait, capitaine Gar'ner, il ne resterait que peu d'hommes de l'équipage pour éprouver des remords ou de la joie. Voyez cette côte, Monsieur, maintenant qu'elle se montre clairement à nos regards et qu'on peut en apercevoir une assez grande étendue; jamais je n'ai vu une terre sur laquelle on fût moins tenté d'aller échouer.

Toute la côte était basse et l'on voyait une ligne non interrompue de brisants qui s'élançaient en pointes brillantes, ne laissant aucun doute sur le danger qu'ils indiquaient. Il y avait des moments où des colonnes d'eau jaillissaient dans l'air, et l'écume en allait tomber sur la terre à des milles de distance. C'est alors que le visage des marins devenait sombre, car ils comprenaient parfaitement la nature du danger dont ils étaient menacés.

Les nouvelles recrues montraient le moins d'inquiétude, ne sachant rien et ne craignant rien, suivant l'expression habituelle des vieux matelots lorsqu'ils veulent caractériser l'indifférence des mousses et des hommes de terre.

D'après les calculs de ceux qui se trouvaient à bord du *Lion de Mer* d'Oyster-Pond, on avait encore deux milles à dériver avant de se trouver au milieu des brisants. Le vaisseau courait en ce moment la meilleure bordée, suivant toute apparence. Virer maintenant aurait été hasardeux, puisque chaque ligne, pour ainsi dire, avait de l'importance. L'espoir secret de Gardiner était de trouver le passage qui conduisait à Currituck, passage qui était alors ouvert, et qui, depuis, a été fermé, en tout ou en partie, par les sables. Cela arrive souvent sur les côtes de l'Amérique, où l'on trouve aujourd'hui des passages très-suffisants, qui seront fermés quelques années plus tard et transformés en une grève. L'eau qui est contenue dans l'intérieur gagne ensuite du terrain, déborde et s'ouvre un canal, qui subsiste jusqu'à ce que le sable apporté par les vents vienne le combler.

Gardiner savait qu'il longeait la partie la plus dangereuse de la côte américaine, dans un sens au moins. Les grands détroits qui s'étendaient entre les grèves formées par les sables, rendaient la navigation aussi difficile que les bas-fonds qui se trouvaient au nord; cependant il aurait bien mieux aimé naviguer dans un de ces détroits que d'aller tomber sur les brisants qu'on rencontrait en dehors. L'équipage du Vineyard se trouvait encore dans la meilleure position, étant au vent de la longueur d'un câble, et, dans cette mesure, plus loin de sa perte. Cet avantage toutefois n'était pas très-important dans le cas où le vent continuerait de souffler avec la même violence, le salut devenant alors impossible pour les deux vaisseaux. La situation des deux bâtiments se trouvait en effet si critique, qu'il leur était également impossible de céder une seule brasse de l'espace qu'ils occupaient. Tous les yeux se dirigèrent bientôt sur le passage; or, on avait résolu d'en tenir éloigné le *Lion de Mer* d'Oyster-Pond, si ce passage était sous le vent.

On apercevait maintenant d'une manière très-distincte la ligne des brisants, et à chaque minute; non-seulement elle semblait se rapprocher, mais elle se rapprochait en effet. On s'efforça de trouver un mouillage, expédient auquel les marins ont tou-toujours recours avant d'échouer, quoique ce fût sans beaucoup d'espoir.

Hasard avait dépeint le schooner comme sautant dans la mer. Cette expression n'est pas sans justesse, appliquée à de petits vaisseaux, et surtout dans cette occasion. Bien que construit avec beaucoup de soin quant à la légèreté, ce vaisseau faisait des plongeons dans les vagues qu'il rencontrait, et où il allait presque disparaître; une fois ou deux, le choc fut si violent, que ceux qui se trouvaient à bord crurent qu'ils avaient touché le fond. La sonde, cependant, donnait assez d'eau, quoique les hauts-fonds fussent constants et croissants, et avec une continuité qui avait quelque chose de menaçant. Tel était l'état des choses, quand le schooner fit un de ces plongeons et rencontra une force qui le repoussa comme s'il était allé se heurter contre un rocher.

Le grand mât était solide dans une certaine mesure, mais il n'était pas assez gros; un pouce ou deux de plus en diamètre auraient pu le sauver; or, le diacre l'avait acheté ainsi par esprit d'économie, malgré les représentations qu'on lui avait faites. Cet espar se cassa en deux morceaux, et allant tomber à quelques pieds du pont, sous le vent, entraîna la partie supérieure du mât de l'avant, laissant le *Lion de Mer* d'Oyster-Pond dans une situation plus mauvaise que s'il n'avait point de mât du tout.

Roswell Gardiner se présenta maintenant sous un nouvel aspect; jusqu'alors il était resté silencieux, mais il avait observé, en donnant ses ordres de manière à ne pas inquiéter ses hommes, et avec un air d'indifférence qui eut réellement pour effet de les induire en erreur sur son appréciation du danger où ils se trouvaient tous. Il n'était plus possible de rien cacher, et notre jeune capitaine se montra aussi actif que les circonstances pouvaient l'exiger, donnant ses ordres au milieu du bruit du vent qui retentissait comme la trompette des mers. Sa conduite pleine d'énergie et de résolution empêcha le désespoir de gagner l'équipage. Ses deux officiers mariniers lui apportèrent le concours d'un noble dévouement, et trois ou quatre des plus vieux marins se montrèrent en hommes dans lesquels on pouvait avoir confiance jusqu'au dernier moment.

Il s'agissait de jeter l'ancre. Heureusement qu'à cet égard Gardiner avait tout prévu. Si l'on ne prenait cette précaution, en dix minutes probablement le schooner allait être jeté sur les brisants, et il n'y avait pas d'espoir de salut pour l'équipage, car il était impossible, dans ce cas, que le bâtiment ne fût pas mis en pièces. On jeta à la fois les deux ancres de poste, et les câbles dans toute leur longueur; le vaisseau se releva et fit aussitôt face à la mer.

Le schooner se trouva ainsi débarrassé, et il y eut un moment où son équipage crut qu'on pourrait tenir contre le vent, pourvu qu'on échappât au naufrage. On se servit de haches, de hachettes et de couteaux, et Roswell vit flotter sur les vagues toute une masse d'espars et de gréements avec un plaisir qu'il ne cherchait pas à dissimuler. Il éprouva une véritable joie, lorsqu'il vit le schooner voguer sous le vent. On jeta aussi une sonde, afin de voir si les ancres tenaient. Cette expérience, qui est infaillible, donna la triste certitude que le schooner dérivait de toute sa longueur en moins de deux minutes.

Le seul espoir qui restât était que les pattes des ancres s'attachassent à un meilleur terrain que celui qu'elles avaient rencontré jusqu'alors. Le fond n'était que du sable très-dur, ce qui n'offre jamais à un bâtiment les mêmes chances que la vase. D'après les calculs de Roswell Gardiner, le schooner, dans une heure au plus, devait être jeté sur les brisants. Le *Lion de Mer* de Holmes-Hole était au vent de la longueur d'un câble lorsque cet accident arriva à son compagnon, et à un demi-mille environ au sud. Dans ce moment même les brisants couraient, pour ainsi dire, au-devant du schooner et le forçaient à virer. Cette manœuvre eut lieu en tournant le vaisseau vers le sud, et il se dirigea, non sans de grands efforts, vers son compagnon. Le virement lui avait fait perdre assez de terrain pour le mettre sous le vent du vaisseau qui était à l'ancre et le rapprocher du danger.

Roswell Gardiner se tenait sur son gaillard d'arrière, suivant des yeux avec anxiété la dérive de l'autre schooner, à mesure qu'il approchait en luttant contre des vagues, qui étaient presque aussi blanches que les brisants qui menaçaient les deux vaisseaux d'un désastre inévitable. Le vaisseau à l'ancre, quoique dérivant, s'avançait avec tant de lenteur que sa marche servait à marquer la course rapide et continue du *Lion de Mer* du Vineyard vers un sort qui n'avait rien de douteux. Gardiner pensa d'abord que Dagget allait raser la proue de son bâtiment, et il trembla pour ses câbles, qui se montraient de temps en temps au-dessus de l'eau comme des barres de fer, à la distance de trente ou quarante brasses. Mais le schooner du Vineyard était entraîné sous le vent avec une trop grande rapidité pour qu'il fît courir ce nouveau danger à son compagnon.

A la distance d'un câble, on aurait dit que le *Lion de Mer* du Vineyard allait passer à côté de son compagnon; mais avant que ce court espace fût franchi on s'aperçut que ce vaisseau dérivait si rapidement qu'il s'écartait même de la poupe du *Lion de Mer* d'Oyster-Pond. Les deux capitaines, s'appuyant d'une main sur quelque objet pour s'affermir, et de l'autre tenant avec force leur

7

chapeau sur leur tête, eurent un moment de conversation lorsque les schooners se trouvèrent le plus rapprochés.

— Vos ancres tiennent-elles? dit Dagget, qui fut le premier à parler, comme s'il avait cru que son sort dépendît de la réponse à sa question.

— Je suis fâché de vous dire que non. Nous dérivons en deux minutes de toute la longueur du bâtiment.

— Cela retardera le moment critique d'une heure ou deux. Voyez quel sillage nous faisons en ce moment!

En effet, le sillage avait quelque chose d'effrayant. Dès que la proue du *Lion de Mer* du Vineyard se trouva près de l'arrière du *Lion de Mer* d'Oyster-Pond, Gardiner s'aperçut que le schooner du Vineyard traçait une ligne diagonale, allant sous le vent avec une rapidité toujours égale. Cela était d'une telle évidence, qu'une ligne oblique tirée du vaisseau de Roswell aurait toujours suivi l'autre vaisseau à dater du moment où son avant se présenta devant la poupe du vaisseau d'Oyster-Pond.

— Que Dieu vous bénisse!... que Dieu vous bénisse! s'écria Roswell Gardiner, lui faisant de la main un signe d'adieu, dans la ferme conviction que le capitaine du Vineyard et lui ne se rencontreraient plus dans ce monde. Les survivants auront à faire connaître les victimes. Quand la crise arrivera, je ferai descendre mes chaloupes, si je puis.

Dagget ne fit point de réponse. Toute réponse était inutile, car il n'y avait pas de voix humaine qui pût dominer un vent aussi terrible et se faire entendre à une distance qui était devenue si grande.

— Ce schooner sera sur les brisants dans une demi-heure, dit Hasard, qui se trouvait à côté du jeune Gardiner. Pourquoi ne jette-il pas l'ancre? Il n'y a que la divine Providence qui puisse le sauver.

— Et la divine Providence le fera, grâce en soit rendue au Dieu tout-puissant pour sa bonté, s'écria Roswell Gardiner. — Avez-vous vu cela, monsieur Hasard?

Cette observation de notre jeune capitaine était en effet de la plus grande importance. Le vent avait baissé si subitement, que les chiffons de voiles que portait l'autre schooner pendaient le long des mâts. D'abord nos marins crurent que la houle de la mer, en élevant toujours le vaisseau, le maintenait dans un certain calme; mais le changement qui venait de se produire pour eux était trop évident pour permettre aucune méprise. Le vent souffla une minute encore avec fureur, puis il y eut un autre calme. Gardiner s'élança du côté de la sonde pour juger de l'effet à l'égard de son propre vaisseau. Le schooner ne traînait plus son ancre.

— Dieu est avec nous! s'écria le jeune capitaine, que son saint nom soit à jamais béni!

— Et celui de son Fils! répondit une voix.

Malgré l'émotion du moment, Roswell Gardiner se retourna pour voir d'où ces mots étaient partis. Ils avaient été prononcés par Stimson, le plus vieux des matelots qui se trouvaient à bord. La ferveur avec laquelle il s'était exprimé produisit plus d'effet sur le jeune capitaine que les paroles mêmes; il y avait en effet, dans cette ferveur, quelque chose de plus extraordinaire de la part d'un matelot que dans les paroles dont il s'était servi. Plus tard, Gardiner n'oublia point cet incident, qui ne fut pas sans résultat.

— Je crois, Monsieur, s'écria Hasard, que le vent a tourné. Il arrive souvent, même sur nos côtes, que les vents du sud-est deviennent tout à coup des vents du nord-est. J'espère que ce ne sera pas trop tard pour sauver le schooner du Vineyard, quoiqu'il glisse vers les brisants avec une effroyable rapidité.

— Voyez sa voile de misaine!... Voilà un autre calme, reprit Gardiner. Je vous dis, monsieur Hasard, que nous aurons un changement de vent qui peut seul nous sauver de ces brisants.

— Ce changement n'arrivera que par la miséricorde du Dieu tout-puissant et de son Fils, ajouta Stimson avec la même ferveur, quoiqu'il parlât très-bas.

Roswell éprouva la même surprise qu'il avait déjà ressentie, et il oublia quelques instants la tempête. Le vent cessait, quoique le mouvement des vagues menaçât encore l'autre schooner, l'entraînant vers les brisants, mais avec moins de rapidité.

— Pourquoi ne jette-il point d'ancre? s'écria Gardiner dans son anxiété pour l'autre vaisseau, car il ne craignait plus rien pour lui-même; s'il ne jette l'ancre, il ira échouer et se perdre sur les brisants.

— Il y songe si peu, répondit Hasard, qu'il prend des ris. Voyez, on détache son hunier, et déjà vous pouvez apercevoir toute une grande voile dehors!

Il semblait, en effet, que Dagget était plus disposé à se servir de ses voiles que de ses amarres. Au bout de très-peu de temps, il avait mis toutes ses voiles dehors, et il s'efforçait de fuir la terre. Puis le vent cessa tout à fait, et à la distance d'un demi-mille, Gardiner et ses compagnons entendaient le bruit des voiles qui pendaient le long des mâts. Puis la voilure fut tendue dans une autre direction et le vent vint de la terre. La proue du schooner se trouva aussitôt tournée du côté de la mer, et la sonde pendue à son côté montra qu'il suivait une bonne direction. Ces changements de temps soudains, quelquefois funestes et quelquefois providentiels, amènent toujours à leur suite des contre-courants dans l'air.

— Maintenant, dit Hasard, nous aurons un véritable vent du nord-ouest.

L'opinion que venait d'exprimer Hasard indiquait parfaitement ce qui allait arriver. Au bout de dix minutes, le vent soufflait très-fort dans une direction à peu près opposée à celle qu'il avait suivie jusqu'alors. Comme de raison, le *Lion de Mer* du Vineyard s'éloigna de terre, fendant les vagues qui venaient du vaste Atlantique; tandis que le *Lion de Mer* d'Oyster-Pond s'efforçait de se mettre sous le vent, et semblait suspendu entre des forces opposées.

Gardiner s'attendait à voir l'autre schooner prendre le large; mais au lieu de cela, le capitaine Dagget se rapprocha du vaisseau désemparé, et jeta l'ancre. Cet acte de véritable fraternité était trop clair pour avoir besoin d'explication. Les hommes du Vineyard avaient, en effet, l'intention de rester près de leur compagnon tant qu'il pourrait y avoir du danger. Le vent du nord-ouest ne permit aucun rapport entre les équipages jusqu'au lendemain matin. Le coup de vent n'était plus qu'une bonne brise, et les vagues, alors presque effacées, se montraient à peine le long des côtes.

On apercevait un peu d'écume blanche sur les brisants, mais cela n'excitait plus d'appréhension. On rétablit les mâts du vaisseau désemparé, et l'on put, grâce aux chaloupes, retrouver toutes les voiles et la plupart des gréements.

CHAPITRE X.

> Le nuage qui est sur ton front s'effacera, le chagrin ne sera plus dans ta voix; mais là où ton sourire a lui, nos cœurs le chercheront en vain.
>
> MISTRISS HEMANS.

Aussitôt qu'il lui fut possible de mettre ses chaloupes à la mer, le lendemain matin au point du jour, le capitaine Dagget s'approcha du *Lion de Mer* d'Oyster-Pond. Il reçut un accueil de marin, et ses offres de services furent acceptées aussi franchement qu'on les lui aurait faites dans d'autres circonstances.

Il y avait là un mélange caractéristique du sentiment chrétien et de l'esprit de calcul que nous avons déjà signalé. Si les devoirs de charité qu'enseigne la religion sont rarement négligés par les descendants des Puritains, on peut dire avec autant de justice qu'ils ne perdent jamais de vue leur intérêt personnel. Ils regardent le calcul en affaires et ses résultats comme parties intégrantes des devoirs de l'homme; et comme nos parents de la vieille Angleterre vénèrent l'aristocratie, de même nos frères de la nouvelle Angleterre rendent hommage au veau d'or. Dagget avait donc deux motifs pour offrir ses services à Gardiner: il voulait s'acquitter en même temps d'une obligation morale et rester auprès du *Lion de Mer* d'Oyster-Pond; il craignait que ce vaisseau ne trouvât seul la plage sur laquelle Dagget avait obtenu quelque données fort intéressantes sans en avoir assez pour être bien sûr de la découvrir lui-même.

Les chaloupes de Dagget aidèrent à sauver les voiles et les gréements. Puis ces hommes travaillèrent à mettre en état une partie des mâts, et à midi les deux vaisseaux se trouvèrent le long de la côte au sud-est et à l'ouest.

Hatteras n'était plus à craindre, car le vent était au nord-est et l'on avait en vue ces mêmes brisants, si terribles la veille, qu'on aurait donné la valeur des deux vaisseaux pour ne plus les revoir.

Ils passèrent cette nuit-là même devant le cap formidable d'Hatteras. La nuit suivante, ils doublèrent le cap Look-Out, excellent point de relèvement pour les vaisseaux qui vont au nord, parce qu'il leur rappelle Hatteras, ce cap des tempêtes, qui, étant peu élevé, ne s'aperçoit pas de loin, et ils arrivèrent au port de Beaufort le lendemain matin au lever du soleil. En ce moment, le vent de nord-ouest avait cessé, et les deux schooners entrèrent avec une légère brise du sud dans ce port, où il y avait juste assez d'eau pour les recevoir.

C'était le seul endroit de toute la côte où il pouvait leur convenir de s'arrêter, et c'était peut-être aussi le port qui devait le mieux fournir à Roswell Gardiner tous les matériaux dont il avait besoin pour son schooner. Cette contrée abondait en bois de construction et en espars; et le *banker* (habitant de la grève) qui remplissait la fonction de pilote, dit à notre jeune capitaine qu'il se procurerait tout le bois dont il avait besoin une heure après qu'il serait dans le port. Ce nom de *Banker* s'applique à une population de pêcheurs habitant les grèves longues et basses qui s'étendent sur toute cette partie de la côte, depuis le cap Fear jusqu'au cap Henri, à une distance de cent cinquante milles. C'est dans cet espace que se trouvent les grands détroits dont nous avons déjà parlé, renfermant Albemarle et Pimlico, et formant comme l'entrée des rivages maritimes de toute la Caroline du Nord.

Le cap Fear (cap de la Peur) mérite son nom. C'est là que commence de ce côté la partie dangereuse de la côte, et le nom même de ce cap est un avertissement pour le marin.

Beaufort est un port magnifique, auquel il manque seulement un peu plus de profondeur, ce qui force les schooners à attendre que la marée monte pour entrer. Cette circonstance offrit à Roswell l'occasion de se rendre à bord de l'autre bâtiment, et de remercier Dagget de ses bons offices.

— Comme de raison, vous ne pensez point à entrer dans le port, capitaine Dagget, dit notre héros ; je vous ai déjà causé un assez grand retard. Si je trouve les espars dont le pilote m'a parlé, je serai en mer au bout de quarante-huit heures, et nous nous rencontrerons dans quelques mois d'ici au large du cap Horn.

— Gar'ner, je vais vous dire la chose, répliqua le marin du Vineyard en passant le rhum à son confrère ; je suis un homme simple et je ne cherche point à faire du bruit, mais j'aime l'esprit de bonne confraternité. Nous avons couru l'un et l'autre un grand danger, et nous avons échappé au naufrage ; quand on traverse ensemble de telles épreuves, je ne sais, mais il me serait pénible de vous laisser là tout d'un coup, jusqu'à l'occasion de vous revoir avec autant de bras et de jambes que moi-même ; voilà mon sentiment, Gar'ner, et je ne prétends pas décider qu'il soit le meilleur. — Servez-vous.

— C'est un bon sentiment, capitaine Dagget ; mon cœur me dit que vous avez raison, et je vous remercie de cette marque d'amitié. Mais vous ne devez pas oublier qu'il y a dans ce monde des armateurs. J'aurai assez pour mon compte d'avoir affaire au mien, et il n'est pas nécessaire que vous ayez des difficultés avec les vôtres. Voilà une jolie brise qui vous pousserait en pleine mer, et en passant au midi des Bermudes, vous pouvez abréger votre route.

— Merci, merci, Gar'ner, je sais mon chemin, et je puis trouver les endroits où je vais, quoique je ne sois pas un grand navigateur. Je ne connais point l'usage du chronomètre ; mais quant à savoir la route entre le Vineyard et le cap Horn, il n'y a pas de capitaine de navire que je craigne à cet égard.

— J'ai peur, capitaine Dagget, que nous n'ayons tous les deux tourné le dos à la véritable route, en allant nous jeter ainsi du côté d'Hatteras. Je n'avais jamais vu cet endroit de ma vie, et je ne désire pas le revoir ! Un pareil endroit est aussi loin de la route d'un baleinier que Jupiter de Mars ou de Vénus.

— Oh! je ne sais rien de tout cela, et je ne m'en embarrasse point. Voyez-vous, Gar'ner, un homme qui a un bon jugement peut parcourir le monde sans beaucoup se préoccuper de la lune et des étoiles. Nos chasseurs de veaux marins ont besoin moins que personne de toute cette science de collége. La moitié de cette profession n'est que de la chance, et les meilleurs parages pour la chasse du veau marin ont été découverts par des marins qui s'étaient égarés dans leur route. Cependant, j'aime à me rendre en droite ligne à ma destination. — Prenez un peu de sucre avec votre rhum; nous autres gens du Vineyard, nous aimons le doux.

— Dans ce but, celui d'aller droit au port, capitaine Dagget, vous êtes venu ici pour entrer dans l'Océan Pacifique, c'est-à-dire à cinq cents milles de votre chemin?

— Je suis venu ici, Gar'ner, pour me trouver en compagnie. Nous n'étions guère libres du choix, vous le reconnaîtrez, car nous ne pouvions doubler les hauts-fonds de l'autre côté. Je ne verrais pas grand mal dans notre position, si vous n'aviez pas été démâté. Cela coûtera deux ou trois cents dollars, et pourra faire grogner votre armateur; mais il n'y a point là mort d'homme. Je reste avec vous, et vous pouvez le dire au diacre dans la lettre que vous lui écrirez quand nous serons entrés.

— Il semble que c'est faire tort à vos armateurs, autant qu'au mien, capitaine Dagget, que de vous retenir ici, reprit Roswell, qui n'avait pas le moindre soupçon du véritable motif qui faisait agir le capitaine du Vineyard. Je voudrais que vous prissiez le parti de me quitter.

— Je ne puis y penser, Gar'ner, cela ferait trop parler au Vineyard : le dixième commandement de Dieu ne dit-il pas que les époux ne doivent point se séparer?

— Ce qui fait qu'il y a là tant de vieilles filles, reprit Gardiner en riant. Eh bien; je vous remercie de votre bonté, et je tâcherai de m'en souvenir lorsque l'occasion se présentera de la reconnaître. — Un bon voyage pour nous deux, capitaine Dagget, et un heureux retour auprès de nos maîtresses ou de nos femmes.

Dagget fit raison de ce toast à Roswell, et tous les deux montèrent sur le pont. Roswell Gardiner pensait que jamais il n'avait rencontré un équipage plus généreux que celui du *Lion de Mer* de Holmes-Hole, car bien que le profit de chaque homme dépendit des résultats du voyage, tous et chacun semblaient s'attacher à lui et à son vaisseau tant qu'ils pourraient lui rendre quelque service.

Les vaisseaux baleiniers et chasseurs de veaux marins ne paient point leurs équipages en argent, comme les autres vaisseaux. Le succès d'une expédition dépend tellement de ces équipages, qu'on a l'habitude de les y intéresser d'une manière directe. Il en résulte que tous les hommes qui sont à bord s'engagent pour la part qu'ils auront dans la cargaison. L'armateur se trouve payé de la même manière, le vaisseau et l'équipement prenant ordinairement les deux tiers des gains, tandis que les officiers et l'équipage se partagent le reste. Ces conditions varient un peu suivant que les produits de la pêche à la baleine ou de la chasse aux veaux marins augmentent dans le marché, et aussi proportionnellement aux dépenses d'équipement. Il en résulte que le capitaine Dagget et son équipage mettaient la main à la poche lorsqu'ils perdaient du temps près du vaisseau désemparé. Gardiner le savait, et il en appréciait encore plus leur bienveillance.

Quoi qu'il en soit, aidé par l'équipage du Vineyard, Gardiner fit promptement à son vaisseau les réparations nécessaires, et dans l'après-midi du second jour qu'il était entré à Beaufort, il put mettre encore à la voile, et son schooner se trouvait probablement en meilleur état que lorsqu'il avait quitté Oyster-Pond.

Le télégraphe électrique n'existait point à cette époque. Nous avons le bonheur d'être l'ami intime de l'homme éminent qui a fait un tel don à son pays, don qui fera passer son nom à la postérité à côté de celui de Fulton. On a tenté de lui dérober, comme l'on a fait pour Fulton, l'honneur et les avantages d'une si belle invention. Nous reconnaissons ici qu'il devient de moins en moins possible pour un Américain de défendre son droit contre l'empire du plus grand nombre. Il n'est pas douteux que le gouvernement de cette grande République n'ait eu pour but le triomphe de principes bien définis de justice en soulevant certaines questions qui doivent être soumises à des majorités, ce qu'on regarde comme le mode le plus sage, le plus naturel et le plus juste de les trancher. Un tel gouvernement bien dirigé, et en exacte conformité avec ses principes, serait peut-être le meilleur que pût supporter l'infirmité humaine ; mais quand on commet la faute énorme de supposer que le nombre en lui-même doit décider de tout, sans égard pour les lois fondamentales adoptées par l'État comme des barrières, on peut se demander si un système aussi vague, aussi capricieux, aussi égoïste, n'est pas exposé à devenir pour une société le plus mauvais système qui ait jamais reçu l'impulsion de la cupidité humaine. La tendance, non pas l'esprit des institutions, ces deux choses étant les antipodes l'une de l'autre, quoique les intelligences communes soient si disposées à les confondre, la *tendance* des institutions de ce pays, en flagrante opposition avec leur *esprit*, qui a pour objet de mettre obstacle aux innovations, est très-favorable à ce grand abus, et met le nombre au-dessus des principes, même lorsqu'on a adopté solennellement les principes dans le but formel de soumettre le nombre au contrôle de la loi fondamentale.

Cette influence du nombre, cette cruelle erreur sur la nature même de la liberté, en mettant les hommes et leurs passions au-dessus de ces grandes lois du droit qui viennent de Dieu même, prennent de plus en plus d'empire et nous menacent de résultats qui pourront réduire à néant les plans les plus sages adoptés par la dernière génération pour la sécurité de l'État et pour le bonheur de ce peuple, qui ne connaîtra jamais ni la sécurité ni la paix jusqu'à ce qu'il apprenne à se soumettre lui-même, sans une pensée de résistance, à ces grandes règles du droit qui forment l'esprit de ses institutions, et qui ne contrarient que trop souvent ses passions.

Nous n'avons aucunement la prétention de connaître les dates en fait de découvertes dans les sciences et dans les arts, mais nous nous souvenons dans quel esprit de dévouement à un but d'une grande utilité notre digne ami nous communiqua, pour la première fois, ses idées sur l'application de l'électricité aux voies télégraphiques.

C'était à Paris, pendant l'hiver de 1831-32, et le printemps suivant, époque à laquelle nous nous vîmes souvent. Nous sommes heureux de pouvoir rappeler cette date, afin que d'autres fassent valoir leurs droits, s'ils en ont de meilleurs à mettre en avant. Si Morse avait fait cette grande découverte trente ans plus tôt, Roswell Gardiner aurait pu communiquer avec son armateur, et recevoir une réponse avant de mettre à la voile, quelle que fût la distance qui les séparât. Il dut se borner à écrire une lettre, qu'au bout de huit jours Marie remit à son oncle au moment où il revenait d'un petit voyage.

— Voici une lettre pour vous, mon oncle, dit Marie en s'efforçant de lutter contre son émotion, quoiqu'elle rougît à la pensée de l'intérêt que cette missive avait pour elle. Elle est venue du port; Baiting Joe l'a apportée aussitôt après votre départ.

— Une lettre avec la marque de la poste! Beaufort! De qui peut me venir cette lettre? Et quel port de lettre! cinquante cents!

— C'est une preuve, Monsieur, que Beaufort est bien loin; et la lettre est double. Je crois que c'est l'écriture de Roswell.

Si la nièce avait tiré un coup de canon aux oreilles de son oncle, il aurait à peine éprouvé autant d'émoi. Il pâlit, et au lieu de rompre le cachet, comme il s'y était apprêté, il hésita, craignant d'ouvrir la lettre.

— Qu'est-ce que cela veut dire? s'écria le diacre s'arrêtant pour respirer. L'écriture de Gar'ner! oui, c'est vrai. Si cet imprudent jeune homme a perdu mon schooner, je ne lui pardonnerai jamais dans ce monde, quoique l'on soit *forcé* de le faire dans l'autre.

— Il n'est pas nécessaire de mettre tout au pis, mon oncle. En mer, on envoie souvent les lettres par des vaisseaux qu'on rencontre. Je suis sûre que c'est ce qu'a fait Roswell.

— Non, pas lui, pas lui, l'insouciant jeune homme! Il a perdu mon schooner, et tout mon bien est aux mains de ces pillards qui vivent de naufrages, et qui sont pires que des rats dans un garde-manger. *Beaufort, N. C.* Oui, c'est là une des Bahama; et N. C. cela signifie *New Providence.* Ah! mon Dieu, mon Dieu!

— Mais N. C. ne peut pas vouloir dire *New Providence*, ce serait N.-P. dans ce cas, mon oncle.

— N.-C. ou N.-P., il y a tant de ressemblance dans le son, que je ne sais que penser! Prenez la lettre et ouvrez-la. Comme elle est grosse! il faut qu'il s'y trouve un protêt ou quelque mémoire.

Marie prit en effet la lettre et l'ouvrit, quoique d'une main tremblante. Elle eut bientôt vu que c'était à elle-même que la lettre était adressée.

— Qu'y a-t-il, Marie? qu'y a-t-il, mon enfant? Ne craignez pas de me le dire, ajouta le diacre d'une voix basse et défaillante. J'espère que je sais supporter le malheur avec le courage d'un chrétien. Avez-vous trouvé dans la lettre un de ces papiers timbrés, de sinistre augure, dont se servent les notaires quand ils réclament de l'argent.

Marie était rose et rouge à la fois, et semblait charmante en ce moment, quoiqu'elle fût toujours aussi résolue à ne jamais donner sa main qu'à celui dont le Dieu serait son Dieu.

— C'est une lettre pour moi, je vous assure, mon oncle, et rien autre; il y en a une aussi pour vous, qui est incluse dans la mienne.

— Allons, allons! heureusement qu'il n'y a rien de pire. Eh bien, où cette lettre a-t-elle été écrite? Marque-t-il la latitude et la longitude? Ce sera une consolation d'apprendre qu'il était tout à fait dans la direction du sud-est.

Les couleurs de Marie s'effacèrent, et elle devint toute pâle lorsqu'elle parcourut les premières lignes de la lettre. Elle s'arma ensuite de toute sa résolution, et parvint à raconter les faits à son oncle.

— Un malheur est arrivé au pauvre Roswell, dit-elle d'une voix tremblante d'émotion, quoique ce malheur ne paraisse pas la moitié aussi grand qu'il aurait pu l'être. La lettre est écrite de Beaufort, dans la Caroline du Nord, où le schooner s'est arrêté pour se procurer d'autres mâts, ayant perdu près du cap Hatteras ceux qu'il avait à son départ.

— Hatteras! interrompit le diacre avec un gémissement; qu'est-ce que mon vaisseau allait faire là?

— Vraiment, je n'en sais rien; mais je ferai mieux de vous lire le contenu de la lettre de Roswell, et vous saurez ainsi tous les détails.

Marie donna, en effet, lecture de la lettre à son oncle. Gardiner ne cachait rien et avouait franchement la faute qu'il avait commise. Il parlait avec détails du *Lion de Mer* de Holmes-Hole, et il émettait l'opinion que le capitaine Dagget connaissait l'existence des îles de veaux marins, sans être cependant très-bien instruit de leur latitude et de leur longitude. Quant à la plage où le trésor était caché, Roswell gardait le silence, car il ne lui semblait pas que Dagget sût rien de cette partie de sa mission. Au reste, Gardiner exprimait sa vive reconnaissance du service tout gratuit que Dagget et son équipage lui avaient rendu.

— Un service gratuit! s'écria le diacre avec un grognement très-prononcé; comme si un homme travaillait jamais pour rien!

— Roswell nous dit, mon oncle, que le capitaine Dagget s'est conduit de la sorte, et qu'il est convenu de ne rien demander pour être venu à Beaufort avec Roswell et pour ce qu'il a pu faire lorsqu'il y était. Je veux espérer, à l'honneur de la charité chrétienne, que les vaisseaux se prêtent ainsi un secours mutuel.

— Non pas sans le prix du sauvetage, sans le prix du sauvetage! La charité est une bonne chose, et il est de notre devoir de l'exercer en toute occasion; mais le prix de sauvetage entre pour sa part dans la charité. Ce schooner me ruinera, j'en ai peur, et il faudra dans ma vieillesse que je sois à la charge de la ville.

— Cela ne peut arriver, mon oncle, car vous ne devez rien pour le vaisseau, et toutes vos fermes, toutes vos autres propriétés ne doivent rien à personne. Je ne sais comment le schooner peut vous ruiner.

— Oui, je suis perdu, reprit le diacre, frappant le plancher du pied dans un état d'agitation nerveuse, aussi perdu que le fut le père de Roswell Gardiner, qui aurait pu être l'homme le plus riche entre Oyster-Pond et Riverhead, s'il ne s'était pas livré à l'esprit de spéculation. Il me souvient de l'avoir vu beaucoup plus riche que je ne suis, et il est mort presque réduit à la mendicité. Oui, oui, je le vois; ce schooner m'a perdu.

— Mais Roswell envoie le compte de tout ce qu'il a payé, et fait traite sur vous pour le paiement. Le tout s'élève à cent soixante dollars et soixante-dix cents.

— Ce n'est point là le prix de sauvetage. Il y aura ensuite une demande de prix de sauvetage pour les armateurs de l'équipage du *Lion de Mer* de Holmes-Hole! Je le sais, enfant, je sais ce qui arrivera! Gar'ner m'a perdu, et je descendrai au tombeau mendiant, comme mourut son père.

— S'il en était ainsi, mon oncle, il n'y a que moi qui en souffrirais avec vous, et je ferais tous mes efforts pour ne pas me laisser aller au chagrin. Mais voici un papier que Roswell a mis, sans doute par erreur, dans la lettre qu'il m'adresse; voyez, mon oncle! c'est une reconnaissance signée par le capitaine Dagget et par tout son équipage, déclarant que c'est par un sentiment de bonne amitié qu'ils sont allés à Beaufort, et qu'ils ne demandent aucun prix de sauvetage. Voilà le papier, Monsieur, vous pouvez le lire vous-même.

Le diacre ne lut pas le papier, il le dévora. Cette pièce le tranquillisa tellement, que non-seulement il lut lui-même la lettre de Gardiner avec beaucoup d'attention, mais qu'il lui pardonna la dépense qu'entraînaient les réparations exigées par les avaries du vaisseau.

Les larmes que versa Marie sur la lettre de Roswell furent en même temps douces et amères; car la résolution de Marie ne changeait point, et quoiqu'elle aimât Roswell, elle était toujours décidée à ne jamais être la femme de celui dont le Dieu ne serait pas son Dieu.

Cependant cette lettre, qu'elle attendait si peu, lui donnait une consolation bien douce. Roswell écrivait, comme toujours, simplement, naturellement; il ne cachait rien, et se montrait tel qu'il était.

Les journaux donnèrent la nouvelle de l'arrivée des deux *Lions de Mer* jumeaux à Beaufort, pour y réparer des avaries. Marie coupa cet article dans le journal où il avait paru, et le mit dans la lettre qu'elle avait reçue de Roswell. L'année suivante, il n'y eut pas un jour qu'elle ne relût et l'article et la lettre.

Cependant, les deux *Lions de Mer* avaient mis à la voile. Gardiner et Dagget n'étaient point du même avis sur la route qu'il fallait prendre.

Gardiner était d'avis d'aller au midi des Bermudes, tandis que Dagget pensait qu'il fallait se diriger presque à l'est et vers le nord de ces îles. Gardiner était impatient de réparer sa faute et d'abréger la route, Dagget raisonnait plus froidement et tenait compte du vent et des résultats du voyage. Peut-être que ce dernier voulait tenir l'autre schooner éloigné de toutes les plages où il y avait quelque profit à espérer, jusqu'à ce qu'il fût forcé de changer de route, de manière à ce qu'on ne pût se méprendre sur les motifs de cette détermination.

Il y avait une chose dont il était maintenant certain, c'est que le *Lion de Mer* d'Oyster-Pond ne pouvait facilement échapper au *Lion de Mer* du Vineyard, et il était résolu d'empêcher qu'il ne lui échappât, soit pendant la nuit, soit dans un gros temps. Quant à Roswell, n'ayant pas la moindre idée de chercher la plage en question avant de se diriger vers le nord, après avoir visité le cercle antarctique, il ne pouvait s'expliquer pourquoi le schooner du Vineyard le serrait de si près.

Beaufort est situé à environ deux degrés nord des quatre cents rochers, îles et îlots qu'on appelle les Bermudes; station navale avancée, qui appartient à une puissance commerçante rivale, et que cette puissance n'occupe que pour le cas d'une guerre avec cette république.

Si les vues de véritables hommes d'État l'avaient emporté en Amérique sur celles de politiques vulgaires, cette république aurait depuis longtemps consacré tous ses efforts à remplacer le pavillon anglais dans ces îles par le pavillon américain. Les choses restent comme elles sont : il y a là une station pour les flottes ennemies, un magasin pour les prises, et un dépôt pour les munitions de guerre, comme si ce point avait été destiné par la nature à tenir en respect toute la côte américaine. Tandis que de petits hommes, portant de grands noms, discutent sur les limites du sud-ouest et du nord-est des États-Unis, qui ne sont d'aucune importance réelle pour le développement et la puissance de cette république, on ne s'est jamais occupé de ces îles, qui ne devraient jamais sortir de la pensée d'un homme d'État américain ; ce qui prouve combien peu les esprits qui devraient exercer de l'influence sur les événements, sont capables de l'œuvre qui leur a été confiée... Deux fois il est parti de ce pays des expéditions militaires pour le Canada, tandis que les deux Canadas n'ont pas, au point de vue de la sécurité et de l'indépendance du pays, la moitié de l'importance des Bermudes.

Lorsque l'Angleterre demanda la cession d'un territoire qui était américain, par la raison que ce territoire était trop voisin de Québec, on aurait dû lui répondre par la proposition suivante : — « Donnez-nous les Bermudes, et nous changerons avec vous. Vous gardez ces îles comme un moyen d'action contre nous, et nous conserverons cet angle du comté du Maine dans le même but à votre égard. » Heureusement que parmi nous les événements sont plus puissants que les hommes, et le jour n'est pas éloigné où la seule force des choses contraindra une diplomatie peu intelligente à reconnaître ce que demandent les intérêts véritables de la république dans cette grande question.

Roswell Gardiner et Dagget eurent plusieurs discussions sur la route qu'il fallait suivre pour trouver ces îles. Ces consultations avaient lieu pendant que les deux schooners voguaient de conserve vers les îles, ce qui était un compromis entre les deux opinions. La distance où l'on se trouvait des Bermudes était d'environ six cents milles, ce qui donnait tout le temps nécessaire pour l'examen de la question. Les conversations étaient amicales, et comme le vent continuait d'être doux, elles se renouvelaient chaque après-midi, quand les vaisseaux se rapprochaient comme pour faciliter la reprise de ces conversations.

Pendant les cinq jours que cela dura, on peut se convaincre que la différence de marche entre les deux *Lions de Mer* était imperceptible, et que s'il y avait quelque avantage, il était en faveur du schooner du Vineyard, quoiqu'on eût encore bien des obstacles à traverser pour que l'épreuve fût complète. Tandis qu'on était dans ces incertitudes sur la route à suivre, on aperçut une terre basse, et Dagget consentit à suivre la direction du sud, ayant toujours le sud en vue, pendant qu'il se dirigeait vers le sud-est.

CHAPITRE XI.

> La peau luisante, la crinière ruisselante, les membres chancelants et les flancs tout fumants, les nerfs vigoureux du coursier s'efforcent de gravir la rive opposée.
>
> MAZEPPA.

Roswell Gardiner sentit qu'il respirait plus librement lorsqu'il eut perdu de vue le *Summers-Group*; il venait réellement de quitter l'Amérique, et il espérait ne plus la revoir jusqu'à ce qu'il rencontrât le rocher bien connu qui montre le chemin du plus beau port du monde, celui de Rio-Janeiro. Les voyageurs discutent pour savoir auquel on doit donner la palme, à ce port, ou à ceux de Naples et de Constantinople. Vu du dehors avec ses minarets et le Bosphore, Constantinople est probablement le plus beau port du monde.

Grimpez au haut des montagnes qui dominent Naples, et jetez les yeux sur les golfes de Salerne et de Gaëte, comme sur le port, contemplez la *Campagna Felice* et les souvenirs du passé, tout cela revêtu de la magie d'une atmosphère italienne, et vous serez convaincu qu'il n'y a rien de comparable ailleurs; mais qu'on entre dans la baie de Rio, qu'on embrasse d'un regard tout ce panorama, et le voyageur même le plus habitué aux merveilles de la nature restera interdit devant la magnificence et le charme du spectacle qui viendra frapper sa vue. La magie du paysage appartient surtout à l'Italie, comme le doivent sentir tous ceux qui ont été à même de le voir, mais c'est une magie qui se retrouve plus ou moins dans toutes les régions des latitudes peu élevées.

Nos deux *Lions-de Mer* n'eurent aucune aventure qui mérite d'être rapportée avant d'arriver au sud de l'équateur. Quarante-six jours après avoir quitté Montauk, ils rencontrèrent un baleinier qui n'avait quitté Rio que la semaine précédente; il s'y était rendu pour vendre son huile. Gardiner envoya des lettres par ce vaisseau; et comme il pouvait dire maintenant au diacre qu'il toucherait Rio même avant l'époque qui avait d'abord été fixée, il pouvait ainsi tranquilliser le vieillard.

Pendant que les deux schooners marchaient de conserve, à environ un câble de distance, Hasard vit un mouvement subit et extraordinaire à bord du *Lion de Mer* du Vineyard.

— Une trombe! cria le second à Stimson, lorsque cet incident inattendu vint interrompre le calme de la traversée. Il y a un homme qui est tombé de l'autre schooner où l'équipage aperçoit une trombe.

— Une trombe! une trombe! cria Stimson pour réponse, et par-dessus le marché une baleine!

C'en fut assez. Si l'on a eu le malheur de se trouver dans une voiture à quatre chevaux lorsqu'une terreur subite les fait partir, on peut se former une idée assez exacte du mouvement qui eut lieu à bord du vaisseau du diacre Pratt; chacun montra une égale activité, comme si une même volonté faisait mouvoir les muscles d'un même corps. Ceux qui étaient dans les cabines s'élancèrent sur le pont; et ceux qui se trouvaient sur les mâts se laissèrent glisser sur le pont avec la promptitude de l'éclair. Le capitaine Gardiner sauta hors de sa cabine comme d'un seul bond, et fut en un instant dans la chaloupe baleinière.

Bien qu'aucun des schooners ne fût parfaitement équipé comme vaisseau baleinier, tous les deux avaient des lances et des harpons. Le système qui est maintenant si commun sur les vaisseaux américains pour la chasse aux baleines, était alors très-rarement appliqué. On dit que ces animaux sont devenus farouches depuis qu'on les a tant poursuivis, que l'ancien système est insuffisant, et qu'il faut maintenant beaucoup plus d'art et d'habileté qu'il y a trente ans pour en venir à bout. A cet égard, nous nous bornons à raconter ce que nous avons entendu dire.

Les quatre chaloupes, deux appartenant à chaque schooner, se trouvèrent à flot presque en même temps. Dagget se trouvait au gouvernail de l'une, comme Roswell au gouvernail de l'autre. Toutes se dirigèrent vers le point de l'Océan où l'on avait vu les trombes. L'opinion de ceux qui avaient pu voir le *poisson* était qu'il y avait plusieurs baleines; et de la meilleure espèce, celles don un baril d'huile vaut mieux que trois barils de l'espèce ordinaire. La nature ou l'espèce du *poisson* était facilement déterminée par les trombes; la baleine ordinaire, la vraie baleine, lançant deux grands jets d'eau en forme de spirale, tandis que l'autre baleine ne lance qu'un simple jet d'eau bas et épais.

Bientôt les chaloupes des deux capitaines se trouvèrent de front et assez près pour qu'on pût se parler. On pouvait remarquer sur toutes les physionomies l'expression d'une rivalité farouche. C'était une lutte à corps perdu; et l'on ne voyait sur aucun visage le moindre sourire. Toutes les figures étaient graves, déterminées; chaque bras faisait tout l'effort dont il était capable. Les matelots ramaient parfaitement, étant accoutumés à l'usage de leurs longues rames dans la mer, et au bout de dix minutes on se trouva à un mille au vent des deux schooners.

Peu de spectacles donnent une idée aussi élevée du courage et de l'intelligence de la race humaine que celui d'aventuriers dans une véritable coque de noix, s'élançant sur les ondes agitées du vaste Océan pour attaquer et prendre un animal de la grandeur de la baleine. Le simple fait que cet animal est dans son propre élément, tandis que ses assaillants sont forcés d'aller à sa rencontre dans des barques si légères et si fragiles, porterait à penser que c'est bien assez de diriger ces frêles nacelles au milieu de l'Océan, sans chercher à lutter contre un ennemi si redoutable. Mais c'est à quoi pensent le moins dans ce moment-ci les équipages de nos quatre chaloupes : ils ont devant eux les objets, ou plutôt un des objets de leur expédition, et ils ne s'occupent pas d'autre chose.

— Comment arranger cela, Gar'ner? cria le capitaine du Vineyard; ferons-nous des parts? ou bien chaque schooner travaillera-t-il pour lui?

Cela fut dit d'un ton amical et avec une indifférence apparente, mais avec une politique profonde. Dagget aurait désiré créer une sorte d'association, qui, venant après les sentiments de reconnaissance inspirés par l'affaire de Beaufort, pourrait amener une association plus importante. Heureusement pour Gardiner, une pensée de prudence se présenta à son esprit au moment où il allait parler, ce qui le détermina à mettre beaucoup de mesure dans sa réponse.

Cette pensée qui agita Roswell était que la concurrence serait plus faite pour stimuler le zèle de son équipage que l'association, et que le succès de chaque vaisseau devait être plus grand si l'on travaillait chacun pour soi. C'est là le principe qui rend l'état actuel de la société plus salutaire que celui dont voudraient nous doter les partisans de différents systèmes d'association qui sont maintenant en vogue. Le sentiment individuel exerce une grande influence dans les sociétés humaines, et l'économiste politique qui ne s'en sert point comme de l'instrument le plus puissant pour faire progresser la civilisation, la verra bientôt reculer et perdre le mouvement, au lieu de faire servir l'intérêt particulier au développement de l'intérêt général.

— Je pense, répondit Roswell Gardiner, que chaque vaisseau ferait mieux de travailler pour lui-même et pour ses armateurs.

Comme les schooners se trouvaient en présence des vents alizés, ce fut une véritable course de mer, qui n'était que peu interrompue. Cependant les chaloupes étaient soulevées comme des coquilles d'œuf, la force immense de l'Océan faisant voler comme des plumes les plus grands vaisseaux qui gémissent sous le poids de leurs canons. Au bout de quelques instants, Gardiner et Dagget se trouvèrent un peu plus séparés, chacun à la recherche des trombes qu'ils n'avaient pas revues depuis qu'ils avaient quitté leurs vaisseaux. Pendant ce temps, les officiers mariniers des deux schooners, qui montaient les autres chaloupes, s'avançaient rapidement, jusqu'à ce que la petite flotte de chaloupes se trouvât à une lieue marine des schooners. Les vaisseaux, de leur côté, étaient au vent, pour rester aussi près que possible des chaloupes; il n'était resté à bord que le cuisinier, le commis aux vivres et un ou deux matelots.

Nous supposons que nos lecteurs connaissent assez le caractère général de la classe d'animaux à laquelle appartient la baleine, pour savoir que toute l'espèce respire l'air atmosphérique, qui lui est aussi nécessaire pour vivre qu'à l'homme lui-même. La seule différence qui existe à cet égard, est que la baleine peut rester plus longtemps sans renouveler sa respiration que les véritables animaux de terre, quoique, à certains intervalles, il faille qu'elle respire ou qu'elle meure. C'est en exhalant l'ancienne provision d'air qu'elle a faite, lorsqu'elle montre à la surface de l'eau ses *trous à souffler*, comme les marins les appellent, qu'elle jette cette masse d'eau et qu'elle lance ces trombes qui indiquent aux baleiniers l'endroit où se trouve leur gibier. Ces trombes varient en apparence, suivant le nombre et la distance des orifices par lesquels s'échappe l'air. A peine la baleine a-t-elle exhalé cet air vicié, que les poumons de l'animal font une provision nouvelle; et la baleine ou bien reste à la surface et se livre à ses ébats au milieu des vagues où elle semble rouler, ou elle s'éloigne un peu pour aller chercher sa nourriture.

Cette nourriture aussi varie suivant les espèces. On suppose que la véritable baleine vit d'insectes marins ou de mollusques de l'Océan, qu'elle trouve dans la partie de la mer où les mollusques abondent; elle les arrête par les fibres poilues qui croissent sur les os qui forment sa mâchoire; la baleine n'ayant pas de dents. Les baleines de l'espèce des *spermaceti* ont, au contraire, des dents molaires dont elles savent très-bien se servir, et avec lesquelles elles brisent quelquefois les chaloupes de ceux qui viennent les attaquer. Ainsi, les pêcheurs de baleines ordinaires n'ont à se garantir que d'un danger en assaillant cet animal, c'est-à-dire de sa queue; tandis que les *spermaceti*, outre ce moyen de défense, ont encore des dents. Ce dernier animal, ayant la tête d'un tiers moins grande, ressemble assez au caïman.

Cette courte description de la forme physique et des habitudes des animaux que nos aventuriers venaient attaquer, fera comprendre au lecteur ce que nous avons maintenant à lui raconter. Après avoir ramé à cette distance des schooners que nous avons déjà indiquée, les chaloupes se séparèrent un peu pour se mettre à la recherche du poisson. Qu'on eût vu des trombes, cela ne faisait pas doute, quoique, depuis qu'on avait quitté les schooners, personne n'eût aperçu de poissons, si l'on peut appeler poissons des animaux qui ont des organes respiratoires. Chaque matelot avait guetté attentivement les trombes, mais sans succès. Si Roswell et Dagget, avant de quitter leurs vaisseaux, n'avaient pas vu de leurs propres yeux les signes certains qui annonçaient les baleines, il est probable qu'ils auraient été disposés maintenant à s'en retourner et à rappeler les autres chaloupes. Mais ne doutant pas que les animaux qu'ils cherchaient ne fussent près de là, ils continuèrent de se séparer lentement, chacun d'eux se fatiguant les yeux à regarder au loin, tandis que leur chaloupe était portée sur la cime des vagues.

L'eau s'enflait autour d'eux, et les schooners qui marchaient contre les vents alizés se montraient seuls à leurs regards vigilants et inquiets. Vingt fois ils crurent apercevoir le dos noirâtre ou la tête de l'objet qu'ils cherchaient, mais ce n'était qu'une vague qui allait bientôt disparaître dans l'Océan. Lorsqu'on pense que toute la surface de la mer est comme ballottée en des milliers de formes fantastiques, suivant l'impulsion imprimée à ses vagues, il est facile de comprendre de pareilles méprises.

A la fin, Gardiner aperçut ce que son œil expérimenté connaissait bien : c'était la queue ou plutôt l'extrémité de la queue d'une énorme baleine qui n'était séparée de lui que par la distance d'un quart de mille, et sur un point qui mettait cet animal à la même distance de Dagget.

Il paraît que tous les deux aperçurent leur ennemi au même instant, car chaque bateau s'élança, comme s'il avait été animé d'un principe vital. Le brochet ou le requin n'aurait pu fondre sur sa proie avec plus de promptitude et avec plus de vélocité que ces deux chaloupes. Bientôt on vit tout le troupeau nageant contre le vent, une énorme baleine de l'espèce des *taureaux de mer*, avec une demi-douzaine de jeunes veaux marins, se tenant serrés près de leur mère, ou jouant entre eux, comme les petits des animaux de terre, lorsqu'ils font le premier essai de leur jeunesse et de leur force. Bientôt la mère se roula avec nonchalance de leur côté, et donna à teter à l'un des veaux ; d'autres suivirent cet exemple, et la baleine qui conduisait le troupeau cessa de nager au vent, mais commença à tourner dans le même cercle, avec la complaisance de ces nourrices attentives qui pourvoient aux besoins de leurs nourrissons. Dans ce moment intéressant, les chaloupes arrivèrent tout à coup au milieu du troupeau.

Si nos aventuriers n'avaient pas poussé aussi loin l'esprit de concurrence et de rivalité, ils auraient pris plus de précautions. Il est aussi dangereux d'attaquer une baleine qui a ses petits à défendre, que d'autres animaux. Nous savons que les femmes les plus faibles deviennent des héroïnes dans de telles occasions, et la nature semble avoir donné soit aux hommes, soit aux animaux doués de raison ou d'instinct, la même disposition à mourir pour ces créatures sans défense qui ont besoin de leur appui. Mais personne ne songeait ici au danger qu'il courait, car c'était le schooner du Vineyard qui luttait contre celui de l'Oyster-Pond, un *Lion de Mer* contre l'autre, et sous beaucoup de rapports, la poche contre la poche.

Roswell, comme s'il avait dédaigné tout ce gibier de peu de valeur, s'élança au milieu du troupeau, et dirigea sa chaloupe sur le flanc d'un vieux *taureau de mer*, baleine qui pouvait donner au moins cent barils d'huile. A peine cette bête énorme eut-elle senti le harpon, que jetant en arrière l'extrémité de sa queue, elle plongea dans les profondeurs de l'Océan avec une vélocité qui fit sortir une sorte de fumée à la surface des flots. D'ordinaire, le mouvement d'une baleine n'est pas beaucoup plus rapide que la la marche d'un homme actif ; et quand elle nage à la surface de l'Océan, elle ne va guère plus vite qu'un vaisseau voguant à pleines voiles ; mais lorsqu'il est atteint tout à coup par le harpon, cet animal est capable de faire les plus grands efforts. Dès qu'il est frappé, il *sonde*, pour nous servir de l'expression technique, ou plonge quelquefois à la profondeur d'un mille, et il y a des circonstances où ce poisson s'est blessé grièvement en allant donner de la tête contre des rochers.

Dans l'occasion dont il s'agit, le *taureau de mer* que Gardiner avait attaqué, après avoir plongé à une distance de trois ou quatre cents brasses, revint à la surface, souffla et retourna lentement auprès du troupeau. Aussitôt que le harpon fut lancé, il se manifesta dans les dispositions de l'équipage qui montait la chaloupe un changement qu'il peut être bon d'expliquer. Le harpon est une javeline bardée fixée au bout d'un bâton pour y donner du poids. La ligne, espèce de corde, est attachée à cette arme, qui est destinée à prendre le poisson, quoiqu'il arrive quelquefois que l'animal soit tué du premier coup. Il en est ainsi quand le harpon a été lancé par un très-habile et très-vigoureux harponneur. Ordinairement l'arme pénètre à une certaine profondeur dans la graisse dont l'animal est environné ; et quand cette arme se trouve arrachée par l'effort que le poisson fait en plongeant, les parties bardées de la javeline se prennent aux téguments durs de l'animal en même temps qu'à la graisse.

Le fer du harpon étant très-doux, il plie sous l'effort de la ligne, laissant ainsi le bâton près du corps de l'animal. Il en résulte que le harpon offre moins de résistance à l'eau, tandis que la baleine continue sa course. A peine le timonier ou harponneur eut-il jeté ses fers, comme les pêcheurs baleiniers appellent le harpon, qu'il changea de place avec Roswell, qui abandonna le gouvernail et se saisit de la lance, arme qu'on emploie pour achever la victoire. Les hommes d'équipage placèrent le manche de leurs rames dans des espèces d'étuis, laissant les rames en l'air, de sorte qu'elles se trouvaient tout à fait en dehors de l'eau. On se débarrasse ainsi des rames pour procéder à une autre opération. Avec ses cinq longues rames levées, un bateau baleinier a une apparence toute particulière.

Cependant, à mesure que le *taureau de mer* approchait du troupeau, l'équipage de la chaloupe commença à retirer la corde qui servait de ligne pour tenir le bâton de la javeline, le timonier la roulant soigneusement dans un baquet disposé pour la recevoir. Tout le monde sentira combien il était important de prendre cette précaution, car des morceaux de cordes, qui seraient restés suspendus en dedans d'un bateau traîné par une baleine, auraient été comme autant de pièges pour les jambes des hommes d'équipage.

C'était un fait si peu ordinaire que de voir un poisson retourner à l'endroit où il avait été frappé, que Roswell ne savait comment se rendre compte de la manœuvre du *taureau de mer*. D'abord il supposa que l'animal voulait lui livrer un combat et l'attaquer avec sa formidable mâchoire; mais il paraît que le caprice ou l'alarme avaient seuls déterminé ce mouvement; car après s'être rapprochée à cent mètres de la chaloupe, la baleine tourna et se dirigea au vent en balayant les vagues avec sa formidable queue. C'est ainsi que tous les poissons de cette espèce s'ouvrent un chemin à travers les eaux, leur queue étant admirablement adaptée à cet usage.

Comme les hommes d'équipage avaient mis beaucoup d'activité à retirer la ligne lorsque la baleine se remit à nager au vent, ils avaient amené la chaloupe à quatre cents pieds environ de cet animal.

La baleine, dans la poursuite à laquelle elle se trouvait livrée, n'avançait pas encore avec toute la rapidité dont elle était capable, quoique cette rapidité excédât six nœuds.

Quelquefois la vitesse de sa fuite diminuait, et se trouvait réduite à moins de la moitié de celle que nous avons indiquée. Lorsqu'un de ces repos arrivait, la chaloupe s'approchait de plus en plus du poisson, et elle se trouva enfin à cinquante pieds de sa terrible queue. On n'attendait plus qu'une occasion pour se servir de la lance. Les pêcheurs de baleines disent qu'un *taureau de mer* de l'espèce des *spermaceti*, n'offrant, comme résultat au commerce, qu'une quarantaine de barils d'huile, est l'adversaire le plus dangereux auquel on puisse avoir affaire. Voilà peut-être pourquoi Roswell Gardiner ne craignait pas de suivre de si près une baleine qui pouvait donner cent barils d'huile.

Il y avait cependant, dans les mouvements de cet animal, des indices qui devaient lui inspirer beaucoup de prudence. Il se trouvait maintenant à deux lieues des schooners, et à moitié de cette distance des autres chaloupes, dont aucune n'avait encore rencontré de poisson. On imputait cette dernière circonstance à la difficulté qu'éprouvaient les différents officiers à faire leur choix. En s'attaquant au mâle, Roswell avait montré son jugement, par la raison que celui-ci offre à ses vainqueurs beaucoup plus de profit que la femelle.

La baleine que Roswell poursuivait continua de nager au vent pendant deux heures, de sorte que l'équipage avait entièrement perdu de vue les autres chaloupes, et qu'il n'apercevait plus les voiles des schooners qu'au niveau de la mer. Heureusement, l'heure n'était pas fort avancée, et le jour ne baissait pas encore ; le *taureau de mer* ne semblait pas très-alarmé, quoique la chaloupe parût si près de lui.

Avant de jeter le harpon, on avait eu soin surtout de ne point faire de bruit ; mais dès que l'équipage fut en présence du monstre marin, les murmures se transformèrent en appels à haute voix, et les ordres furent plutôt des cris que les commandements d'usage. Le plus vif enthousiasme s'alliait étrangement chez les hommes d'équipage à une froide dextérité ; mais il était évident qu'une ardeur fiévreuse les dévorait. Gardiner était l'homme de la chaloupe qui conservait le mieux son sang-froid, comme cela convenait à sa position et à sa responsabilité.

Stimson, le marin le plus âgé et le meilleur du schooner, celui qui avait donné des avertissements à son capitaine sur la reconnaissance due à la Divinité, remplissait les fonctions de maître timonier, après avoir d'abord rempli celles de harponneur. C'est à lui que Gardiner adressait maintenant ses observations, après avoir suivi cette baleine pendant deux heures.

— Ce *gaillard*, dit le capitaine en parlant du monstre marin, va sans doute nous traîner longtemps, — et il se balançait la lance à la main sur la chaloupe ; — je lui porterais un coup, si je ne me méfiais pas de sa queue. Je suppose qu'il nous sait là.

— Sans doute, sans doute, capitaine Gar'ner. Il vaut toujours mieux être modéré et attendre votre moment, Monsieur. Il y a dans la queue du gaillard un certain mouvement qui ne me plaît pas, et il vaudrait mieux savoir où il en est avant de l'attirer plus près de nous. Ne voyez-vous pas, Monsieur, que ce taureau de mer à chaque instant frappe les eaux de sa queue, au lieu de nager avec l'aisance qui convient à une baleine ?

— Voilà précisément ce dont je me défie, Stephen, et j'attendrai un peu pour voir à qui il en a.

— J'espère que ceux que nous avons laissés à bord des schooners s'occuperont de leur affaire et les dirigeront au vent sans se laisser surprendre par la nuit.

M. Hasard s'est engagé, Monsieur, à montrer en cette occasion toute sa vigilance, et je pense qu'il en est capable. Voyez, Monsieur, voyez !

Cet avis venait à propos ; car, en ce moment même, la baleine cessa de nager, et, levant son énorme queue, elle frappa cinq à six fois la surface de l'eau, ce qui fit un bruit qu'on aurait pu entendre d'une demi-lieue, sans parler de l'écume qui remplit l'atmosphère.

Dès que la queue parut dans l'air, on lâcha de la corde qui tenait le harpon, ce qui augmenta de cent pieds la distance entre la chaloupe et la baleine. Rien ne pouvait mieux montrer le caractère intrépide de ces pêcheurs baleiniers que le spectacle offert en ce moment par Roswell Gardiner et ses compagnons. Au milieu de l'Atlantique, à plusieurs lieues de leur vaisseau, et n'ayant aucun autre navire en vue, ils restaient patiemment assis, attendant l'instant où le géant de la mer ralentirait sa marche, pour l'approcher et achever la capture.

La plupart des hommes d'équipage étaient assis, les bras croisés et le corps à moitié tourné ; ils contemplaient ce spectacle, tandis que les deux officiers, le capitaine et le timonier, surveillaient chaque mouvement du monstre marin avec une vigilance qui ne laissait échapper aucun signe ni aucun symptôme.

Tel était l'état des choses, la baleine battant toujours la mer de sa terrible queue, lorsqu'un cri, qui s'éleva du milieu de ses hommes d'équipage, vint frapper l'oreille de Roswell, qui en se tournant aperçut Dagget à la poursuite d'un petit taureau de mer qui nageait avec une grande rapidité, traînant après lui la chaloupe de Dagget.

Roswell crut d'abord qu'il serait forcé de renoncer à sa baleine, tant l'autre animal venait en ligne directe avec son propre bateau. Mais intimidé probablement par les terribles coups dont le plus gros taureau de mer continuait de labourer l'Océan, l'animal qui était le plus petit recula assez à temps pour éviter une collision, quoiqu'il fît d'abord le tour de l'espace où se trouvait le redoutable roi de son espèce. Cette nouvelle évolution fut une autre cause d'appréhension. Si le plus petit taureau de mer continuait de faire le tour du plus grand, il y avait tout lieu de craindre que la ligne de Dagget ne s'embarrassât dans le bateau de Gardiner, et n'amenât un choc qui pouvait devenir funeste à tout l'équipage. Pour faire face à ce danger, Roswell ordonna aux hommes de sa chaloupe de tenir leurs couteaux tout prêts.

On ne savait point quel serait le résultat de ce mouvement circulaire, quant aux deux bateaux; car avant qu'ils pussent se rapprocher, la ligne de Dagget passa dans la bouche de la baleine de Gardiner, et serrant l'angle de sa mâchoire, mit le monstre en mouvement avec une puissance qui arracha le harpon du corps de la petite baleine. La course était devenue si rapide, que Roswell fut forcé de lâcher la corde à laquelle était attaché son harpon, sa baleine plongeant à une immense profondeur; Dagget en fit autant, décidé à ne point couper sa corde, toutefois, tant qu'il pourrait faire autrement.

Au bout de cinq minutes, le grand taureau de mer revint à la surface de l'Océan pour respirer, les deux lignes toujours attachées à son corps, la première régulièrement liée au harpon, et l'autre passée dans la mâchoire de l'animal au moyen du harpon et du bâton qui formaient une espèce d'éperon à l'angle de son énorme bouche. Le poisson, qui était gêné par ce corps étranger, serrait la mâchoire, et ne faisait ainsi que rendre plus étroit le lien qui l'attachait.

Comme les deux chaloupes avaient lâché beaucoup de corde pendant que le baleine plongeait, elles se trouvaient maintenant à un quart de mille de cet animal, et voguant de conserve à cinquante pieds l'une de l'autre. Si déjà l'esprit de rivalité avait existé à bord des deux équipages, il était poussé maintenant à un degré qui pouvait amener des violences.

— Vous savez sans doute, capitaine Dagget, que cette baleine est à moi, dit Gardiner. Je l'avais harponnée, et je la poursuivais, n'attendant qu'une occasion favorable pour l'attaquer avec la lance, lorsque votre baleine s'est jetée entre moi et cet animal, et vous a fait harponner ma baleine d'une manière inexplicable et assurément contraire à toutes les lois de la pêche à la baleine.

— Je ne sais pas. J'ai harponné une baleine, capitaine Gar'ner, et je tiens là une baleine. Il faut que l'on me prouve que je n'y ai point de droit avant que je renonce à la *créature*.

Gardiner savait trop bien à quel homme il avait affaire pour perdre du temps en vaines remontrances. Décidé à maintenir son juste droit à tout hasard, il ordonna à ses hommes de tirer à eux la ligne, le mouvement de la baleine étant devenu assez lent pour permettre cette manœuvre. L'équipage de Dagget en fit autant, et un vif esprit de concurrence s'empara des deux équipages, prêts à lutter pour savoir qui des deux attaquerait et tuerait la baleine.

Ce n'était point là le cas d'être prudent. Dans les deux chaloupes il n'y avait qu'un cri : Tirez, garçons! sans qu'on pensât au danger qui approchait. Il suffit de quelques minutes pour mettre les deux chaloupes en ligne droite avec l'extrémité de la queue de la baleine : le bateau de Gardiner se présentant du côté gauche de l'animal où il avait fixé son harpon, et Dagget du côté opposé; sa ligne, qui sortait de la mâchoire du poisson, l'entraînant de ce côté. Les deux capitaines se tenaient droits sur leurs chaloupes, branlant chacun leur lance et n'attendant que le moment d'être assez près pour frapper.

Les hommes d'équipage faisaient en ce moment force de rames, et, sans attendre un instant, ils se hâtaient de voler à l'attaque de la baleine. Dagget était peut-être celui des deux capitaines qui montrait le plus de sang-froid, mais Roswell était le plus nerveux et le plus hardi. La chaloupe du dernier alla frapper le flanc de la baleine, au moment où le jeune capitaine plongeait sa lance à travers la graisse dans les organes vitaux du poisson.

Au même instant, Dagget donna son coup de lance avec une habileté consommée, et fit à l'animal une profonde blessure. On n'entendit plus alors qu'un seul cri : Arrière! Les deux chaloupes fuyaient le danger avec autant de rapidité qu'il leur était possible, la mer n'offrait aux regards qu'une vaste écume, et le poisson ayant commencé à se débattre au milieu des vagues dès qu'il eut été frappé, les deux équipages éprouvaient beaucoup de joie à voir le sang qui venait mêler ses teintes rouge foncé aux ondes blanches de la mer. Une ou deux fois l'animal vomit, mais c'était un liquide imprégné de son sang. En dix minutes il se retourna et mourut.

CHAPITRE XII.

> Que Dieu vous garde, Monsieur ! Et vous, Monsieur ! vous êtes le bienvenu ; avez-vous encore loin à aller, ou bien êtes-vous arrivé?
> — Monsieur, j'ai encore une semaine ou deux à voyager.
> SHAKSPEARE.

Gardiner et Dagget se rencontrèrent face à face sur la carcasse de la baleine. Tous les deux enfoncèrent leurs lances dans la graisse de l'animal, s'appuyant sur le bois de cette arme, et tous les deux se regardèrent comme des hommes décidés à défendre leurs droits. C'est un défaut du caractère américain, défaut qui résulte sans aucun doute des institutions, que cette disposition à ne jamais céder. Cette opiniâtreté, que tant de gens prennent pour l'amour de la liberté et de l'indépendance, produit de très-bons résultats lorsque ceux qui agissent sous l'impression de ce sentiment ont raison, de très-mauvais lorsqu'ils ont tort.

Nos deux capitaines étaient peu disposés, en ce moment, à reconnaître des vérités de cette nature ; et ils se regardaient d'un air farouche, comme s'ils avaient été prêts à commencer une lutte nouvelle pour la possession du léviathan de la mer.

— Capitaine Dagget, dit Roswell avec vivacité, il y a trop longtemps que vous vous occupez de la pêche à la baleine pour ne pas connaître les règles de cette pêche. C'est moi qui le premier ai harponné ce poisson, et je ne l'ai pas quitté depuis que je l'ai frappé et que ma lance l'a tué. Dans de telles circonstances, Monsieur, je suis surpris qu'un homme qui est au fait des usages consacrés parmi les pêcheurs baleiniers, ait cru pouvoir attaquer cet animal comme vous l'avez fait.

— C'est dans ma nature, Gar'ner, fut la réponse. Je me suis tenu serré contre vous quand vous avez désemparé votre schooner à Hatteras, et je n'abandonne rien de ce que j'ai une fois entrepris. C'est ce que j'appelle le tempérament des gens du Vineyard, et je ne ferai pas honte à mon pays.

— Ce sont là de vaines paroles, répondit Roswell en jetant un regard sévère sur les hommes de la chaloupe du Vineyard, qui sourirent en même temps comme s'ils approuvaient hautement la réponse de leur capitaine. Vous savez très-bien que ce n'est point la législation du Vineyard, mais la législation américaine, qui tranche une question de cette espèce. Si vous étiez homme à vouloir m'enlever cette baleine, ce que je ne crois pas, à votre retour vous auriez à répondre d'un tel acte, dont on vous ferait repentir alors. L'oncle Sam[1] a le bras long, et il l'étend quelquefois autour de la terre. Avant d'aller plus loin, vous ferez peut-être bien de vous en souvenir.

Dagget réfléchit, et il est probable que, revenant par degrés à son sang-froid ordinaire, il reconnut la justesse des observations de Roswell et l'injustice de ses prétentions. Cependant comme il semblait y avoir quelque chose d'anti-Vineyard, d'anti-américain à céder, il s'obstina dans son erreur avec autant d'opiniâtreté que s'il avait eu raison.

— Si vous avez harponné la baleine, moi aussi je l'ai harponnée. Je ne suis pas sûr de votre loi. Lorsqu'un homme enfonce le fer dans une baleine, ordinairement elle est à lui lorsqu'il peut la tuer. Mais il y a une loi au-dessus de toutes celles des vaisseaux baleiniers, c'est la loi de la divine Providence. La Providence nous a attachés à cette *créature*, comme pour nous donner un droit sur elle, et je ne suis pas sûr que la législation de l'État ne soit pas favorable à ce droit. D'ailleurs, cette baleine m'a fait perdre la mienne, et, à ce titre, j'ai une indemnité à réclamer.

— Vous avez perdu votre baleine parce qu'elle a tourné autour de la tête de la mienne, et qu'elle a non-seulement emporté son propre harpon, mais qu'elle m'a presque forcé de renoncer à ma

---

1. Le gouvernement américain.

pêche. Si quelqu'un, pour un acte semblable, a droit à une indemnité, c'est moi, qui ai eu plus de peine pour prendre mon poisson que je n'aurais dû en avoir.

— Je crois que c'est ma lance qui a fait l'affaire du *gaillard*. J'ai porté le coup, et vous avez frappé; par là j'ai pris les devants sur vous, et je puis prétendre que j'ai fait cracher le premier sang à la *créature*. Mais écoutez, Gar'ner, voici ma main. Nous avons été amis jusqu'à présent, et je veux que nous restions amis. Je viens donc vous faire une proposition. A dater de ce moment, arrangeons-nous pour tout mettre en commun, baleines et veaux marins. Quand nous serons au moment du retour, nous ferons un partage égal des profits.

Pour rendre justice à Roswell, il comprit sur-le-champ tout l'artifice de cette proposition; cependant elle eut pour effet de calmer un peu son irritation, en lui faisant penser que Dagget manœuvrait pour pénétrer son grand secret plutôt que pour attaquer ses droits.

— Vous êtes en partie propriétaire de votre schooner, capitaine Dagget, reprit Roswell, tandis que je n'ai d'autre intérêt dans le mien que ma part comme capitaine. Vous pouvez être autorisé à conclure un pareil marché, mais moi je ne le suis pas. Mon devoir est de faire la meilleure cargaison possible et de me hâter de la conduire au diacre Pratt; tandis que, j'en suis sûr, vos gens du Vineyard vous laissent naviguer comme il vous plaît, se fiant à la Providence, quant au profit qu'ils peuvent espérer. Je ne puis accepter votre offre.

— Ceci est répondre en homme, Gar'ner, et je ne vous en aime que mieux. Quarante ou cinquante barils d'huile ne nous brouilleront pas. Je vous suis venu en aide dans le port de Beaufort, et j'ai renoncé au prix de sauvetage; maintenant je vous aiderai à remorquer votre baleine et à terminer toute cette opération. Peut-être n'aurai-je que plus de bonheur pour m'être montré généreux.

Il y avait autant de prudence autant que d'habileté dans la résolution de Dagget. Malgré les prétentions ingénieuses qu'il avait exprimées à l'égard de la baleine, il savait parfaitement bien que la loi prononcerait contre lui, lors même qu'il réussirait en ce moment dans son dessein. Et puis il avait réellement l'espoir que sa modération influerait sur sa bonne fortune à venir. La superstition tient beaucoup de place dans la manière de voir d'un matelot. On verra jusqu'à quel point son espoir fut justifié sous ce rapport en lisant une lettre que le diacre Pratt reçut du capitaine de son schooner.

Le *Lion de Mer* avait quitté Oyster-Pond vers la fin de septembre. Le 3 mars de l'année suivante, Marie était à la fenêtre, jetant un regard mélancolique sur cette partie de la rade où six mois auparavant elle avait vu le vaisseau de Roswell disparaître derrière les bois de l'île qui porte le nom de sa famille[1]. Le vent d'est avait duré longtemps; mais le temps était changé, le vent du sud soufflait doucement, et l'on voyait tous les signes précurseurs du printemps. Pour la première fois depuis trois mois, elle avait ouvert la fenêtre, et l'air qui pénétra dans l'appartement était doux et annonçait la saison nouvelle.

— Mon oncle, dit-elle, — le diacre écrivait près d'un petit feu de bois où il n'y avait guère que des cendres — mon oncle, dit la douce voix de Marie, qui était un peu tremblante — l'Océan est assez calme aujourd'hui. Nous avons bien tort, quand nous voyons une tempête, de trembler pour ceux qui doivent être maintenant à tant de milles de nous. Quelle distance y a-t-il entre les mers antarctiques et Oyster-Pond?

— Vous devriez pouvoir calculer cela vous-même, ma fille, ou à quoi aurait servi de payer votre éducation?

— Je ne saurais comment m'y prendre, mon oncle, reprit la douce Marie, quoique je fusse bien aise de le savoir.

— Combien y a-t-il de milles dans un degré de latitude, enfant? je pense que vous savez cela.

— Plus de soixante-neuf, Monsieur.

— Eh bien, sous quelle latitude est Oyster-Pond?

— J'ai entendu dire à Roswell que nous étions un peu plus loin que le 41e degré.

---

1. Le nom de Gardiner.

— Eh·bien, 41 fois 69 font 2829 ; disons que nous sommes à 3000 milles de l'équateur, chemin le plus court par lequel nous puissions arriver là ; puis le cercle antarctique commence au 23ᵉ degré 30 minutes sud, ce qui, déduit de 40 degrés, laisse juste 60 degrés 30 minutes entre l'équateur et l'endroit le plus proche situé dans la mer dont nous avons parlé. Maintenant 60 degrés 30 minutes font environ 4589 milles en droite ligne, en mettant seulement 69 milles au degré. Les deux totaux donnent comme résultat 7589 milles, ou davantage. Mais la route n'est pas droite, d'après ce que disent les marins, et il faut que Gar'ner, pour gagner cette latitude, ait fait au moins 8000 milles, pour ne rien dire d'une considérable distance de longitude qu'il aura eu à traverser pour arriver au sud-est du cap Horn.

— C'est là une terrible distance quand on est séparé d'un ami, dit Marie d'un ton découragé.

— C'est là une terrible distance, ma fille, quand on est séparé de son bien : et souvent je ne dors pas la nuit quand je songe où peut être maintenant mon schooner.

— Ah ! voici Baiting Joe, et il apporte une lettre, mon oncle !

Peut-être une espérance secrète poussait-elle Marie, car elle courut comme un jeune faon au-devant du vieux pêcheur. A peine ses yeux furent-ils tombés sur l'adresse, qu'elle pressa le gros paquet contre son cœur, et qu'un instant elle parut avoir tout oublié, excepté de remercier Dieu. Pour qu'aucun témoin inutile ne fût présent à ce qui allait se passer entre l'oncle et la nièce, elle fit entrer Baiting Joe à la cuisine où un bon repas, un verre de rhum et d'eau, et le quart d'un dollar que Marie lui donna, le satisfirent complétement.

— La voilà, mon oncle, s'écria la jeune fille tout essoufflée en rentrant dans le petit salon, tenant encore, sans y penser, la lettre serrée contre son cœur, — une lettre, une lettre de Roswell, de sa propre main !

Un torrent de larmes vint soulager un cœur qui souffrait depuis si longtemps et dont les sentiments avaient été si comprimés. Dans tout autre moment, et en présence d'un témoignage aussi peu équivoque de l'empire que le jeune homme exerçait sur les sentiments de sa nièce, le diacre Pratt lui aurait reproché sa déraison de ne pas vouloir devenir la femme de Roswell Gardiner; mais la vue de cette lettre chassa toute autre pensée, et il resta absorbé dans une seule et unique contemplation, celle du sort de son schooner.

— Vois, Marie, cette lettre porte-t-elle le timbre des régions antarctiques? dit le diacre d'une voix tremblante.

Le diacre adressait cette question non pas autant par ignorance que par suite de l'émotion qu'il éprouvait. Il savait très-bien que les îles que devait visiter le *Lion de Mer* étaient inhabitées, et qu'on n'y trouvait pas de bureaux de poste; mais ses idées étaient toutes confondues, et l'anxiété qu'il ressentait lui faisait dire les choses les plus étranges.

— Mon oncle! s'écria la nièce, qui essuyait ses larmes en rougissant de sa faiblesse, il n'est certainement pas possible que Roswell, là où il est, ait trouvé un bureau de poste!

— Mais il doit y avoir quelque timbre de poste sur la lettre, mon enfant. Baiting Joe ne l'a pas apportée lui-même dans le pays.

— Elle n'est timbrée que de New-York, Monsieur..... Mais oui, elle vient de MM. Cane, Spriggs et Button, Rio-de-Janeiro. Il faut que ce soit dans cette ville qu'on l'ait mise à la poste.

— Rio! voilà encore du sauvetage à payer, ma fille, du sauvetage!

— Mais la dernière fois, mon oncle, vous n'avez pas eu de sauvetage à payer; peut-être n'en avez-vous pas plus à payer aujourd'hui. Ne vaudrait-il pas mieux que j'ouvrisse la lettre et que je visse ce qu'elle contient?

— Oui, ouvre la lettre, mon enfant, répondit le diacre d'une voix éteinte. Ouvre-la, comme tu dis, et que je connaisse mon sort. Tout vaut mieux que cette incertitude.

Marie n'attendit pas une seconde fois la permission et rompit aussitôt le cachet. Ce fut peut-être le résultat de l'éducation qu'elle avait reçue, ou de l'instinct féminin dans de telles circonstances, mais il est certain que la jeune fille se tourna du côté de la fenêtre au moment où elle déchirait le papier, et elle glissa la lettre qui portait son propre nom dans un pli de sa robe avec tant d'adresse, que des yeux beaucoup plus exercés que ceux de son oncle y auraient été trompés. A peine eut-elle mis sa lettre en sûreté qu'elle présenta l'autre à son oncle.

— Lisez-la vous-même, Marie, dit ce dernier d'un ton plaintif. J'ai la vue si confuse que je n'y verrais pas pour lire.

« Rio Janeiro, province du Brésil, Amérique du Sud, 14 novembre 1819, » — commença la nièce.

— Rio Janeiro! — interrompit l'oncle — n'est pas dans le voisinage du cap Horn?

— Non certainement, Monsieur, le Brésil est à l'est des Indes, et Rio Janeiro en est la capitale. C'est là que réside le roi de Portugal, et il y a résidé aussi longtemps que je puis me souvenir.

— Oui, oui, je l'avais oublié. Les côtes du Brésil, où vont nos baleiniers, sont dans l'Atlantique. Mais pourquoi Gar'ner s'est-il rendu à Rio, à moins que ce ne fût pour dépenser de l'argent?

— Nous le saurons bientôt, Monsieur, en lisant la lettre. Je vois qu'il y est question d'huile de spermaceti.

— D'huile! et d'huile de spermaceti, dis-tu? s'écria le diacre dont la physionomie s'illumina à l'instant. — Lis, Marie, ma bonne fille, lis la lettre aussi vite que tu pourras, lis-la au galop.

« Au diacre Israël Pratt. Cher monsieur, — continua Marie. — Les deux schooners ont fait voile de Beaufort, Caroline du Nord, comme je vous l'ai déjà annoncé dans une lettre que vous avez dû recevoir. Nous avons eu beau temps jusqu'à ce que nous fussions arrivés aux latitudes calmes, où nous nous sommes vus retenus environ une semaine. Le 18 octobre, nous entendîmes crier à bord cette heureuse nouvelle : Une trombe! et nous nous trouvâmes dans le voisinage de baleines. Les deux schooners mirent leurs bateaux à la mer, et je fus bientôt à la poursuite d'un beau taureau de mer qui nous remorqua longtemps avant que je pusse lui donner mon coup de lance et lui faire cracher le sang. Le capitaine Dagget mit en avant quelques prétentions sur cet animal, parce que sa ligne s'était embarrassée dans la mâchoire de la baleine; mais il a bientôt renoncé à ces prétentions et nous a aidés à remorquer la baleine jusqu'au vaisseau. Son harpon s'était trouvé arraché d'un jeune taureau de mer, et l'équipage du Vineyard éprouvait un très-vif mécontentement, lorsque heureusement le troupeau des jeunes taureaux de mer vint à passer tout près de nous; le capitaine Dagget, avec son équipage, réussit à tuer trois de ces poissons, et M. Hasard nous en a tué un très-beau.

« Je suis heureux de dire que nous avons un temps très-favorable pour notre opération, et que nous avons retiré de nos baleines toute l'huile que nous pouvions désirer. Notre grand taureau de mer nous a donné cent dix-neuf barils d'huile, dont quarante-trois étaient de la première qualité. Le petit taureau de mer donna cinquante-huit barils d'huile dont vingt étaient de première qualité. Dagget a eu cent trente-trois barils de ses trois poissons, dont une bonne partie, mais pas aussi considérable que la nôtre, en première qualité. Ayant cette huile à bord, nous sommes venus ici après une bonne traversée, et j'ai embarqué, comme vous le verrez par cette lettre d'envoi, cent soixante-dix barils d'huile de spermaceti à votre ordre, et aux soins de Fish et Grennil, New-York, à bord du brick le *Jason*, capitaine Williams, qui partira le 20 du prochain mois, et auquel je remets cette lettre. »

— Arrête, Marie, ma chère, ces nouvelles m'accablent; elles sont trop bonnes pour être vraies, interrompit le diacre, presque aussi ému de son bonheur qu'il l'avait été de ses craintes; oui, c'est trop bon pour être vrai; relisez-les, mon enfant; oui, relisez-les syllabe par syllabe!

Marie se rendit au désir de son oncle, charmée elle-même de connaître, dans tous ses détails, le succès de Roswell.

— Mais, mon oncle, dit la jeune fille qui prenait le plus vif intérêt à la question, toute cette huile vient de l'espèce des spermaceti! Elle vaut beaucoup plus que celle des baleines ordinaires.

— Plus! oui, près de trois fois plus! Cherche-moi le dernier numéro du *Spectateur*, ma fille, et que je voie à combien est coté le spermaceti.

Marie eut bientôt trouvé le journal, elle le remit à son oncle.

— Oui, le voilà, et l'huile y est cotée à 1 dollar 12 c. 1/2 le gallon, comme j'existe! ce qui fait neuf shillings le gallon. Marie,

— voyons, calcule sur ce morceau de papier trente fois cent soixante-dix-sept, Marie; combien cela fait-il, mon enfant?

— Je crois, mon oncle, que cela fait 5,310.

— Oui, c'est cela.

— Mais qu'entendez-vous par *les trente fois*, Monsieur?

— Les gallons, ma fille, les gallons. Chaque baril contient trente gallons, sinon davantage. Il devrait y en avoir trente-deux, mais nous sommes dans un siècle de tricherie. Maintenant, multiplie 5,310 par 9, et vois le résultat.

— Juste, 47,790, Monsieur, le chiffre le plus exact que je puisse obtenir.

— Oui, ce sont les shillings. Maintenant divise 47,790 par 8, ma chère. Dépêche-toi, ma chère, dépêche-toi.

— J'obtiens 5973, avec un reste de 6. Je crois que c'est le compte.

— Oui, mon enfant, je pense que tu ne te trompes pas; ce sont des dollars. On peut prendre le chiffre de 6,000 dollars, parce que les barils donnent en moyenne un peu plus de 30 gallons. Ma part est de deux tiers, et cela me produira la belle somme ronde de 4,000 dollars!

Le diacre se frotta les mains de joie, et il retrouva la parole; sa nièce fut surprise de le voir s'exprimer avec une gaieté qui ne lui semblait pas naturelle de la part de son oncle. Elle s'efforça de n'y pas songer.

— Quatre mille dollars, Marie, couvriront les premiers frais d'achat du schooner, sans y comprendre l'équipement, pour lequel le capitaine a dépensé à peu près le double de ce qui est nécessaire. C'est un bon garçon que ce jeune Gar'ner, et il fera un excellent mari, comme je l'ai toujours dit, mon enfant! un peu dépensier peut-être, mais, au fond, un très-brave jeune homme. Je suis sûr qu'il a perdu ses espars près du cap Hatteras en cherchant à dépasser Dagget; mais j'oublie tout cela maintenant. C'est un jeune homme du premier mérite, lorsqu'il s'agit d'une baleine ou d'un éléphant de mer; il n'a pas son égal dans toute l'Amérique, pour peu qu'on lui dise où il trouvera ces animaux. Je le connaissais avant de m'adresser à lui, car ce ne sera jamais qu'un bon écorcheur de baleines qui commandera un vaisseau à moi.

— Roswell est un brave garçon, répondit Marie les yeux remplis de larmes, pendant que son oncle faisait l'éloge du jeune homme qu'elle aimait; personne ne le connaît mieux que moi, mon oncle, ajouta-t-elle, et personne ne l'estime davantage. Mais ne vaut-il pas mieux lire le reste de la lettre? il y a encore beaucoup à lire.

— Continue, mon enfant, continue; mais relis cette partie de la lettre où il parle de la quantité d'huile qu'il a expédiée à Fish et à Grinnel.

Marie fit ce que son oncle lui demandait, et elle acheva ensuite de lire la lettre.

« Je me suis trouvé assez embarrassé, disait Roswell, à l'égard de la conduite que je devais tenir envers le capitaine Dagget; il m'a montré tant de dévouement au cap Hatteras, que je n'ai pas voulu me séparer de lui, soit pendant la nuit, soit à l'occasion d'un gros temps, ce qui aurait semblé ingrat de ma part; j'ai craint aussi d'avoir l'air de me sauver. J'ai peur que l'existence de nos îles ne lui soit pas inconnue, quoique je doute qu'il en ait la longitude et la latitude exactes. Il y a quelque chose qui me le fait croire dans l'attitude de l'autre équipage et dans certains propos qu'on y a tenus à mes hommes. Il m'est souvent venu à la pensée que Dagget ne nous suivait de si près que pour apprendre de nous ce qu'il voudrait savoir. »

— Arrête-toi ici, Marie, arrête-toi un peu, et laisse-moi le temps de réfléchir. N'est-ce pas horrible, mon enfant?

La nièce pâlit, et fut vraiment effrayée du désespoir du diacre, quoiqu'elle n'en connût pas la cause.

— Qu'y a-t-il d'horrible, mon oncle? demanda-t-elle à la fin, voulant savoir la vérité, quelle qu'elle fût.

— L'avarice de ces gens du Vineyard! c'est quelque chose d'horrible et d'affreux. Il faut que je prie le révérend M. Whittle de prêcher contre le péché d'avarice : c'est un vice qui gagne tant de terrain en Amérique! Toute l'église devrait s'élever contre ce vice, ou bientôt il élèvera la voix contre l'église!

Quand on pense qu'ils ont équipé un schooner pour suivre ainsi mon vaisseau à travers le monde, juste comme si c'était un bateau de pilote, et que le jeune Gar'ner en fût le pilote! J'espère que ces gaillards-là iront échouer sur la glace des mers antarctiques! Ce serait un juste châtiment de leur impudence et de leur avarice.

— Je suppose, Monsieur, qu'ils croient avoir le même droit que tout le monde de naviguer sur l'Océan. Les veaux marins et les baleines sont des dons de Dieu, et personne n'y a plus de droit qu'un autre.

— Vous oubliez, Marie, qu'un homme peut avoir un secret qu'un autre n'a pas. Ce n'est pas le cas de jouer à son égard le même rôle qu'une vieille femme curieuse dans un voisinage de campagne. Lis, mon enfant, lis, et que je sache à quoi m'en tenir.

« Je mettrai demain à la voile, ayant terminé tout ce que j'avais à faire, et j'espère être au large du cap Horn dans une vingtaine de jours, sinon plus tôt. Je ne sais comment je me débarrasserai de Dagget; il est un peu plus fin voilier que moi, à moins que ce ne soit dans les gros temps, car alors j'ai quelque avantage sur lui. Dans une nuit obscure je pourrais le quitter : mais si je le laisse marcher de conserve avec moi et qu'il ait quelques données positives sur la position des îles, il pourrait y arriver le premier et faire un carnage de veaux marins. »

— Horrible! horrible! s'écria encore le diacre. — Voilà ce qu'il y aurait de pis! je ne le souffrirai pas; je le défends, cela ne sera point.

— Hélas! mon oncle, le pauvre Roswell est trop loin de nous maintenant pour entendre ces paroles. Il n'est pas douteux que la question ne soit maintenant résolue, et qu'il n'ait agi avec tout le jugement dont il est capable.

— C'est une terrible chose que d'avoir sa propriété aussi loin de soi! Le gouvernement devrait avoir des bateaux à vapeur ou des paquebots qui feraient la traversée entre New-York et le cap Horn, qui porteraient et rapporteraient des ordres. Mais les choses n'iront jamais bien, Marie, tant que les démocrates l'emporteront.

A cette remarque, qui appartient à un ordre d'idées très en faveur dans les coteries de ce grand centre des États-Unis, surtout parmi les vieilles dames, le lecteur s'apercevra que le diacre était fédéraliste, ce qui était une nouveauté il y a trente ans, dans le comté de Suffolk. S'il avait vécu jusqu'aujourd'hui, le vieillard aurait parcouru en politique le même cercle de rotation qui a distingué l'école à laquelle il appartenait, et dont la destinée était d'offrir au monde le spectacle du mouvement perpétuel par son dévouement à ce qu'on appelle aujourd'hui les *principes Whigs*. Nous ne sommes pas de grands politiques, mais le temps nous a offert des termes de comparaison, et il nous arrive de sourire lorsque nous entendons les disciples d'Hamilton et d'Adams, et de toute cette école, déclamer contre l'usage du veto partant du *pouvoir d'un homme*, et du congrès comme devant diriger le gouvernement! Le diacre était capable de faire honte à l'administration même de la rigueur du temps, et le lecteur a vu qu'il songeait à établir une ligne de paquebots entre New-York et le cap Horn.

— Il devrait y avoir, Marie, une grande marine, une marine énorme, de sorte que les vaisseaux pussent faire le transport des lettres et servir le public. Si Gar'ner se laisse dépasser par ce Dagget, il est inutile qu'il revienne jamais. Les îles m'appartiennent aussi bien que si je les avais achetées, et je ne suis pas sûr que je n'aie pas le droit de réclamer le prix de tous les veaux marins qu'on y aurait pris sans mon consentement. Oui, oui, nous avons besoin d'une énorme marine pour escorter les marins baleiniers, porter les lettres, et retenir chez eux certaines gens, tandis que d'autres feront librement leurs affaires.

— De quelles îles parlez-vous, mon oncle? Assurément les îles de veaux marins où Roswell s'est rendu sont désertes et n'appartiennent à personne.

Le diacre s'aperçut qu'il était allé trop loin, et commença à comprendre qu'il se rendait ridicule. Il demanda d'une voix faible à sa nièce de lui passer la lettre, dont il essaya de lire le reste lui-même. Quoique chaque mot de l'écriture de Roswell fût très-précieux pour Marie, l'aimable fille avait à lire la lettre qui lui était adressée à elle-même et qu'elle n'avait pas encore ouverte. Elle remit donc au diacre celle qu'il lui demandait, et elle se retira dans sa chambre pour lire la sienne.

« Chère Marie, — écrivait Roswell, — votre oncle vous dira ce qui nous a amenés dans ce port, et tout ce qui se rapporte au schooner. J'ai fait un envoi de plus de quatre mille dollars d'huile, et j'espère que mon armateur oubliera l'accident de Currituck, en considération de cette bonne fortune. Dans mon opinion, nous ferons un heureux voyage, et cette partie de mon sort est assurée. Plût à Dieu que je fusse aussi sûr de vous trouver plus disposée à être bonne pour moi à mon retour! Je lis tous les jours votre Bible, Marie, et je prie Dieu souvent d'éclairer mon esprit, si je me suis trompé jusqu'aujourd'hui. Quant à présent, je ne puis me flatter d'aucun changement à cet égard, car mes anciennes opinions me semblent plus enracinées qu'avant mon départ. »

En ce moment, la pauvre Marie poussa un profond soupir et essuya ses larmes. Elle éprouvait la plus vive douleur, quoiqu'elle rendît toute justice à la franchise de Roswell. Comme toutes les personnes pieuses, sa foi était très-grande dans l'efficacité des saintes Écritures, et elle regrettait d'autant plus l'aveuglement de Roswell, que la lumière avait brillé à ses regards.

« Cependant, Marie, — continuait la lettre, — comme j'ai toutes les raisons humaines pour m'efforcer d'être dans le vrai, je ne mettrai assurément pas la Bible de côté. Je pense comme vous à l'égard de ce livre; nous ne différons d'opinion que sur la manière de l'interpréter. Veuillez prier pour moi, charmante fille; mais je sais que vous le faites, et que vous le ferez tant que je serai absent. »

— Oui, vraiment, Roswell, murmura Marie, aussi longtemps que je vivrai! La lettre continuait en ces termes : « Outre cet intérêt, qui est le plus grand de ma vie, je suis sous l'empire de la vive préoccupation que me donne ce Dagget. Je ne sais vraiment que faire dans beaucoup de circonstances. Il m'est impossible de rester avec lui sans violer mes devoirs envers le diacre. Cependant il n'est pas facile de se débarrasser de lui. Il est venu en toute occasion si courageusement à mon aide, et il paraît si disposé à se conduire en bon camarade dans le voyage, que si cela ne dépendait que de moi, je conviendrais avec lui de faire ensemble la chasse aux veaux marins, et de partager entre nous leurs dépouilles. Mais cela est maintenant impossible, et il faut que je le quitte d'une manière ou d'une autre. Il prend de l'avant sur moi dans presque tous les temps, et la chose est plus facilement dite que faite. Ce qui la rendra plus difficile encore, c'est la brièveté toujours croissante des nuits. Les jours augmentent déjà beaucoup, et pendant que nous irons au sud, ils deviendront tellement longs, qu'au moment où il faudra absolument se séparer, il n'y aura guère de nuit. Je serai bien forcé cependant d'en venir là, et j'espère trouver une bonne occasion pour exécuter ce dessein.

« Et maintenant, ma chère Marie... » — Mais pourquoi soulèverions-nous les voiles qui recouvrent le chaste amour de Roswell? Il terminait sa lettre en mettant tout son cœur dans quelques phrases sincères et énergiques. Marie pleura sur ces quelques mots presque toute la journée, les lisant et les relisant sans cesse.

Quelques jours plus tard, le diacre eut le bonheur très-grand de recevoir une lettre de MM. Fish et Grinnel, qui lui apprenaient l'arrivée de son huile, en lui donnant les détails les plus satisfaisants sur la mercuriale du marché, et en lui demandant des instructions.

L'huile fut vendue, et le vieux diacre empocha une partie des produits aussitôt que possible, cherchant un nouveau et fructueux placement du capital qu'il venait de réaliser. Grande fut la réputation que se fit Roswell Gardiner par la capture de ces deux baleines de l'espèce des spermaceti, et par le choix d'un aussi bon marché. En commerce comme en guerre, le succès est tout, quoique le succès y soit aussi souvent le résultat de circonstances imprévues que des calculs de la sagesse. Il est vrai qu'il y a une sorte de commerce comme il y a une sorte de guerre sur lesquelles la prudence et l'habileté peuvent exercer beaucoup d'influence lorsqu'elles ne se trouvent pas dépassées par la hardiesse et l'esprit d'aventure de ceux dont les calculs sont aussi audacieux que les actes.

L'audace, comme les Français l'appellent, est une grande qualité dans la guerre, et souvent elle obtient plus que la sagesse qui sait calculer ; nous ne sommes pas sûrs que l'audace ne soit pas quelquefois aussi puissante dans le commerce. En tout cas, on regardait comme un véritable exploit de la part d'un petit schooner comme le *Lion de Mer* d'Oyster-Pond, d'avoir pris une baleine de cent barils d'huile.

De longs mois, pleins d'anxiété, succédèrent ensuite pour Marie à ce rayon de soleil qui avait lui sur son cœur toujours inquiet en l'absence de Roswell. Elle savait qu'elle ne devait guère espérer d'avoir de ses nouvelles avant qu'il revînt du nord. Cependant, le diacre reçut une courte lettre de Roswell, d'une date postérieure de deux semaines à celle qu'il avait écrite de Rio, et venant d'un parage sous le 41e degré de latitude, aussi loin au sud de l'équateur qu'Oyster-Pond en était au nord, et presque à quatorze cents milles sud de Rio. Roswell avait écrit cette lettre fort à la hâte pour l'envoyer par un navire de commerce de la mer Pacifique, qu'il rencontra par hasard, plus près de la côte qu'on n'a l'habitude d'y voir ces sortes de vaisseaux. Cette lettre disait que tout allait bien, que le schooner de Dagget n'avait point cessé d'accompagner celui d'Oyster-Pond, et que Gardiner comptait s'en séparer à la première occasion.

Après la réception de cette lettre, la troisième écrite par Roswell depuis qu'il était parti, il y eut un long intervalle de silence. Ce fut alors que les mois s'écoulèrent dans une inquiète et sombre incertitude. Le printemps suivit l'hiver, l'été succéda au printemps, et l'automne vint recueillir le fruit de toutes les saisons précédentes, sans apporter plus de nouvelles de nos aventuriers. Puis l'hiver revint pour la seconde fois depuis que le *Lion de Mer* avait mis à la voile, remplissant de tristes appréhensions le cœur des amis que les marins avaient laissés à Oyster-Pond, lorsqu'ils entendaient le gémissement des vents qui régnent dans cette froide et orageuse saison.

Le diacre avait presque renoncé à tout espoir, et sa santé

chancelante, le terme de sa carrière qui semblait ne pouvoir être bien éloigné, contribuaient à jeter sur lui un voile de tristesse. Quant à Marie, la jeunesse et la santé la soutenaient encore; mais elle souffrait du fond de l'âme, en pensant à une absence si longue et si inexplicable.

CHAPITRE XIII.

> En sûreté dans le port est le vaisseau du roi, dans la retraite profonde où vous m'avez une fois appelé à minuit pour chercher de la rosée.
> LA TEMPÊTE.

La dernière lettre de Roswell Gardiner portait la date du 10 décembre 1819, c'est-à-dire qu'elle était partie juste une quinzaine de jours après qu'il eut fait voile de Rio-Janeiro. Nous retrouvons le schooner du diacre Pratt le 18 du même mois, ou trois semaines et un jour après qu'il eut quitté la capitale du Brésil. De bonne heure, le matin de ce même jour, on apercevait le *Lion de Mer* d'Oyster-Pond dans la direction de l'ouest. On n'était pas seulement en vue de la terre, mais on s'en trouvait très-près, à moins d'une lieue de distance. La proue du schooner était tournée vers la terre, et sa vitesse était de quatre à cinq nœuds. La terre était pleine de ravins, élevée, d'un aspect stérile là où on pouvait l'apercevoir, et presque entièrement couverte d'une neige légère mais fondante, quoique l'on fût déjà dans la seconde quinzaine du premier mois d'été.

Cependant il ne faisait pas très-froid, et l'on sentait que la température devait s'adoucir encore. L'aspect de la terre voisine, âpre, stérile et inhospitalière, glaçait le cœur et jetait sur l'ensemble de la scène qu'on avait sous les yeux un sombre coloris que n'aurait pas donné le temps lui-même. Devant le schooner s'élevait une sorte de pyramide de rochers brisés, qui, occupant une petite île, était isolée en quelque sorte, et se trouvait un peu en avant d'autres débris de montagnes qui appartenaient aussi à des îles détachées du continent quelques milliers d'années auparavant, à la suite de quelque violente convulsion de la nature.

Il était évident que tous ceux qui se trouvaient à bord du schooner contemplaient cette pyramide déchirée avec un vif intérêt. La plupart des hommes d'équipage se trouvaient rassemblés sur le pont, y compris les officiers, et tous les yeux étaient fixés sur la pyramide, dont ils s'approchaient en suivant une ligne diagonale. L'orateur était surtout Stimson, le plus vieux marin qui fût à bord et qui avait visité ces mers plus souvent qu'aucun autre homme de l'équipage.

— Vous connaissez ce parage, Stephen? demanda Roswell Gardiner avec intérêt.

— Oui, Monsieur, il n'y a pas d'erreur, vous pouvez y compter, c'est le cap Horn. Je l'ai doublé onze fois, et c'est la troisième fois que je m'en trouve assez près pour le voir distinctement. Une fois j'y ai abordé, comme je vous l'ai dit, Monsieur.

— Je l'ai doublé six fois moi-même, dit Gardiner, mais je ne l'avais pas encore vu. La plupart des navigateurs passent ici au large autant qu'il leur est possible. C'est l'endroit du monde le plus exposé aux tempêtes.

— C'est là une erreur, Monsieur, je vous assure. Le vent du sud-ouest souffle ici avec beaucoup de violence, il est vrai, et, quand cela arrive, il tombe sur ce rocher une mer telle qu'on ne l'a jamais vue autre part; mais après tout j'aimerais mieux me trouver retenu ici qu'à deux cents milles plus loin au sud. Avec le vent au sud-ouest on pourrait, en suivant une ligne oblique, sortir plus facilement d'un parage du sud; mais ici je sais où je suis, je jetterais l'ancre et j'attendrais que le vent cessât de souffler.

— En parlant de mers, capitaine Gar'ner, fit observer Hasard, ne croyez-vous pas, Monsieur, que nous commençons à sentir la marée de la mer Pacifique? Unie comme est la surface des eaux, il y a là dans le lointain une marée qui doit avoir de douze à quinze pieds de haut.

— Il n'y a pas de doute. Il y a déjà deux heures que nous

sentons la marée de la mer Pacifique ; personne ne peut s'y tromper. L'Atlantique n'a point de pareilles vagues. C'est là un véritable Océan, et c'en est la partie la plus orageuse. Le vent fraîchit et *refuse*, et j'ai peur que nous ne nous trouvions enfermés ici par un vent régulier du sud-ouest.

— Qu'il vienne, Monsieur, qu'il vienne, reprit Stimson ; s'il vient, nous n'avons qu'à nous hâter d'aller jeter l'ancre. Je puis remplir les fonctions de pilote, et je promets de conduire le vaisseau là où vingt vents du sud-ouest ne lui feront aucun mal. Je sais qu'on peut encore faire ce que j'ai déjà vu faire deux fois. Le temps viendra où le cap Horn sera un véritable port.

Roswell quitta le gaillard d'avant, et se mit à marcher, réfléchissant à ce qu'on venait de dire. La situation était délicate, et exigeait de l'énergie autant que de la prudence. Le lecteur sait de quelle manière Dagget s'était attaché à lui depuis que les deux vaisseaux étaient partis de Blok-Island. Les deux *Lions de Mer* avaient fait voile de Rio, et ils venaient de rallier Staten-Land la veille du jour où nous retrouvons le schooner d'Oyster-Pond, et les deux bâtiments s'étaient assez rapprochés pour que leurs capitaines pussent conférer ensemble. Il semblait que Dagget était contraire à ce qu'on traversât le détroit de Le Maire. Un de ses oncles y avait fait naufrage, et lui avait signalé cette passe comme la plus dangereuse qu'il eût jamais rencontrée. Elle offre, en effet, des obstacles à vaincre, d'après la position du vent et le point de la marée ; mais Roswell tenait de Stimson, qui avait doublé le cap plusieurs fois, des renseignements favorables sur ce parage. Il y avait peu de vent ; on était menacé d'avoir du gros temps. Tandis que Dagget insistait sur la nécessité de se tenir en dehors de Staten-Land, ce qui forçait les schooners à faire un grand détour et à venir affronter les vents régnants de cette contrée, qui varient du nord-est au sud-ouest, Roswell pensait à l'occasion que lui offraient les circonstances de fausser compagnie à Dagget. Après avoir discuté quelque temps, il pria Dagget d'ouvrir la marche, en lui disant qu'il le suivrait. Cela fut fait, quoique aucun des schooners ne s'éloignât de terre, avant que Roswell eût vu très-distinctement le cap San-Diego, qui appartient à la Terre-de-Feu, ce qui le mettait à même de juger de la position des principaux parages.

Sans prendre donc aucun engagement, il dit à Dagget d'ouvrir la marche, et il le suivit quelque temps, la direction dans laquelle il se trouvait ne l'écartant pas beaucoup de sa route. Le temps était brumeux, et il y avait des moments où le vent éclatait en rafales. Il augmenta lorsque les schooners furent plus près de Staten-Land. Dagget, qui était environ un demi-mille en avant, eut à essuyer toute la violence d'une de ces rafales qui sortait des ravins, et il s'écarta encore plus de la terre. Au même instant le brouillard sépara les deux vaisseaux. Ajoutons que le soleil était couché, et qu'une nuit sombre et triste approchait. Dagget avait allégué cette dernière raison parmi celles qu'il donnait pour éviter Staten-Land. Profitant de toutes ces circonstances, Roswell se tint à hauteur de la Terre-de-Feu.

L'*acalmie* lui annonçait la marée, et il se fiait sur la force du courant pour traverser le détroit. Lorsque Roswell se trouva à peu près au milieu du canal, il se vit entraîné dans la passe, et à peine y était-il entré qu'il vogua très-rapidement vers le sud. Les rafales lui donnèrent un peu de peine, mais en somme il en vint à bout. Le lendemain matin il se trouvait au large du cap Horn, comme nous l'avons dit. Par cette expression on entend qu'un vaisseau est près de la longitude de ce cap bien connu dans le monde, mais non pas nécessairement en vue de ce cap. Peu de navigateurs voient l'extrémité du continent américain, quoiqu'ils doublent le cap, parce qu'on regarde généralement comme plus sûr de passer au sud.

Telle était la position de Dagget, qui, étant sorti du détroit formé par Staten-Land, se trouvait nécessairement à une grande distance sous le vent, et qui ne pouvait espérer d'accoster les *Hermites*, quand bien même il serait favorisé par le vent et la mer, avant vingt-quatre heures. C'était une grande avance que de traverser le détroit de Le Maire, et Roswell était sûr de ne plus revoir son compagnon ce jour-là, quand bien même il le voudrait; mais Roswell n'avait pas l'idée de rien faire de pareil. Après s'être débarrassé de la sangsue, il n'éprouvait pas le moindre désir de se laisser mordre encore. C'était uniquement dans l'intention de prendre ses précautions à cet égard qu'il cherchait un port.

Pour que le lecteur comprenne mieux les incidents de l'histoire que nous allons raconter, il peut être à propos de dire un mot de la topographie des contrées où il est transporté en fiction, sinon en réalité. A l'extrémité méridionale du continent américain se trouve un groupe d'îles qui offrent un aspect sombre, stérile, rocheux, et qui la plus grande partie de l'année sont couvertes de neige.

Des arbres verts modifient ce caractère de stérilité dans les endroits un peu abrités, et l'on remarque sur certains points une végétation avare qui sert à soutenir la vie animale. Le premier détroit qui sépare ce groupe d'îles du continent, est celui de Magellan, à travers lequel les vaisseaux passent quelquefois au lieu d'aller plus loin au sud. Puis vient la Terre-de-Feu (Tierra del Fuego), qui est de beaucoup la plus grande de toutes les îles.

Au sud de la Terre-de-Feu se trouve un groupe de petites îles très-nombreuses, qui portent différents noms ; le groupe qui est le plus au sud, et qu'on regarde ordinairement comme l'extrémité méridionale de notre grand continent, quoique ce groupe ne se trouve pas sur un continent, est connu sous le nom des Ermites. Si la solitude, la désolation, la stérilité et la contemplation de quelques-uns des spectacles les plus sublimes de cette terre peuvent rendre un endroit propre à servir d'ermitage, on a bien nommé ces îles. Celle qui le plus loin au sud renferme le cap lui-même, formé par la pyramide de rochers dont nous avons déjà parlé, est placée là par la nature comme l'infatigable sentinelle de la guerre des éléments. C'est derrière le groupe des Ermites que Stimson conseillait à son capitaine de se réfugier contre la rafale qui approchait, et dont les signes étaient certains.

Le motif qui déterminait Roswell était plutôt le désir de se débarrasser de Dagget que de chercher un refuge pour son schooner. Il ne craignait guère la rafale, puisqu'il était loin des glaces, et qu'il pouvait se lancer au sud dans une étendue qui semblait infinie. Il y a des îles au sud du cap Horn, et en assez grand nombre, quoiqu'elles soient peu rapprochées. Grâce aux efforts et au courage de plusieurs marins, parmi lesquels nous devons citer le persévérant et infatigable Wilkes, le plus habile et le moins récompensé des navigateurs qui se soient livrés, pour la race humaine, à ces périlleux et rudes travaux, on sait maintenant qu'il y a là aussi un continent ; mais à l'époque dont nous nous occupons ici, tout ce qu'on avait obtenu comme découverte était de connaître l'existence de la terre Shetland et de celle de Palmer, dans cette partie de l'océan.

Après avoir fait quelques pas sur le pont en quittant le gaillard d'avant, Roswell alla retrouver ses hommes d'équipage.

— Vous êtes sûr, Stimson, dit-il, que c'est là le cap Horn ?

— Sûr, Monsieur. Il n'y a pas moyen de se tromper sur un endroit comme celui-là, qu'on n'oublie jamais dès qu'on l'a vu une fois.

— Cela est tout à fait conforme à nos cartes marines et à nos calculs, et, je puis le dire, à nos souvenirs. Voilà l'Océan Pacifique, monsieur Hasard.

— Je le pense, Monsieur. Voilà la fin de l'Amérique, si elle a une fin. Cette forte et longue marée est une vieille connaissance, quoique je n'aie jamais été assez près de la côte pour voir la terre.

— Heureusement nous avons à bord quelqu'un qui pourra nous servir de pilote. Stimson, je veux jeter l'ancre, et je me fie à vous pour nous trouver une baie où nous soyons à l'aise.

— Je m'en charge, capitaine Gar'ner, si le temps le permet, répondit le marin avec une modeste assurance qui était une garantie de sa capacité.

On commença à faire des préparatifs sérieux pour aborder. Il était temps qu'on prît un parti, car le vent s'élevait et le schooner approchait rapidement de la terre. Au bout d'une demi-heure, le *Lion de Mer* se courbait sous une petite brise, et carguait ses voiles.

La mer montait rapidement, quoique ce fût sur une large base et qu'elle offrît l'aspect d'une montagne. Roswell craignait le brouillard ; s'il pouvait traverser sous un ciel pur les étroites passes que Stimson lui avait décrites, il serait délivré de la moitié de ses inquiétudes ; mais le vent avait quelque chose de brumeux, et il sentait qu'il n'y avait pas de temps à perdre. Il fallait beaucoup d'énergie pour s'approcher, dans une pareille saison, d'une côte comme celle du cap Horn.

A mesure que le schooner se trouvait plus près du cap, la vue de la mer qui se précipitait et se brisait sur son roc déchiré, et le sourd gémissement qu'elle faisait entendre, avaient quelque chose de vraiment terrible. Pour ajouter à l'effroi que pouvait éprouver l'homme le plus endurci au danger qui fût à bord, il faut dire qu'il y avait lieu de douter si le schooner pourrait doubler une certaine pointe de rocher à l'extrémité occidentale de l'île, après être allé assez loin pour rendre un virement difficile, sinon impossible. Chacun paraissait grave et inquiet. Si le schooner abordait sur un tel point, une minute pouvait suffire pour le mettre en pièces, et il n'y avait pas à espérer qu'un seul homme de l'équipage se sauvât. Roswell éprouvait une vive inquiétude quoiqu'il gardât son sang-froid.

— Les marées près de ces rochers, et sous une latitude si élevée, balaient des vaisseaux comme de la poussière, dit-il à son premier officier marinier.

— Tout dépend d'une bonne manœuvre, Monsieur, avec un peu d'appui de la Providence ; telle fut la réponse. Voyez ce point qui est devant nous, capitaine, quoique nous ne soyons pas tout à fait sous le vent ; voyez comme nous sommes entraînés de ce côté. La manière dont cette mer se précipite du sud-ouest est terrible. Il n'y a pas de vaisseau qui puisse aller au vent comme elle.

- Cette remarque de Hasard était très-juste. La mer qui se précipitait sur le cap ressemblait, par sa surface, à une prairie en mouvement. Une seule vague avait l'étendue d'un quart de mille, et, lorsque passant à côté du schooner elle le soulevait dans les airs, on aurait dit que cette masse d'eau allait l'emporter dans sa force. Mais la science humaine a trouvé le moyen de réagir contre cette puissance de la nature. Le petit schooner s'élançait au-dessus des ondes comme un oiseau des mers ; et lorsqu'il semblait disparaître entre deux vagues, c'était pour reparaître sur la cime d'une vague nouvelle et braver encore la brise. C'était le courant qui menaçait le schooner du plus grand danger ; car ce courant invisible, dont on ne pouvait voir que les résultats, jetait le petit vaisseau sous le vent et dans la direction des rochers. En ce moment, nos aventuriers étaient si près de la terre, qu'ils renonçaient presque à tout espoir.

Le cap Hatteras et ses dangers, dont on parle tant, semblaient un lieu de refuge, comparés à la situation critique où se trouvaient nos marins. Le beuglement de dix mille taureaux réunis n'aurait pas égalé le sourd rugissement qui sortait de la mer, au moment où elle se précipitait dans quelque caverne de rochers. Puis l'écume remplit l'air comme d'une pluie abondante, et il y eut des instants pendant lesquels le cap, bien qu'on en fût très-près, se trouva caché par cette vapeur.

En ce moment, le *Lion de Mer* était à moins d'un quart de mille au vent du point qu'il s'efforçait d'atteindre, et il se trouvait sous le coup d'une triple impulsion, celle du vent qui agissait sur les voiles et qui les poussait avec une force de cinq nœuds, celle du courant et celle des vagues. Personne ne parlait, car chacun sentait que cette crise était une de celles où le silence est un hommage qu'on rend à la Divinité. Quelques-uns priaient en particulier, et tous avaient les regards fixés sur la pointe basse et rocailleuse devant laquelle il fallait passer pour éviter une ruine certaine. Il n'y avait qu'une circonstance favorable : on savait qu'en cet endroit la mer était profonde, et il était rare que cette côte offrît des dangers qui ne fussent point visibles à l'œil. Les récits de Stimson et d'autres marins avaient mis Roswell au fait de cette circonstance, et il la regardait comme de la plus haute importance pour lui. Lors même qu'il pourrait doubler la pointe qui était en face de lui, celle qui se trouvait à l'ouverture de la passe qui conduisait aux Ermites, il était maintenant certain que, pour y réussir, il lui faudrait s'exposer aux dangers les plus terribles en rasant les rochers.

Roswell Gardiner prit son poste au-dessus de la poulaine, faisant signe à Stimson de venir à lui.

— Vous rappelez-vous cet endroit? demanda le jeune capitaine au vieux matelot.

— C'est bien là l'endroit, Monsieur ; et si nous pouvons doubler ces rochers, je vous conduirai dans un mouillage où vous serez en sûreté. Nous sommes entraînés avec une rapidité effrayante, et le courant nous pousse !

— C'est le remous, répondit Roswell avec calme. Nous nous rapprochons de ce point d'une manière effrayante.

— Avançons, Monsieur, avançons, c'est notre seule chance ; il est possible que nous nous frottions aux rochers et que cependant nous passions.

— Si cela nous arrive, nous sommes perdus, il n'en faut pas douter. Si nous doublons ce point, il y en a un autre un peu plus loin que nous ne pourrons pas éviter ; je le crains. Voyez, la passe s'ouvre devant nous à mesure que nous approchons.

Stimson voyait le nouveau danger et l'appréciait dans toute son étendue. Cependant il ne parlait point ; car, pour dire la vérité, il perdait en ce moment tout espoir, et ayant des sentiments religieux, il priait. Tous les hommes de l'équipage se rendaient exactement compte de la gravité du danger, et tous paraissaient oublier celui qu'offrait la pointe de rocher vers laquelle ils se trouvaient entraînés avec une rapidité prodigieuse. On pouvait doubler cette pointe ; il y avait quelque espoir ; mais quant à la pointe qui se trouvait à un quart de mille au delà, le marin le plus ignorant voyait combien il était difficile de l'éviter.

Un silence imposant régnait à bord du schooner au moment où il passa devant les premiers rochers. Il s'en trouvait à cinquante brasses sous le vent ; et quant à l'autre pointe rocheuse, tout dépendait de la distance où l'on se trouvait des dangers qui pouvaient se présenter. C'est ce qu'il était impossible de calculer au milieu du chaos des eaux produit par le choc des vagues et de la terre. Roswell avait les yeux fixés sur les objets qui étaient en face de lui, pour se rendre compte de la dérive, et, avec la promptitude d'un marin :

— Le schooner sent le contre-courant, Stephen, dit-il d'un

ton si bas qu'il semblait venir du fond de sa poitrine, et il est au vent!

— Que veut dire cette subite oloffée, Monsieur? Il faut que M. Hasard tienne ses voiles pleines, ou nous n'avons pas de chance.

Gardiner jeta les yeux du côté de Hasard et vit qu'il pesait sur le gouvernail, car il éprouvait beaucoup de résistance. Alors il vit la vérité et il cria :

— Tout va bien, mes garçons! Que Dieu soit loué! nous rencontrons un contre-courant.

Ce peu de mots expliquait la raison du changement; le schooner avait trouvé un contre-courant d'une rapidité de quatre ou cinq nœuds, qui le poussait au vent avec une force irrésistible. Comme s'il avait eu la conscience du danger qu'il avait couru, le petit vaisseau s'éloigna des rochers et doubla la seconde pointe, qui semblait avoir été placée là pour le détruire. Il réussit parfaitement dans cette manœuvre, à la distance très-rassurante de cent brasses.

Dix minutes après avoir rencontré le contre-courant, le schooner traversa la passe. Stimson se montra en homme dans lequel on pouvait avoir confiance. Il pilota habilement le vaisseau derrière l'île où s'élève le cap, l'amena dans une petite anse et jeta l'ancre. Il y avait en cet endroit cinquante brasses d'eau avec un fond de vase.

Ayant la certitude qu'il aurait assez d'eau, même à la marée basse, et que ses ancres tiendraient, Roswell fila assez de câble pour mettre son vaisseau tout à fait en sûreté.

Voilà donc le *Lion de Mer* d'Oyster-Pond, que le lecteur a vu près du quai du diacre Pratt, il y a à peine trois mois, mouillé dans un bassin de rochers derrière le cap Horn. Il n'y avait que des chasseurs de baleines qui pussent avoir la pensée de conduire leur vaisseau dans un tel endroit; mais c'est une partie de leur mission de se précipiter dans tous les canaux et dans toutes les passes où personne n'a été auparavant. C'est ainsi que Stimson était parvenu à découvrir ce mouillage. Quelle que fût l'agitation des vagues au dehors, le schooner jouissait d'un grand calme.

Le vent soufflait au-dessus des Ermites, mais il était tellement brisé par les rochers, qu'il ne faisait que souffler à travers les mâts et les cordages.

Cette brise continua pendant trois jours et autant de nuits. Il y eut du changement le quatrième jour, parce que le vent venait de l'est. Roswell aurait profité du moment pour sortir de l'anse s'il n'avait craint de rencontrer Dagget. S'étant enfin débarrassé d'un compagnon aussi opiniâtre, ç'aurait été de sa part un grand acte de faiblesse d'aller au-devant de lui. Il était possible que Dagget supposât qu'on n'avait pas eu l'intention de le quitter; il était possible qu'il cherchât dans le voisinage le compagnon qu'il avait perdu. Quant à la brise, elle aurait pu le pousser sous le vent. Beaucoup dépendait des courants et de la distance où l'on était au sud. Gardiner croyait que près de terre les courants favorisaient un vaisseau qui doublait la terre en se dirigeant vers l'ouest; et si Dagget avait aussi la connaissance de ce fait, cela pouvait le déterminer à se tenir aussi près que possible de cet endroit.

Il n'y avait pas de temps à perdre pour nos chasseurs de veaux marins, la belle saison étant très-courte dans ces latitudes élevées. Cependant ils étaient un peu en avance de leurs calculs, étant arrivés au cap Horn dix jours plus tôt qu'ils ne l'avaient espéré. Ils avaient presque tout l'été devant eux, et ils pouvaient espérer se trouver plus loin au midi pour le moment de la débâcle des glaces. Le vent devait les tenter de sortir de l'anse, car le point vers lequel se dirigeaient nos aventuriers se trouvait à une distance considérable à l'ouest, et les bonnes brises n'étaient pas à négliger. A tout événement, il fut décidé qu'on resterait un jour de plus dans la passe, d'autant plus que Hasard avait découvert que les éléphants de mer fréquentaient une île assez voisine. On mit donc les chaloupes à la mer, et le premier officier marinier s'engagea dans cette direction, tandis que le capitaine alla débarquer sur le rivage de l'île qui mérite bien le nom d'Ermite, car c'est la dernière du groupe.

Il emmena avec lui Stimson, qui portait une lunette d'approche. Armé d'une vieille lance pour aider ses efforts, Roswell commença à gravir la pyramide de rochers dont il a déjà été question.

Elle était comme déchirée, et elle offrait mille obstacles, mais aucun dont la vigueur et le courage ne pussent triompher. Après quelques minutes d'une lutte opiniâtre et d'une ascension difficile où ils eurent à s'aider l'un l'autre, Roswell et Stimson réussirent à monter sur la cime de la pyramide, qui était un pic de forme irrégulière. La hauteur en était considérable et offrait une vue fort étendue sur les îles voisines, aussi bien que sur l'Océan, qui apparaissait au midi lugubre et menaçant. La terre n'a peut-être à aucune de ces limites extrêmes une sentinelle aussi remarquable que cette pyramide. On peut dire que c'est l'*ultima Thule* de ce vaste continent.

Du haut de la pyramide, on apercevait à droite la mer Pacifique; en face était l'océan Méridional ou Antarctique, et à gauche le grand océan Atlantique. Pendant quelques instants, Roswell et Stephen restèrent muets dans la contemplation de ce grand spectacle. En se tournant vers le nord, ils aperçurent les hautes terres de la *Tierra del Fuego,* dont les pics les plus élevés étaient couverts de neige. La pyramide sur laquelle Roswell et Stimson se trouvaient, avait perdu son enveloppe blanche, mais se dressait sévère et imposante, avec ses teintes noires ordinaires. Les contours de tous les rochers et les rivages des différentes îles offraient l'aspect d'une origine volcanique, quoique les rochers eux-mêmes racontassent une histoire un peu différente.

Les derniers étaient surtout de formation de trapp. Des pigeons du Cap, des goëlands, des pétrels et des albatros voltigeaient dans l'air, tandis que les vagues qui venaient se briser contre ce grand rempart de la mer avaient quelque chose de vraiment effrayant. Le tonnerre dans le lointain a des roulements moins sourds et moins imposants que ces vagues mises en contact avec le rivage. Il semblait à Roswell que c'était comme un gémissement de la grande mer Pacifique qui se trouvait arrêtée dans son cours. L'écume continuait de voler, et au-dessous du point élevé où il se trouvait, l'air était rempli de vapeur.

Dès que notre jeune capitaine eut embrassé les grands traits de cette vue magnifique, ses yeux cherchèrent le *Lion de Mer* du Vineyard. Il l'aperçut à la distance de deux lieues, et en ligne directe avec le cap. Était-il possible que Dagget eût soupçonné sa manœuvre et fût venu le chercher dans l'endroit même où il s'était réfugié? Quant au vaisseau, on ne pouvait se tromper. De l'élévation où il se trouvait, Roswell, avec sa lunette d'approche, n'avait aucune peine à le reconnaître. Stimson le regarda aussi et vit que c'était le schooner. Sur cette mer vaste et désolée, ce schooner ressemblait à un point noir, mais la science humaine avait enseigné à ceux qui le montaient à le diriger à travers la tempête et à le conduire au but.

— Si nous y avions pensé, capitaine Gar'ner, dit Stephen, nous aurions pu apporter un pavillon que nous eussions planté sur ces rochers, pour montrer aux gens du Vineyard où l'on peut nous trouver. Mais il nous sera possible d'aller à leur rencontre si ce vent continue.

— C'est précisément ce que je n'ai pas l'intention de faire, Stephen; je suis venu ici exprès pour me débarrasser de ce schooner.

— Vous me surprenez, Monsieur; il n'est pas mauvais d'avoir un compagnon lorsqu'un vaisseau est sous une latitude très-élevée. La glace expose quelquefois à de telles épreuves que pour moi je suis toujours heureux d'avoir un compagnon en cas de naufrage.

— Tout cela est très-vrai, mais il y a des raisons dans un sens contraire. J'ai entendu parler d'îles où les veaux marins abondent, et pour les prendre il n'est pas aussi nécessaire d'avoir un compagnon que lorsqu'on fait naufrage.

— C'est une autre affaire, capitaine Gar'ner. Personne n'est forcé de révéler le parage où il va pêcher. J'ai su à bord du premier vaisseau que les Shetland du sud étaient un fameux endroit pour les veaux marins, et aucun de nous n'était disposé à le raconter à tout le monde. Il y a quelques hommes assez faibles pour publier de telles découvertes dans les journaux; pour ma part, je crois qu'il suffit de les écrire dans le journal du bord.

— Il faut que le courant soit favorable à ce schooner, il vient si vite! il sera devant le cap Horn dans une demi-heure, Stephen. Attendons pour voir la direction qu'il prendra.

La prédiction de Gardiner se réalisa. Au bout d'une demi-heure, le *Lion de Mer* de Holmes-Hole glissa près de la pyramide rocheuse du cap Horn, n'en restant séparé que d'un mille. Si son capitaine avait voulu passer dans la mer Pacifique, rien ne lui aurait été plus facile. Même avec un vent sud-ouest, qui souffle la moitié du temps dans ces mers, il eût été tout à fait en son pouvoir de doubler les îles et de les laisser derrière lui.

Mais Dagget n'avait aucune intention de cette nature. Il cherchait son compagnon de voyage, qu'il espérait trouver dans le voisinage du cap. Dans son attente, après s'être porté assez loin à l'ouest pour se convaincre qu'il n'y avait rien en vue de ce côté, il se dirigea vers le sud. Roswell fut content de voir cela, car il en conclut que Dagget ignorait la position des îles qu'il cherchait. Elles étaient situées beaucoup plus loin à l'ouest; et il ne fut pas plus tôt certain de la direction que suivait l'autre schooner, qu'il se hâta de descendre dans sa chaloupe pour regagner son vaisseau et profiter de la brise.

Deux heures plus tard, le *Lion de Mer* d'Oyster-Pond s'élança à travers la passe qui conduit à l'Océan. L'autre vaisseau avait alors disparu vers le sud, et Gardiner, sûr de la route qu'il avait à suivre, vogua à pleines voiles sur la vaste mer.

Le petit vaisseau glissait sur l'onde avec la rapidité d'un oiseau de mer. Bientôt le cap Horn commença à s'abaisser dans le lointain, à mesure que le schooner s'éloignait. Lorsque la nuit descendit sur les vagues, il n'était plus visible, le vaisseau étant entré dans l'océan Antarctique.

CHAPITRE XIV.

> Partons! A nous la bonne terre. — Regardez autour de vous. — Voyez l'héritage; allez en avant, — arrêtez-vous sur la montagne; puis, si vous le pouvez, soyez calme.
>
> SPRAGUE.

Pour un petit vaisseau comme le *Lion de Mer*, il y avait de l'audace à pénétrer dans les profondeurs mystérieuses du cercle antarctique, beaucoup plus mystérieuses alors qu'aujourd'hui. Mais le chasseur de veaux marins américain hésite rarement. Il a peu de science, peu de cartes marines, et ces cartes sont plus souvent anciennes que nouvelles; cependant il a la tête pleine d'îles et de continents où se trouvent les animaux que sa grande affaire est de chasser et de tuer.

Le cap Horn et son voisinage ont été si longtemps fréquentés par cette classe d'hommes, qu'ils sont comme chez eux au milieu de leurs îles, de leurs rochers, de leurs courants et de la stérilité de ces parages; mais, au sud du cap Horn, tout semblait désert. A l'époque dont nous parlons, on connaissait beaucoup moins les régions antarctiques qu'aujourd'hui; et même ce que nous en savons se borne à quelques lugubres peintures, où la stérilité et le froid semblent lutter l'un contre l'autre.

Wilkes et ses émules nous ont dit qu'il existait un vaste continent de glace dans cette partie du monde; mais même leur audace et leur persévérance n'ont rien pu faire de plus que de constater ce fait général.

Nous donnerions une idée fausse et exagérée du caractère de Roswell Gardiner, si nous disions qu'en pénétrant dans cette vaste étendue de l'Océan du sud, il n'éprouvât que de l'indifférence à l'égard de sa destination. L'état de son esprit était bien opposé à un tel sentiment, lorsqu'il voyait le cap Horn descendre, pour ainsi dire, pied à pied dans l'Océan et puis disparaître.

Le temps, quoique très-beau pour ces régions, était menaçant. Il en est ainsi ordinairement dans ces contrées, qui semblent être le pays favori des tempêtes. Bien que le vent ne soufflât pas plus fort qu'une bonne brise, et que l'Océan ne fût pas très-agité, il y avait dans l'atmosphère et dans les courants de terre qui venaient du sud-ouest, des symptômes qui avertissaient le marin de la nécessité d'être prudent. Nous croyons que c'est plutôt pendant l'été que dans l'hiver qu'on est exposé aux gros temps dans ces parages.

Mais il y a quelque chose de si vivifiant dans l'air de l'Océan en été, et quelque chose de si glacial dans la saison contraire, que beaucoup d'entre nous s'imaginent que les courants d'air correspondent avec la chute du mercure. Roswell en savait plus que cela, sans doute, mais encore il savait où il était et ce qu'il avait à faire. Comme chasseur de veaux marins, il était allé plusieurs fois au midi aussi loin que le *nec plus ultra* de Cook; mais ç'avait toujours été dans des positions secondaires. C'était la première fois qu'il avait la responsabilité du commandement, et il était naturel qu'il sentît le poids du fardeau qu'il avait à porter.

Tant qu'il avait eu en vue le *Lion de Mer* du Vineyard, ce vaisseau avait occupé sa pensée, il s'était d'abord efforcé de se débarrasser du schooner rival; mais maintenant qu'il était, pour ainsi dire, sorti de son sillage, les grands et prochains obstacles de son entreprise se dressaient devant lui. Roswell était donc pensif et grave, ses traits reflétant avec assez de fidélité l'aspect triste de l'atmosphère et de l'Océan.

Roswell ne pensait pas qu'il fût très-probable qu'il rencontrât maintenant l'autre *Lion de Mer*, d'autant plus que les îles qu'il cherchait n'étaient dans le voisinage d'aucune terre, et par conséquent en dehors de la route ordinaire des chasseurs de veaux marins. Cette dernière circonstance, que notre jeune navigateur savait très-bien apprécier, lui donnait l'espoir d'être seul à s'emparer des trésors de ces îles, s'il pouvait découvrir les parages où la nature les avait cachés.

A peine la nuit se fut-elle abaissée sur l'horizon, que Roswell ordonna au timonier de virer vers le sud. C'était un changement matériel dans la direction du vaisseau ; et si la brise qui soufflait en ce moment durait, le schooner devait se trouver, au retour du jour, à une bonne distance vers l'est du point qu'il eût autrement atteint.

Jusqu'à présent, Roswell avait voulu se débarrasser de son compagnon de voyage ; mais maintenant qu'il faisait nuit, et que beaucoup de temps s'était déjà écoulé depuis qu'il n'avait vu l'autre schooner, il crut qu'il pouvait suivre sa direction véritable. La belle saison est si courte dans ces mers, que chaque heure est précieuse, et qu'on ne peut y négliger le but principal d'un voyage sans des raisons impérieuses. Tout le monde comprit que le vaisseau se dirigeait en droite ligne vers les parages où il allait chasser les veaux marins.

C'était un fait admis en géographie qu'il existait des îles dans cette partie de l'Océan longtemps avant qu'il eût été question du *Lion de Mer*, avant probablement que son jeune capitaine fût né ; mais on n'avait à cet égard que des notions imparfaites et peu satisfaisantes. Cette observation ne s'appliquait pas cependant à tous les cas particuliers, car il y avait en ce moment à bord du petit schooner plusieurs marins qui avaient visité les Shetland du sud, la Nouvelle-Géorgie, Palmer's-Land, et d'autres parages de ces mers ; aucun cependant n'avait entendu parler d'îles qui fussent tout à fait au sud du schooner.

Aucun changement matériel n'eut lieu dans le temps pendant la nuit, tandis que le petit *Lion de Mer* continuait de voguer vers le pôle sud. Il se trouvait maintenant à trente-six heures du cap Horn ; Gardiner pensait être à trois degrés au sud de ce cap, et par conséquent à une distance d'environ soixante degrés au sud. Le schooner ne se serait pas trouvé très-éloigné de Palmer's-Land et des îles voisines, s'il n'avait pas d'abord pris la direction de l'ouest. On ne pouvait, dans cette direction, savoir ce qu'on avait devant soi.

Le troisième jour, le vent souffla avec force du nord-est. On aperçut la clarté de la glace, et bientôt la glace elle-même, qui commençait à se présenter sous la forme de petites montagnes. Ces collines flottantes attirèrent tous les regards, mais elles fondaient sous l'impulsion des vagues, et elles n'étaient que d'une dimension déjà très-amoindrie. Il devint absolument nécessaire de perdre toutes les heures de nuit, car il est très-dangereux de naviguer alors.

On savait que la grande barrière de glace était proche, et le *nec plus ultra* de Cook, à cette époque la grande limite de la navigation antarctique, se trouvait près du parallèle de latitude auquel le schooner était arrivé. Le temps continuait cependant d'être très-favorable, et, après le coup de vent qui était venu du nord-est, la brise souffla du sud avec des bouffées de neige, mais assez soutenue et pas assez fraîche pour forcer nos aventuriers à diminuer leur voilure. La douceur de l'eau avait suffi pour annoncer le voisinage de la glace ; non-seulement les calculs de Gardiner l'en avertissaient, mais ses yeux le lui disaient.

Dans le courant du cinquième jour, lorsque le temps s'éclaircit un peu, on aperçut comme par échappées la glace formant des murailles hautes comme des montagnes, ressemblant à autant de chaînes des Alpes, quoique se mouvant avec lourdeur sur les ondes toujours agitées de l'Océan. Des brouillards épais voilaient de temps en temps l'horizon tout entier, et ce jour-là le schooner fut forcé plusieurs fois de s'arrêter pour ne pas se jeter sur des masses ou des plaines de glaces, dont un grand nombre d'une vaste étendue commençaient à paraître.

Malgré les dangers qui entouraient nos aventuriers, aucun d'entre eux n'était assez insensible à la sublime puissance de la nature pour refuser son admiration aux grands objets qu'offrait aux regards ce spectacle sauvage et solitaire. Les montagnes de glace brillaient de toutes les couleurs de l'arc-en-ciel à mesure que le soleil se reflétait sur leurs cimes ou sur leurs flancs, ou qu'elles se trouvaient cachées par des nuages épais et sombres. Il y avait des moments où quelques-unes de ces énormes masses se montraient dans des positions toutes particulières et suivant le jour où elles se trouvaient, tandis que d'autres, au même instant, offraient tout l'éclat de l'or et de l'émeraude.

Les oiseaux de mer étaient redevenus nombreux ; les albatros venaient animer ce spectacle, tandis qu'on entendait souffler les baleines dans les eaux voisines. Gardiner reconnaissait, à beaucoup de signes, qu'on approchait de la terre, et il commençait à espérer de découvrir les îles qui étaient indiquées dans la carte de Dagget.

D'après les meilleures observations que Roswell avait pu faire, il se trouvait à un de ces courts degrés de longitude qui marquent le voisinage des pôles, ou à trente-deux milles à l'ouest du parallèle où il désirait être, lorsque le vent souffla du sud. Ce changement de temps était favorable, car il l'enhardit à se rapprocher plus qu'il ne l'aurait fait de cette grande barrière de glace qui formait maintenant une sorte de rivage. Heureusement les montagnes et toutes les masses de glace avaient dérivé de si loin au nord, que le schooner pouvait naviguer avec une certaine rapidité, et Roswell, pensant ne rien perdre du temps précieux que la saison lui laissait encore, se hasarda à continuer sa route pendant la courte nuit qui suivit. La grande brièveté des nuits durant l'été est d'un grand secours pour la navigation dans ces mers.

Quand le soleil reparut, le matin du sixième jour après qu'il eut quitté le cap Horn, Roswell Gardiner se crut assez loin à l'ouest pour approcher de sa destination. Il ne lui restait plus qu'à gagner un degré de plus au sud. Si Dagget avait dit la vérité, il s'était trouvé dans ces parages, et les instructions de l'armateur du schooner imposaient au jeune capitaine l'obligation de suivre la voie parcourue par Dagget. Plusieurs fois, dans cette matinée, Roswell regretta de ne s'être pas entendu avec les gens du Vineyard pour faire en commun ce grand effort. Il y avait quelque chose de si terrible pour un vaisseau isolé à se hasarder ainsi sur la glace dans une région si lointaine, que, pour dire le mot, Roswell hésitait. Mais l'orgueil de sa profession, l'ambition, l'amour de Marie, la crainte du diacre, son courage naturel et l'expérience du danger, lui donnaient la force dont il avait besoin. Il fallut suivre la voie où il était entré, et notre jeune marin mit la main à l'œuvre avec la ferme résolution de l'accomplir.

En ce moment, le schooner était de la longueur d'un câble séparé de la glace, dont il rasait le bord d'une course rapide. Gardiner croyait se trouver à l'ouest aussi loin qu'il était nécessaire, et il avait surtout pour objet de trouver une issue dans le chaos flottant et glacé qui s'étendait au loin devant lui.

Comme la brise entraînait au nord les masses de glace qui dérivaient de ce côté, elles commencèrent à se détacher et à se séparer davantage de moment en moment, et Gardiner fut heureux d'apercevoir enfin une issue où il pouvait engager son schooner. Sans perdre un instant, il fit entrer le petit *Lion de Mer* dans une passe qui était faite pour inspirer cent fois plus de terreur que Charybde et Scylla.

Un des résultats du voisinage de la glace, quand elle forme de vastes plaines, est de communiquer à l'eau une immobilité relative. Il faut que le vent s'élève, et même sur une grande étendue de mer, pour mettre en mouvement ces plaines et ces montagnes de glace, quoique le tangage, que l'on a comparé à la respiration de quelque monstre, ne manque jamais entièrement aux eaux de l'Océan. En cette occasion, nos aventuriers eurent la chance de naviguer sans être aucunement contrariés par le mouvement des vagues. Au bout de quatre heures, le schooner s'était ouvert un chemin vers le sud et l'est à une distance de vingt-cinq milles. Il était midi; l'atmosphère étant plus claire que de coutume, Gardiner monta au grand mât pour juger lui-même de l'état des choses.

Au nord et dans la passe où le vaisseau était entré, la glace se rejoignait, et il était bien plus facile d'avancer que de rétrograder.

Cependant Roswell Gardiner tournait ses regards impatients vers l'est, et surtout vers le sud-est. C'était dans cette partie de l'Océan, et à moins de dix lieues du point où il se trouvait maintenant, qu'il espérait découvrir les îles objet de ses recherches, si réellement elles existaient. Il y avait dans cette direction beaucoup de passes ouvertes dans la glace. Une ou deux fois, Roswell prit la cime de quelque montagne de glace pour celle de vraies montagnes, lorsque, d'après la manière dont elles recevaient ou plutôt ne recevaient pas de reflet de la lumière, elles se revêtaient d'une teinte foncée et terreuse. Chaque fois cependant les rayons du soleil venaient le détromper, et la cime qui avait paru sombre et sourcilleuse, comme par un reflet magique, s'illuminait tout à coup, étincelant des brillantes couleurs de l'émeraude ou d'une blancheur virginale, spectacle qui charmait le spectateur même au milieu des dangers et des périls dont il était entouré. Les Alpes elles-mêmes dans leur gloire, ces merveilles de la terre, auraient pu à peine lutter de magnificence avec les grandeurs que, d'une main prodigue, la nature avait jetées en spectacle sur cette mer éloignée, et qu'elle avait perdues en apparence dans l'espace; mais la puissance et la gloire de Dieu étaient là, aussi bien que sous l'équateur.

Pendant une heure entière, Roswell Gardiner resta dans cette position, ayant donné l'ordre de tourner la proue du vaisseau vers le sud-est, en le faisant passer par les issues qui s'offriraient aussi près du vent que possible. Il y avait toujours du brouillard, quoique la brume s'éloignât assez pour que des points assez étendus en fussent tout à fait débarrassés. On découvrait un endroit en particulier sur lequel ces nuages de brouillard semblaient descendre de préférence et s'arrêter à la surface de l'Océan. Une vaste plaine, ou il vaudrait mieux dire une large ceinture de montagnes de glace, se trouvait entre ce nuage immobile et le schooner; et pendant l'heure qu'il passa sans redescendre sur le pont, conduisant le vaisseau dans une passe très-difficile, il n'y eut pas une minute où le jeune capitaine ne jetât les yeux sur ce point ténébreux. Il n'avait plus qu'un pas à faire pour se retrouver sur le pont, lorsqu'il tourna presque involontairement les yeux vers l'objet, qui lui paraissait toujours immobile.

C'est alors que la vapeur brumeuse, qui n'avait cessé de se mouvoir et de se rouler comme un fluide en ébullition, tant qu'elle était restée compacte, s'ouvrit, et qu'on aperçut tout à coup la tête rase d'une véritable montagne qui avait mille pieds de haut! Il ne pouvait y avoir de méprise, c'était la terre, et c'était sans aucun doute la plus occidentale de toutes les îles indiquées par le matelot mourant. Tout venait à l'appui de cette conclusion. La longitude et la latitude qu'il avait marquées se trouvaient exactes ou presque exactes, et les autres circonstances confirmaient cette conjecture ou plutôt cette conclusion. Dagget avait dit qu'une île élevée, montagneuse, pleine d'infractuosités, déserte, mais de quelque étendue, se trouvait, de tout le groupe, le plus à l'ouest, tandis que d'autres îles étaient à quelques milles de celle-là. Ces dernières étaient plus basses, beaucoup plus petites, et n'étaient guère que des rochers nus. Cependant Dagget soutenait qu'une de ces îles était un volcan, qui, par moments, jetait des flammes et beaucoup de chaleur ; mais toutefois, d'après son récit même, l'équipage auquel il appartenait n'avait jamais visité cette chaudière volcanique, se contentant d'admirer ses terreurs à distance.

Quant à l'existence de la terre, Roswell en acquit plusieurs preuves indubitables. Il y a une théorie qui nous dit que l'orbe du jour est entouré d'une vapeur lumineuse, source de chaleur et de lumière, et que cette vapeur, étant livrée à une mobilité perpétuelle, laisse quelquefois apercevoir le corps de la planète, formant ce qu'on appelle les *taches du soleil*. De même les brouillards des mers antarctiques s'élevaient sur les flancs de la montagne qu'on venait d'apercevoir, levant quelquefois le rideau ou laissant apercevoir cet imposant et majestueux objet. Cette masse de terre solitaire, et presque entièrement stérile, méritait bien ces épithètes. Nous en avons déjà indiqué l'élévation : un rocher perpendiculaire se dressant à un millier de pieds au-dessus de l'Océan a toujours quelque chose d'imposant et de grandiose. La solitude où il se trouvait, son air d'immobilité, son apparence sauvage au milieu de montagnes de glace qui se mouvaient et flottaient à l'entour, ses flancs noirs et sa cime toute rase, ajoutaient à ce caractère. Un peu de neige récemment tombée sur la cime de la montagne l'avait blanchie, et c'était comme un dernier trait qui achevait le tableau.

Le cœur de Roswell Gardiner battit de joie lorsqu'il fut sûr d'avoir découvert cette terre, premier but de son expédition. Il n'avait plus maintenant qu'un désir, celui de débarquer. En ce moment le vent avait tourné au sud-est, et fraîchissait tout à fait, poussant le schooner au vent de la montagne, mais forçant les montagnes de glace à dériver du côté de la terre, et formant une barrière infranchissable devant son rivage occidental. Notre jeune capitaine se souvint cependant que Dagget avait indiqué un mouillage près du côté nord-est de l'île, où, d'après son récit, devait se trouver un petit port dans lequel une douzaine de petits vaisseaux pourraient se trouver à l'aise. Gardiner s'efforça donc de se diriger de ce côté.

Il n'y avait point d'ouverture au nord, mais un assez bon chenal s'ouvrait devant le schooner au sud du groupe. Le *Lion de Mer* fit voile dans cette direction, et, vers quatre heures de l'après-midi, il doubla la pointe sud de la plus grande île. Il doubla les autres îles, et, à l'infinie satisfaction de tous ceux qui étaient à bord, on trouva une grande abondance d'eau entre l'île principale et ses voisines plus petites. Les montagnes de glace avaient touché apparemment en s'approchant plus près du groupe, et cette grande baie s'était trouvée ainsi entièrement débarrassée des glaces, à l'exception de quelques masses peu considérables qui flottaient à sa surface.

Il était facile de les éviter, et le schooner vogua dans le grand bassin formé par les différentes îles de ce groupe. Un nouveau fait vient donner encore plus de poids aux indications de Dagget : on voyait s'élever à l'est la fumée d'un volcan, qui semblait avoir trois ou quatre milles de circonférence, et qui se trouvait à l'est du grand bassin, ou à quatre lieues environ de la *terre des Veaux Marins*, comme Dagget avait une fois nommé l'île principale. C'était à peu près là, d'ailleurs, la largeur du grand bassin, auquel on arrivait par deux passes, celle du sud et celle du

Une fois dans le centre des îles et en dehors des glaces, il devenait facile pour le schooner de traverser le bassin ou la grande baie, et d'atteindre l'extrémité nord-est de la terre des veaux marins. Comme le jour devait durer encore quelques heures, car les nuits sont très-courtes dans cette latitude élevée en décembre, mois qui correspond à notre mois de juin, Roswell fit mettre une chaloupe à la mer et se dirigea aussitôt vers le point où il espérait découvrir le port, si vraiment il existait. Tout se trouva tel que Dagget l'avait dépeint, et grande fut la satisfaction de notre jeune homme lorsqu'il entra dans une baie qui avait un peu plus de deux cents mètres de diamètre, et qui était si bien entourée par la terre qu'on n'y ressentait aucunement l'influence de la mer.

En général, ce qu'il y a de plus difficile, c'est de débarquer sur les rochers de l'Océan antarctique, les brisants et le ressac de la mer s'y opposant; mais là le plus petit bateau pouvait s'arrêter sur une grève de galets, sans courir le moindre risque d'avaries. Le plomb annonçait aussi un bon mouillage dans environ huit brasses d'eau. En un mot, ce petit port était un de ces bassins que l'on rencontre quelquefois dans les îles montagneuses, où des fragments de rochers semblent s'être détachés de la masse principale comme pour venir au secours des marins et leur ouvrir une issue.

La baie entière, ou le grand bassin formé par le groupe entier, ne manquait point non plus d'avantages pour le navigateur. Du nord au sud cette baie intérieure avait au moins six lieues de long, et elle ne pouvait guère avoir moins de quatre lieues de large. Comme de raison, elle était beaucoup plus exposée aux vents et aux vagues que le petit port, quoique Roswell fût frappé des différents avantages qu'elle présentait. Elle était presque entièrement débarrassée de glace, tandis qu'il en flottait une masse assez considérable en dehors du cercle des îles : il résultait de là que la navigation s'y trouvait libre même pour le plus petit bateau. La raison en était que la plus grande des îles avait deux longs caps en forme de croissant, l'un à son extrémité nord-est, l'autre à son extrémité sud-est, ce qui donnait à tout son côté oriental la forme de la nouvelle lune. La rade que nous venons de décrire était au sud du cap, que notre jeune capitaine nomma le cap Hasard, en honneur de son lieutenant, qui avait été le premier à indiquer les facilités offertes pour le mouillage par la conformation même du sol.

Quoique la côte fût rocheuse et inégale, il n'était pas difficile de gravir la rive septentrionale du port, et Gardiner y monta accompagné de Stimson, qui, depuis peu, s'était beaucoup attaché à son chef. L'élévation de cette barrière qui se dressait au-dessus des vagues de l'Océan était d'un peu moins de cent pieds; et quand ils arrivèrent au sommet, une commune exclamation de surprise, pour ne pas dire de joie, s'échappa de leur bouche. Jusque-là on n'avait vu aucune espèce de veau marin, et Gardiner éprouvait quelques appréhensions à l'égard des profits qu'on pouvait tirer de tant de fatigues et de dangers. Cependant tous ses doutes s'évanouirent dès qu'il put découvrir la rive septentrionale de l'île, longue de plusieurs milles, et qui offrait aux regards une telle multitude de monstres marins, qu'on aurait cru avoir sous les yeux un rivage vivant. Il y en avait des milliers sur les roches basses qui bordent tout ce côté de l'île, se chauffant au soleil des mers antarctiques. Il n'y avait pas à s'y tromper, c'étaient bien eux : des lions de mer, des éléphants de mer, d'énormes animaux à l'aspect féroce et repoussant, n'appartenant, à vrai dire, ni à la terre, ni à la mer. Ces animaux allaient et venaient constamment en foule, quelques-uns se balançant sur le bord des rochers et se précipitant dans l'Océan pour y chercher de la nourriture, tandis que d'autres sortaient de l'eau en grimpant, et choisissaient des bancs de rochers pour s'y reposer et jouir de la lumière du jour. Il ne s'élevait que peu de querelles entre ces horribles animaux, quoique l'on remarquât parmi eux les veaux marins des plus grandes espèces.

— Voilà une fameuse moisson pour nous, maître Stephen, dit Roswell à son compagnon en se frottant les mains de plaisir.— Un mois de travail *remplira* le schooner, et nous partirons avant l'équinoxe. Ne vous semble-t-il pas qu'il y a là-bas des os de lions de mer ou de veaux marins de quelque espèce, comme si des hommes étaient déjà venus les chasser dans ces parages?

— Il n'y a pas de doute là-dessus, capitaine Gar'ner; quelque écartée que soit cette île, dont je n'ai jamais entendu parler, tout vieux matelot que je suis, nous ne sommes pas les premiers qui l'aient découverte. Il est venu quelqu'un ici, il n'y a de cela qu'un an ou deux, et il en a rapporté une cargaison, je vous en réponds.

Comme tout ceci se rapportait parfaitement au récit de Dagget, Roswell n'éprouvait aucune surprise; il y voyait au contraire la confirmation de ce que Dagget avait annoncé, et d'autant plus de raison pour espérer, sous tous les rapports, les résultats les plus heureux du voyage. Tandis qu'il était sur les rochers, Roswell jeta les yeux autour de lui pour bien se rendre compte des lieux où il se trouvait, et il donna ses ordres en conséquence. Le schooner s'approchait déjà de l'île à petites bordées, d'après un signal qu'il lui avait fait, et le second officier marinier avait dirigé le vaisseau vers l'entrée du port le moins grand, où il le conduisait comme pilote. Avant que le capitaine fût descendu de la cime du rocher, le vaisseau entra sous son foc, le vent étant presque arrière, et il jeta deux ancres dans deux endroits convenables, mettant en outre une haussière à terre.

Toutes les figures brillaient de joie; c'était un grand point de gagné que d'avoir amené le schooner dans un port aussi sûr, où son équipage pourrait se reposer la nuit sans éprouver aucune appréhension d'être écrasé et englouti par la glace; ce n'était pas seulement un sentiment de sécurité qu'on éprouvait, on avait trouvé la source de cette richesse qu'on cherchait et qui avait déterminé cet équipage à s'exposer à tant de privations et de dangers. Tout l'équipage débarqua, chacun gravit la cime du rocher pour jouir du spectacle de tous ces animaux, qui se développait avec une véritable profusion sur les roches basses du côté septentrional de l'île.

Comme il restait encore quelques heures de jour, Roswell toujours accompagné de Stimson, tous les deux pourvus d'un bâton comme arme défensive, grimpèrent vers le point central le plus élevé de l'île. Il s'était cependant trompé sur la distance, et il eut bientôt découvert qu'il lui faudrait un jour entier pour accomplir une pareille entreprise, s'il y parvenait; mais il arriva au bas de la montagne centrale, d'où l'on découvrit une imposante étendue du nord et de l'est de l'île, ou de ce qu'on aurait pu appeler le côté des veaux marins. Ils purent se faire une idée assez exacte de la formation générale de ce fragment solitaire de terre et de rocher, comme des îles et des îlots qui étaient dans le voisinage. Le contour de la première île dont nous avons parlé était celui d'un triangle grossier et par conséquent irrégulier dont les trois pointes principales étaient les deux caps peu élevés dont il a déjà été question, et un troisième qui se trouvait au nord et à l'ouest.

Presque tout le rivage de l'ouest et du sud-ouest ressemblait à un mur de rochers presque perpendiculaire, qui s'élevait à deux ou trois cents pieds au-dessus de l'Océan. Contre ce côté de l'île, surtout, les eaux de l'Océan venaient se briser en grondant, tandis que la glace s'y portait comme pour entrer chez elle, suivant l'expression des matelots, et laissait voir la profondeur des eaux. Des deux autres côtés c'était différent. Les vents régnaient le plus vers le sud-ouest, ce qui faisait de la forme perpendiculaire de l'île son rempart contre le mauvais temps, tandis que la position des deux autres côtés du triangle leur était favorable. Le côté du nord était naturellement plus exposé au soleil, toutes choses étant, dans l'hémisphère méridional, au rebours de ce qui existe au nord; tandis que le côté de l'est ou du nord était protégé par le groupe d'îles qui se trouvait devant.

Tel était l'aspect général de l'île des Veaux Marins, autant que les observations un peu hâtives de son présent maître lui permirent de s'en assurer. L'approche de la nuit le détermina à descendre de la partie assez dangereuse de la montagne où il avait grimpé, et à rejoindre son équipage et son schooner.

CHAPITRE XV.

> Nous nous élançons sur la mer, et l'on entend un rugissement sauvage, et les matelots pâlissent et prient; nous jetons ses eaux autour de nous, comme l'oiseau secoue de ses plumes frissonnantes l'écume de la fontaine.
>
> BRYANT WINDS.

Les chasseurs de veaux marins ne perdirent point de temps. La belle saison était courte; et le péril qu'il y avait à pénétrer au milieu des glaces et à en sortir était si sérieux, que tous ceux qui appartenaient au schooner sentaient l'importance d'une grande activité et d'un zèle intelligent.

Le lendemain même de l'arrivée du vaisseau, non-seulement on fit tous les préparatifs nécessaires, mais on tua un bon nombre de veaux marins, à fourrure d'excellente qualité. On abattit deux grands éléphants de mer de près de trente pieds de long, et le danger et les obstacles dont on eut à triompher se trouvèrent bien compensés par l'huile qu'on recueillit. Mais c'étaient les peaux de veaux marins à fourrure que Roswell regardait comme l'objet principal de ses efforts, et il était heureux de trouver les animaux qui paient ce tribut aux besoins et au luxe de l'homme en nombre assez considérable pour lui permettre de repartir promptement pour le Nord. Tandis qu'on égorgeait, qu'on écorchait, et qu'on séchait, notre jeune capitaine s'occupait de quelques arrangements secondaires qui avaient pour objet le bien-être de son équipage et le chargement du vaisseau.

Pendant qu'on équipait le schooner à Oyster-Pond, il y avait sur le quai un vieux magasin en bois qui appartenait au diacre; mais on l'avait démonté pour le remplacer par une construction plus solide. Roswell avait persuadé à son armateur de transporter à bord les matériaux de ce bâtiment; ce que le diacre avait fait, comme pouvant être utile à l'équipage. Roswell fit mettre tous ces matériaux à la mer, et, après qu'on les eut *flottés* jusqu'au rivage, on les porta sur la cime des rochers. Roswell choisit un endroit pour construire une maison de bois, afin d'éviter la perte de temps qu'entraîneraient les allées et venues du rivage au schooner.

Il n'était pas difficile de trouver l'endroit désirable pour cette construction. Celui que choisit Gardiner était un banc de rochers qui se trouvait exposé au soleil, tandis que des masses de rochers le mettaient à l'abri des vents les plus froids de cette région. Ces murs naturels n'étaient pas assez proches pour que la neige qui pouvait s'y amasser tombât sur le toit de la maison, mais il se trouvait assez d'espace entre les rochers et la maison pour former une cour spacieuse, où il y avait place pour tous les objets qui étaient nécessaires aux travaux ordinaires ou aux besoins des chasseurs de veaux marins.

Il fallait beaucoup de prudence dans la chasse qu'on avait entreprise. Rien n'eût été plus facile, d'abord, que de tuer un grand nombre de veaux marins; mais il fallait traîner leurs dépouilles à travers les rochers. On finit par se servir des chaloupes pour cet objet, quoique, même vers le milieu de l'été, le rivage nord de l'île fût souvent bloqué par la glace. Mais ce que Roswell désirait éviter, c'était d'exciter parmi les animaux une terreur panique par un trop grand carnage; il ne voulait donc employer que des chasseurs expérimentés. En suivant cette règle, on fit mieux et plus que si l'on avait attaqué les veaux marins avec moins de prudence.

On hissa, sans beaucoup de difficulté, les matériaux de la maison sur la cime des rochers. Il se trouvait parmi les hommes d'équipage un ancien charpentier, nommé Robert Smith; d'ailleurs, douze Américains sont toujours capables de construire une maison, leurs habitudes de travail et leur esprit naturel d'initiative les rendant propres à bien d'autres métiers. Mott, autre homme d'équipage, avait travaillé chez un serrurier, et il alluma ses fourneaux. Il n'y avait, au reste, qu'à ajuster les divers compartiments de la maison, et l'on eut terminé ce travail au bout de la première semaine. On divisa la maison en deux chambres, dont l'une fut destinée à servir de salle commune, et l'autre de dortoir. On transporta dans la maison tous les matelas qui étaient à bord. Il fut décidé qu'on mettrait la cargaison sur un banc de rochers qui se trouvait à vingt pieds au-dessus de celui sur lequel on avait construit la maison. De ce côté il était possible d'arriver à un autre banc de rochers qui ne se trouvait pas à plus de cinquante pieds au-dessus du pont du vaisseau. Tout fut donc préparé avec jugement et prévoyance.

Les dix premiers jours se passèrent ainsi; tout le monde travaillant avec une égale ardeur. Pour dire la vérité, on n'observa aucunement le jour du sabbat, que l'équipage semblait avoir oublié à terre, quoiqu'il descendît de ces puritains qui en étaient les rigides observateurs. Cependant la maison était terminée, et quoique ce fût un vieux magasin, elle fut d'une grande utilité. Ceux mêmes qui s'étaient plaints, en partant, de transporter toutes ces planches à bord, furent les premiers à se féliciter d'avoir un toit où ils pouvaient aller se reposer après des journées de travaux. Quoiqu'on fût dans la plus chaude saison de l'année, et qu'on pût à peine donner aux nuits le nom de nuits, cependant le soleil ne baissait jamais beaucoup sans laisser dans l'atmosphère une fraîcheur qui aurait rendu un campement en plein air non-seulement incommode, mais dangereux. Il était même souvent nécessaire de faire du feu dans le magasin. On avait un poêle aussi vieux que la maison, et le schooner se trouvait muni d'une bonne provision de bois. L'avarice même du diacre avait reconnu qu'une telle provision était nécessaire.

Il fallut environ une quinzaine de jours pour achever cette installation provisoire sur la cime d'un rocher, tandis que la chasse aux veaux marins continuait avec beaucoup d'ardeur et de succès. Les victimes étaient si peu farouches, et ignoraient tellement le danger dont les menaçait la présence de l'homme, que l'équipage passait au milieu des veaux marins sans qu'il parût que ces animaux s'en aperçussent, et sans qu'on eût à repousser aucune attaque. On avait le plus grand soin de ne leur causer aucune alarme inutile, et lorsqu'on tuait un animal, on s'efforçait d'exciter le moins d'agitation possible parmi les autres animaux. Cependant, au bout de cette quinzaine, l'opération prenait de telles proportions qu'il fallut que l'équipage entier s'en occupât, et bientôt le banc de rochers qui se trouvait au-dessus de la maison fut couvert de barils et de peaux. S'il ne s'était agi que de tuer, d'écorcher, de sécher et de mettre l'huile en tonneaux, le travail eût été relativement léger; mais il fallait transporter les produits de tout ce travail à des distances considérables, dans certains cas à plusieurs milles, et cela par-dessus des rochers. Roswell Gardiner était persuadé qu'il aurait *rempli* son vaisseau en un mois, s'il lui avait été possible de le mettre à l'ancre près des rochers fréquentés par les veaux marins, et d'éviter toute la perte de temps que lui causait le transport des objets qui devaient former sa cargaison. Cela était impossible, car les vagues et la glace auraient exposé à une destruction certaine un navire qui aurait jeté l'ancre près du rivage nord de l'île. On se servait quelquefois des chaloupes pour transporter des peaux et des huiles en faisant le tour du cap.

Au bout de la troisième semaine, le fond de la cale était plein, et le schooner se trouvait lesté. Il faisait toujours très-beau pour une latitude aussi élevée. Il y avait vingt-trois jours que le schooner était entré dans cette baie, et Roswell se trouvait au bas de la montagne, non loin de la maison, les yeux fixés sur cette longue côte rocheuse, où les éléphants de mer, les lions de mer, les chiens de mer, les sangliers de mer, se balançaient dans leur marche avec autant de sécurité que la première fois qu'il les avait vus. Le soleil se levait, et les veaux marins sortaient de la mer et grimpaient sur le rivage pour jouir de ses rayons.

— Voilà un spectacle agréable pour un chasseur de veaux marins, capitaine Gar'ner, dit Stimson, qui ne quittait guère son chef; un spectacle dont je puis dire que je n'ai jamais vu le pareil. Il y a quelque vingt-cinq ans que je suis dans le métier, et jamais je n'ai rencontré un si bon port pour un vaisseau marchand, ni de si grands troupeaux de veaux marins que la vue de l'homme n'ait point effrayés.

— Nous avons été heureux, Stephen, et j'espère que nous aurons *rempli* le vaisseau assez tôt pour partir avant la saison des glaces. Tout bien considéré, nous avons beaucoup de bonheur.

— Vous appelez cela *bonheur;* mais il y a, suivant moi, un mot qui vaut mieux que ce mot-là, Monsieur.

— Oui, je sais ce que vous voulez dire, Stephen; quoique je ne pense pas que la Providence s'inquiète beaucoup que nous prenions cent veaux marins aujourd'hui ou rien du tout.

— Ce n'est pas là mon idée, Monsieur, et je ne suis pas honteux de l'avouer; suivant mon humble manière de voir, le doigt de la divine Providence est dans tout ce qui se passe. Je ne crois pas, Monsieur, que la Providence veuille que nous prenions aujourd'hui des veaux marins.

— Pourquoi pas, Stimson? C'est le plus beau jour que nous ayons vu depuis que nous sommes dans l'île.

— C'est vrai; et c'est ce beau jour de soleil, si beau pour une latitude si élevée, qui me fait penser qu'un tel jour n'a pas été destiné au travail. Vous oubliez sans doute, capitaine Gar'ner, que c'est aujourd'hui dimanche.

— Vous avez raison, je l'avais oublié, Stephen; mais, pour

nous autres chasseurs de veaux marins, ce n'est point une raison de nous reposer.

— Tant pis pour vous, Monsieur. Voilà mon dix-septième voyage dans ces mers, Monsieur, et je puis dire que je me suis trouvé plus souvent avec des officiers et des équipages qui n'observaient point le dimanche qu'avec des officiers et des équipages qui l'observaient. Eh bien, Monsieur, j'ai reconnu que le repos du dimanche ne faisait que rendre plus propre au travail du lendemain.

Malgré ses préjugés d'esprit fort, Gardiner comprenait que le repos était nécessaire à ses hommes, et qu'il était bon qu'ils pussent élever leur cœur jusqu'à la pensée d'un autre monde.

— Ce n'est point là, reprit-il en s'adressant à Stimson, la manière de voir ordinaire d'un marin. En mer, nous nous occupons bien peu du dimanche.

— Trop peu, Monsieur, trop peu. N'en doutez pas, capitaine Gar'ner, Dieu est sur la surface des eaux comme sur la cime des montagnes; son esprit est partout, et il doit voir avec peine que les êtres humains qu'il a créés à son image soient assez possédés de l'amour du gain pour ne pas trouver l'instant de se reposer, encore moins celui de l'honorer et de le louer !

— Je ne suis pas sûr que vous ayez tort, Stimson, et ce dont je ne doute pas, c'est que vous avez raison au point de vue de l'économie politique. Il doit y avoir des moments de repos et de réflexion. Cependant je regretterais de perdre un si beau jour.

— Meilleur le jour, meilleure l'action, Monsieur. Notre équipage est accoutumé à observer le dimanche, et quoique la part de chacun soit réglée d'après les profits, il n'y a personne de nous, capitaine Gar'ner, qui ne fût content d'entendre dire que c'est aujourd'hui le jour du Seigneur, et que l'on peut quitter ses travaux.

— Allons, Stephen, je crois que vous connaissez l'équipage, et nous avons eu beaucoup d'ouvrage depuis que nous sommes ici : je vous prends au mot, et je donne l'ordre. Allez dire à M. Hasard qu'on ne travaille pas aujourd'hui. C'est dimanche, et ce sera un jour de repos.

La vérité nous force à dire qu'en donnant cet ordre, Gardiner fut très-influencé par la pensée du plaisir qu'il ferait à Marie.

Stimson était heureux de s'entendre donner un pareil ordre, et il se hâta de se rendre auprès du lieutenant pour le lui communiquer. L'équipage, qui avait besoin de repos, l'accueillit avec une véritable satisfaction. On ne vit bientôt plus que matelots se lavant, se rasant et faisant une toilette du dimanche. On leur enjoignit de ne point se promener sur le rivage où étaient les veaux marins, dans la crainte de quelque imprudence qui alarmerait ces animaux.

Stimson était revenu auprès de Gardiner, et tous les deux gravissaient la montagne qui s'élevait à trois cents pieds au-dessus du niveau de la mer. Le chemin était rude et difficile. Vers le sommet de la montagne, ils s'arrêtèrent pour contempler les objets qui les entouraient. Il y avait une chaloupe, tache blanche sur l'Océan, qui, à la faveur d'une brise nord, volait vers le volcan, tandis que la fumée de ce dernier ressemblait à un fanal dans une région où règnent ordinairement les brouillards. La baie se trouvait presque au-dessous d'eux, et en ce moment le capitaine du schooner fut frappé de la petitesse du vaisseau, qui avait pénétré jusque-là à travers les labyrinthes de glaces. Aussi loin que l'œil pouvait atteindre, l'Océan apparaissait tout brillant et tout glacé sous les masses flottantes que portaient ses eaux. L'air était imprégné de ce froid, *qui tuait l'été*, pour nous servir de l'expression des matelots ; cependant le panorama était magnifique. La seule partie de l'Océan où l'on ne vit pas de montagnes de glace, était l'espace qui se trouvait au milieu du groupe des îles, et qui formait comme un estuaire dans un climat tempéré.

— Voilà une belle vue, Stephen, dit Roswell Gardiner, mais nous en aurons une bien plus belle si nous pouvons gravir le cône de cette montagne, et nous tenir sur cette cime toute nue. Je regrette de n'avoir pas apporté un vieux pavillon que j'y aurais planté en l'honneur des *États*[1].

---

1. Les États-Unis.

— Eh bien, suivant moi, capitaine Gar'ner, dit le marin, l'*oncle Sam* a autant de terre qu'il lui en faut. Si l'on pouvait découvrir quelque mer d'une certaine étendue, cela servirait peut-être bien à quelque chose. Les baleines commencent à manquer, et on ne les trouve plus dans leurs anciens parages. Quant aux veaux marins, il faut plonger dans la glace pour obtenir un sourire de leurs agréables figures.

— Je crains, Stephen, qu'il n'y ait plus de mers à découvrir. La lune, elle-même, dit-on, manque d'eau aujourd'hui, et l'on n'y trouverait pas un lac ou un étang à canards.

— La lune manque d'eau, Monsieur! s'écria Stimson tout consterné. Mais que peuvent faire les marins dans la lune si ce que vous dites est vrai, capitaine Gar'ner?

— Il faut bien qu'ils s'en passent. Je pense que les habitants de la lune n'ont guère besoin d'huile et de peaux, Stephen. Mais qu'y a-t-il donc là à l'est?

— Je vois ce que vous voulez dire, Monsieur. Cela ressemble beaucoup à une voile, et à une voile entourée de glaces!

On ne pouvait s'y tromper. On apercevait la blanche voilure d'un vaisseau sur la vaste surface d'une plaine de glace, un peu au nord-est de l'île, qui se trouvait opposée à la baie. Quoique les voiles de ce navire fussent tendues, il était évident qu'il se trouvait serré de près par les glaces, s'il n'y était pas tout à fait enfermé.

Dès qu'il aperçut le vaisseau étranger, Roswell le reconnut. Il fut convaincu que c'était le *Lion de Mer* du Vineyard qui était parvenu à trouver son chemin jusqu'aux îles. Il avait obtenu un si beau succès cependant, et il était maintenant si sûr de remplir à temps son vaisseau, qu'il se préoccupait beaucoup moins de la concurrence du schooner. Au contraire, en cas de danger, il valait beaucoup mieux avoir un compagnon. Dès qu'il aperçut le schooner du Vineyard, le parti de Gardiner fut pris : il résolut de bien recevoir une ancienne connaissance et d'aider Dagget à faire sa cargaison. Roswell et Stephen, renonçant à grimper sur le pic, en descendirent plus vite qu'ils n'étaient montés, et, au bout d'une demi-heure, une chaloupe fut prête. Roswell en prit lui-même le commandement, laissant à son second celui du schooner: Stimson accompagna son capitaine. Roswell avait un excellent cœur; il s'occupait de ses propres intérêts aussi bien que de ceux qui lui étaient confiés; mais il eût volontiers travaillé un mois pour arracher les hommes du Vineyard au danger qui les menaçait. Dès qu'il fut sorti des rochers, il vogua à pleines voiles avec toute la rapidité possible, et filant presque huit nœuds à l'heure.

Il fallut plus de trois heures au vaisseau baleinier de Roswell pour traverser la baie et atteindre le bord de cette vaste plaine de glace, arrêtée par les rochers de la première île du groupe. Dès qu'il eut trouvé une ouverture, Gardiner s'y élança, ordonnant à ses hommes de ramer avec toute la vigueur possible, quoiqu'ils fussent tous convaincus qu'ils s'exposaient au danger le plus imminent.

La chaloupe avait à labourer les glaces plutôt qu'elle ne flottait sur les eaux; jusqu'à ce qu'elle entra dans une passe horriblement étroite, où elle avait à peine la place de se mouvoir. Roswell gagna enfin un point où les deux plaines de glace qui formaient ce détroit se trouvaient en contact presque immédiat. Roswell regarda devant et derrière lui, mit sa chaloupe en sûreté, et s'élança sur la glace en donnant à son patron l'ordre de l'attendre. Le jeune capitaine poussa un cri dès qu'il se vit sur la glace. Le schooner du Vineyard se montrait à un demi-mille de lui, parfaitement reconnaissable et dans un danger évident. Il était entouré de glaces, et courait le plus grand risque d'être mis en pièces avant de pouvoir sortir du péril qui le menaçait.

CHAPITRE XVI.

D'un saut il fut à sa place, et il vogua sur la mer bleue et profonde.

LA FÉE COUPABLE.

Roswell était à peine sur la glace qu'un son effrayant frappa son oreille. Il vit sur-le-champ qu'une pression extérieure avait rompu en deux parties la plaine de glace, et qu'un changement allait avoir lieu qui serait le salut ou la ruine du schooner. Il allait s'élancer pour rejoindre Dagget, lorsqu'il s'arrêta en s'entendant appeler par un homme de sa chaloupe.

— Ces plaines, capitaine Gar'ner, vont se rejoindre, et notre chaloupe sera bientôt brisée, à moins que nous ne la fassions sortir de l'eau.

Il suffit d'un coup d'œil pour convaincre le jeune capitaine de l'exactitude de cette appréciation. La plaine de glace sur laquelle il se trouvait s'avançait lentement et rapprochait sa rive du rivage de glace qui lui était opposé. La passe, par laquelle la chaloupe était venue, se fermait, et l'on entendait le craquement et le brisement des deux bords de glace qui se rencontraient. La pression était si terrible qu'il se détachait des morceaux de glace aussi gros que de petites maisons.

Il n'y avait pas de temps à perdre, et l'on traîna la chaloupe sur la glace dans l'endroit qui parut offrir le plus de sûreté.

— Nous pourrons avoir de la peine à remettre la chaloupe à flot, Stimson, dit Roswell, et il nous en coûtera une nuit hors de nos lits.

— Je ne sais pas, Monsieur, fût la réponse. Il me semble que la glace s'est rompue près de ces rochers ; et s'il en est ainsi, schooner, chaloupe, équipage, nous irons tous à la dérive dans la baie, car je suis sûr qu'il y a un courant qui va de ce point vers notre île ; je m'en suis aperçu en ramant.

— Cela peut être, les courants vont dans tous les sens. Thomson et Todd, continua Roswell, restez ici, pendant que nous autres nous irons trouver le schooner du Vineyard. Il semble être là dans une mauvaise passe, et il n'y aura que de la charité à l'en faire sortir.

Roswell n'avait que trop raison. Le *Lion de Mer* du Vineyard avait essayé de s'ouvrir une route à travers une passe qui se trouvait entre deux grandes plaines de glace, lorsqu'il vit que cette glace se rejoignait et qu'il courait le danger d'être pris entre les deux plaines.

Dagget était un homme de ressources et d'une grande énergie

de caractère. Voyant que la glace se rejoignait de tous côtés, devant comme derrière, et qu'il n'y avait pas moyen d'échapper, il ne songea plus qu'à adopter le seul moyen qui lui restât pour sauver son vaisseau. Il choisit un endroit où une courbe, formée par le bord de la plaine de glace qui se trouvait sous le vent, offrait à son vaisseau un asile momentané; il y fit entrer son schooner et l'y mit à l'ancre. Puis, il s'empressa de couper la glace, d'abord au moyen de haches, ensuite de scies, dans l'espoir de creuser une ouverture qui, en raison de sa dimension et de sa forme, pût recevoir la coque du vaisseau, et en empêcher ainsi la destruction.

Il y avait plusieurs heures que lui et son équipage travaillaient dans ce but, lorsqu'à leur joie et à leur grand étonnement, ils furent tout à coup rejoints par Roswell et ses hommes. Le fait est que l'équipage du Vineyard avait été si absorbé par le danger qu'il courait, et chaque individu si occupé de son devoir, que pas un n'avait aperçu la chaloupe ou même quelqu'un de l'équipage d'Oyster-Pond, jusqu'au moment où Roswell appela Dagget, et annonça sa présence par sa voix.

— Voilà vraiment du bonheur, capitaine Gar'ner, dit Dagget en secouant la main de Roswell avec beaucoup de cordialité, — oui, du bonheur! J'espérais bien vous rencontrer quelque part près de ce groupe d'îles, car elles se trouvent là précisément où feu mon oncle m'a donné à penser, par ses cartes, qu'on pourrait rencontrer des veaux marins; mais je n'espérais pas vous rencontrer ce matin. Vous voyez ma position, capitaine Gar'ner, et le danger terrible qui nous menace!

— Mais vous avez déjà pris quelques précautions. Comment avez-vous fait pour réussir à creuser cette ouverture où vous avez fait entrer le schooner?

— Eh! nous aurions pu réussir moins bien, quoiqu'il eût été plus agréable de mieux nous en tirer encore. Ce n'est qu'une aventure de mer ordinaire, tant que nous pouvons travailler au-dessus de l'eau, et vous voyez que nous avons creusé pour le schooner un beau bassin jusqu'à l'eau; mais plus bas, ce serait un travail inutile. La plaine de glace a quelque trente pieds d'épaisseur, et il ne pourrait être question de s'y ouvrir un passage au moyen de la scie. Tout ce que nous pouvons faire, c'est d'en couper des morceaux diagonalement. J'aime à croire que sous ce rapport, nous nous sommes déjà mis en mesure de caler le schooner, de manière à ce qu'il puisse se relever, pour peu qu'on le pousse avec vigueur. J'ai entendu parler de ces choses-là, capitaine Gar'ner, quoique je ne puisse pas dire les avoir vues.

— Il ne faut pas trop compter là-dessus ; cependant, il est certain qu'il faut couper cette glace; et qu'il est possible que votre schooner soit soulevé, comme vous paraissez l'espérer. A-t-on fait quelque chose pour donner plus de solidité au bois du vaisseau?

— Pas encore, quoique j'y aie aussi pensé. Mais qu'est-ce que le vaisseau le plus solide qui ait jamais flotté sur la mer, contre la pression d'une si énorme plaine de glace? Ne vaudrait-il pas mieux continuer de couper?

— Vous pouvez continuer de vous servir de la scie et de la hache, moi je m'occuperai à donner quelque solidité aux parois du vaisseau. Indiquez-moi les espars et les planches dont vous pouvez vous passer, et nous verrons ce qu'il y aura à faire. Au moins, mes garçons, pouvez-vous travailler maintenant avec la certitude que vos vies sont en sûreté ; mon schooner est à six lieues de vous environ, aussi en sûreté que s'il était dans un bassin. Voyons, capitaine Dagget, montrez-moi vos espars et vos planches.

Quoique moins expansifs que les marins anglais, les matelots américains savent aussi bien que ceux qui font plus de bruit, combien certains services méritent de reconnaissance. Les hommes du Vineyard ressentaient beaucoup de gratitude et de joie du secours qui leur arrivait, et, de part et d'autre, on se mit à l'ouvrage avec zèle et activité.

La tâche de Roswell Gardiner était à bord du schooner du Vineyard, tandis que l'équipage de Dagget continuait d'être sur la glace.

Ce dernier se remit à couper et à scier la plaine de glace. Quant à Gardiner, il remplit avec beaucoup d'intelligence le devoir qu'il s'était imposé. On coupa des espars à la longueur qui était nécessaire, on plaça intérieurement des planches sur les parois du vaisseau, dans sa partie la plus large, en face les unes des autres, et on les assujettit de proche en proche, par des espars qui formaient les coins, de manière à donner une solidité nouvelle à la construction du schooner. En une heure environ, Roswell eut terminé sa tâche, tandis que Dagget ne voyait guère ce qu'il pouvait faire de plus. Ils se rencontrèrent sur la glace pour se consulter, et pour examiner l'état des choses autour d'eux. La plaine de glace la plus éloignée, celle qu'on pouvait appeler extérieure, n'avait cessé d'empiéter sur la plaine de glace voisine et intérieure, brisant les bords de l'une et de l'autre, tellement que les points où elles se rejoignaient étaient marqués par une longue ligne de morceaux de glaces brisés qui s'étaient reportés violemment à la surface, et qui formaient de hautes piles dans l'air. Il y avait encore, cependant, des intervalles libres entre les deux plaines de glace, grâce à l'irrégularité de formes des deux plaines, et Dagget espérait que la petite baie où il avait conduit son schooner ne serait pas entièrement bloquée avant qu'un changement de vent ou de marée empêchât la terrible pression dont il était toujours menacé.

Il n'est pas facile, pour ceux qui ont été habitués à ne considérer les objets naturels que sous leurs aspects les plus familiers, d'apprécier le poids énorme qui lentement dérivait au-devant du schooner. Le mouvement de cette masse de glace était lent, mais il avait un caractère de grandeur par sa continuité et sa puissance. Et lorsqu'on a vu sur le rivage d'un lac ou d'une rivière la force avec laquelle s'avance un glaçon poussé par une brise ou un courant, on peut se former une idée de la majesté du mouvement d'une plaine de glace qui avait des lieues de diamètre, et qui recevait l'impulsion d'un vent de l'Océan, de courants et de lourdes montagnes de glace qui dérivaient vers cette vaste plaine. Il est certain que le grand mobile était à une distance éloignée, et que ceux qui se trouvaient autour du schooner pouvaient difficilement s'en rendre compte; cependant, ces derniers appréciaient le caractère du danger qui, à chaque minute, semblait plus imminent et plus terrible. Les deux plaines se rapprochaient toujours et avec une puissance irrésistible qui menaçait le malheureux vaisseau d'une destruction prochaine. L'espace d'eau qui se trouvait près du schooner s'était déjà tellement rétréci, qu'une demi-heure pouvait suffire pour que la glace couvrît celui qui restait encore libre.

— Quel bruit! s'écria Dagget. Est-ce l'éruption d'un volcan?

Dagget fut d'abord disposé à croire que ce son était produit par quelques convulsions intérieures. Mais il ne fut pas longtemps de cette opinion, et il s'empressa de dire :

— C'est la glace. Je crois que la pression l'a fait rompre sur les rochers de cette île. S'il en est ainsi, la plaine de glace qui se trouve sous le vent, disparaîtra aussitôt que l'autre plaine approchera.

— Je ne crois pas, dit Roswell, les yeux fixés sur l'île; car la plaine qui est le plus au vent en recevra toute l'impulsion, comme aussi celle des montagnes de glace. Cela peut diminuer la violence du coup, mais je ne crois pas que cela puisse le détourner.

L'opinion de Roswell se trouva confirmée par tout ce qui arriva ensuite, jusqu'à ce que le bord de la plaine de glace extérieure vint toucher les œuvres vives du schooner; mais après quelques instants de vive anxiété causée par le craquement de la coque même du navire, il arriva qu'en raison de la forme du navire, qui était très-fine, le schooner reçut de la glace qui s'étendait sous sa quille une commotion subite comme s'il avait été tout à coup délivré de sa prison. Le mouvement fut terrible, et plusieurs hommes d'équipage ne purent s'empêcher de tomber. En effet, le schooner était délivré; car un moment de plus, et il était en pièces. Il se trouvait maintenant dans le bassin que son équipage lui avait préparé par de longues heures de travail.

— Nous le sauverons, Dagget! nous le sauverons, s'écria Roswell avec une vraie cordialité, oubliant dans ce moment d'effort généreux tout sentiment de rivalité. Je sais ce que vous voulez, mon garçon; je l'ai compris tout d'abord. Cette haute terre est le point que vous cherchez, et sur le rivage nord de cette île sont des éléphants, des lions, des chiens, des sangliers de mer, et d'autres animaux en assez grand nombre pour remplir tout schooner qui sortit jamais du Vineyard.

— Voilà ce que j'aime, dit Dagget donnant une poignée de main amicale à Gardiner; la chasse de veaux marins doit toujours se faire en société, et un vaisseau ne peut pénétrer seul dans des latitudes aussi élevées. Il arrivera des accidents aux hommes les plus prudents, comme il m'en est arrivé à moi-même; car, pour dire la vérité, nous l'avons échappé belle!

Le lecteur se souviendra que l'homme qui parlait ainsi se trouvait en face de son vaisseau couché sur la glace, et dans une position qui aurait désespéré la moitié des marins de cette partie du monde. Il en était ainsi de Dagget. A sept mille lieues de chez lui, seul dans une mer inconnue et ne sachant pas s'il trouverait jamais le parage qu'il cherchait, cet homme s'était ouvert un chemin parmi des montagnes et des plaines de glaces avec moins d'hésitation peut-être qu'un *fashionable* n'en éprouve à traverser une rue légèrement mouillée par la pluie. Dans le moment même où la glace venait d'atteindre son vaisseau avec tant de violence, il se félicitait d'avoir découvert une pêcherie d'où il ne pouvait revenir qu'en rencontrant les mêmes dangers. Quant à Roswell, il rit un peu de l'opinion que Dagget venait d'exprimer sur la chasse des veaux marins; car il était intimement persuadé que l'homme du Vineyard aurait gardé le secret, s'il en avait été seul maître.

— Eh bien, eh bien, dit-il, oublions le passé! Vous m'avez secouru à Hatteras, et je vous ai rendu ici quelques services! Vous connaissez la règle dans notre profession, Dagget : le premier arrivé, le premier servi. Je suis arrivé le premier, et j'ai écrémé l'affaire pour cette saison, quoique je ne veuille pas dire du tout que vous arriviez trop tard.

— J'espère que non, Gar'ner. Il serait vexant d'avoir eu toute cette peine pour rien. Combien avez-vous recueilli d'huile?

— Toute ma cale est remplie. Ce sont les peaux qui nous produiront le plus.

Cette nouvelle excita la convoitise de Dagget, et on put le voir aux regards qu'il lançait.

— C'est du bonheur, reprit-il, si tôt dans la saison! Ces animaux commencent-ils à se montrer effarouchés?

— Pas plus que le premier jour où nous les avons chassés. J'ai eu soin de ne confier cette opération qu'à des hommes expérimentés, et je leur ai donné l'ordre rigoureux d'alarmer le moins possible ces animaux. Si vous voulez *remplir* votre schooner, je vous conseille de prendre les mêmes précautions, car la fin de la saison commence à approcher.

— Je passerai l'hiver ici, dit Dagget du ton le plus résolu, s'il n'était pas tout à fait sérieux. J'ai eu assez de peine à découvrir ce groupe d'îles, et nous autres gens du Vineyard, nous ne pouvons nous faire à l'idée d'être vaincus.

— Ce serait bien une autre affaire, répondit Roswell en riant, si vous restiez ici l'hiver. Le *Lion de Mer* du Vineyard ne suffirait pas pour vous chauffer, et il vous faudrait l'été prochain revenir sur vos tonneaux, ou rester toujours ici.

— J'espère qu'on aurait l'espoir de vous y revoir, reprit Dagget en regardant son compagnon, comme s'il était sérieusement décidé à exécuter une résolution aussi désespérée. Il est rare qu'un chasseur de veaux marins oublie un pays comme celui que vous venez de décrire.

— Je pourrais revenir, dit Roswell, et je pourrais ne pas revenir, — ajouta-t-il en pensant à Marie; car il se demandait si elle pourrait encore le tenir en suspens, dans le cas où il aurait réussi dans son voyage; — cela dépendra d'autrui plutôt que de moi-même..... Mais, capitaine Dagget, il faut nous occuper de votre schooner. Il faut qu'il soit dans la baie avant la nuit.

En ce moment les deux plaines de glaces étaient à plusieurs brasses l'une de l'autre; la plus petite, ou celle sur laquelle se trouvait le vaisseau, dérivait rapidement vers la baie sous l'influence du vent et du courant, tandis que la plus grande plaine avait été arrêtée par les îles. La plaine la moins grande avait beaucoup perdu de sa surface, parce qu'elle avait été brisée par les rochers, quoique le fragment qui s'en était détaché eût plus d'une lieue de diamètre, et fût d'une épaisseur qui dépassait plusieurs mètres.

Quant au *Lion de Mer* du Vineyard, il était comme sur un banc de rochers. L'impulsion de la grande plaine de glace avait été si irrésistible, qu'elle l'avait soulevé en dehors des eaux, comme deux ou trois hommes tireraient un simple canot sur une grève. Heureusement pour le schooner, cette force était venue d'en bas. Il en résultait que le vaisseau n'avait pas eu à supporter de grandes avaries.

— Si l'on pouvait l'enlever de là, dit Dagget, aussi facilement qu'il y a été mis, ce ne serait pas une grande affaire. Mais le voilà sur une glace qui a au moins vingt pieds d'épaisseur, et qui semble aussi dure que de la pierre.

Gardiner conseilla de faire usage de la scie pour pratiquer aux extrémités du schooner deux entailles profondes dans la glace, avec l'espoir que le poids du vaisseau viendrait en aide aux travailleurs et le ferait rentrer, comme disent les journaux, dans son élément natal. Il n'y avait pas, en effet, autre chose à faire, et l'on suivit le conseil de Gardiner. On parvint, après de grands efforts, à pénétrer jusqu'à l'eau ; on entendit alors un craquement dans la glace ; le schooner se redressa lentement et se trouva lancé dans la mer comme s'il l'avait été d'après tous les principes de la science.

Cet heureux résultat de plusieurs heures de travaux arriva au moment où la plaine de glace se trouvait dans le centre de la baie. Hasard revenait en ce moment du volcan, et il s'arrêta pour parler aux étrangers. Il rapportait qu'en effet il y avait là un volcan, et un volcan en éruption, mais qui n'avait rien de remarquable. La stérilité et une froide grandeur caractérisaient toute cette région. Au moment du coucher du soleil, Gardiner pilota son compagnon dans le port, et les deux *Lions de Mer* se trouvèrent mouillés l'un à côté de l'autre.

CHAPITRE XVII.

> L'air du matin lui envie sa fraîche haleine ; les vagues dansent joyeusement sous ses yeux ; les oiseaux de la mer s'appellent en voltigeant. O lumière bénie du matin !
>
> DANA.

Le lendemain même de l'arrivée du *Lion de Mer* du Vineyard, Dagget entreprit la chasse des veaux marins. On tua un beaucoup plus grand nombre de ces animaux, mais si tranquillement, qu'on n'excita que peu d'alarme parmi eux. Dagget avait apporté dans son schooner un chariot, dont on reconnut bientôt la grande utilité comme moyen de transport pour l'huile et les peaux de veaux marins. Ce chariot avança ainsi l'opération d'au moins un mois. Les deux équipages, ayant moins de travail, n'en furent que de meilleure humeur.

Un mois après, Dagget disait à Roswell : — Voici le 1er de février, vous partirez bientôt, sans doute ; et dès que votre cargaison sera complète ?

— Non, capitaine Dagget, je ne puis songer à laisser un autre homme, un compatriote dans cet endroit isolé, ne sachant s'il pourra jamais en sortir.

Dagget, étonné de la générosité de Roswell, voulut lui offrir une part dans ses profits ; mais Roswell refusa en lui disant de s'entendre avec les hommes de l'équipage d'Oyster-Pond, et que, pour les officiers, ils étaient tous déterminés à ne lui rien demander pour un concours tout fraternel. Quant à Roswell, sa meilleure récompense, celle sur laquelle il comptait, était l'approbation de Marie.

Dagget accepta de grand cœur, comme on le pense bien, l'offre de Roswell. Ils s'étaient proposé ce jour-là de gravir la haute montagne qui se trouvait au centre de l'île, et, après deux heures de marche à travers les fragments de rochers dont l'île était comme semée, ils arrivèrent à la base du cône qui formait le dernier piton de la montagne. Là ils se reposèrent et prirent quelques rafraîchissements.

— Quoiqu'il n'y ait point de neige sur les rochers, nous aurons de la peine à faire cette ascension, dit Gardiner.

— Nous sommes dans la canicule du pôle Antarctique, dit Dagget en riant, et il faut en profiter de notre mieux. J'ai entendu dire que dans la région où nous sommes il y a quelquefois de la glace dans les baies, même au milieu de l'été.

— Cette latitude n'est pas assez élevée pour cela, Dieu merci! quoique nous soyons bien au sud.

Tandis que Gardiner parlait ainsi, leurs yeux étaient fixés sur le spectacle de stérilité qui les entourait.

Cette île ne se trouvait pas tout à fait privée de végétation, comme cela se voit à quelques degrés plus loin au sud; mais on pouvait à peu près dire qu'il en était ainsi. On remarquait quelques plantes rabougries dans les fissures des rochers. Quant à la montagne, elle était presque nue, et lorsque Dagget et Roswell, accompagnés de Stimson, commencèrent à gravir le sommet de cette montagne, ils en trouvèrent certains endroits non-seulement difficiles, mais dangereux. C'est ce que Roswell avait prévu, et il avait pris ses précautions en conséquence.

Les trois marins s'étaient pourvus de lances et de piques pour s'aider dans leur marche, et même de cordes, dans la prévision des difficultés qu'ils rencontreraient en descendant. L'ascension d'une montagne qui a mille pieds de haut n'a rien de surprenant dans les circonstances ordinaires; même lorsqu'il faut traverser des gorges, des ravins, des fragments brisés de rochers, il n'y a rien là dont ne puissent triompher l'activité, la jeunesse et le courage. C'est ce qui arriva à nos trois chasseurs de veaux marins, qui se trouvèrent tous sur la cime nue de la montagne, après une ascension hasardeuse.

Une vue magnifique, d'un éclat extraordinaire, vint récompenser nos aventuriers de leurs fatigues, et ils purent contempler un panorama incomparable. On apercevait de tous côtés des montagnes de glace, excepté dans les grandes baies; le groupe d'îles s'en trouvait entouré d'une manière qui semblait annoncer comme prochain un véritable blocus. En ce moment les vents du sud régnaient, quoiqu'il y eût des changements fréquents de température. Gardiner voyait que la passe à travers laquelle il était entré était presque entièrement fermée, et qu'on n'en pouvait sortir que par une issue qui était au nord.

Au nord, il restait donc une issue. Gardiner et Dagget pensèrent tous les deux, en jetant les yeux de ce côté, qu'il serait aisé de diriger le vaisseau de ce côté, et qu'au bout de quarante-huit heures on serait sorti des glaces. Cette vue excita quelques regrets chez les deux capitaines.

— Chaque minute, dit Dagget, a du prix pour des hommes qui se trouvent dans notre situation.

— Chaque minute a du prix pour tous les hommes, capitaine Dagget, dit Stimson avec une grande franchise de zèle et cette liberté chrétienne qui lui était ordinaire.

— Je vous comprends, Stephen, dit Dagget, et je ne veux pas vous contredire. Mais les chasseurs de veaux marins ne se préoccupent pas beaucoup ordinairement de l'observation du dimanche et des pratiques religieuses.

— On peut, Monsieur, observer partout le dimanche. Dieu est sur le rocher nu comme il est au Vineyard, et une pensée en son honneur sur cette montagne peut lui être aussi agréable que dans une église.

— Je crois qu'on aurait tort de ne pas donner aux hommes d'équipage quelques instants de repos, reprit Roswell; et quoique je ne porte pas les choses aussi loin que Stimson, je suis entièrement de son avis à cet égard.

— Et vous ne croyez pas, Monsieur, que l'esprit de Dieu soit dans cette île?

— Je le crois; ni Dagget, ni moi, ne sommes disposés à repousser de telles opinions. S'il y a aucun endroit de la terre où l'on soit disposé à honorer Dieu, s'écria-t-il, assurément c'est ici! Jamais de ma vie mes yeux n'ont rien vu de si grand ni de si beau!

Notre jeune marin avait mille fois raison de s'exprimer ainsi. Il faisait beau temps pour cette région, mais on remarquait cependant cette lumière capricieuse et changeante des latitudes élevées.

Il y avait du brouillard dans certains endroits, et au sud on apercevait quelques tourbillons de neige, quoique l'Océan, au nord du groupe d'îles où l'on se trouvait, étincelât de l'éclat d'un soleil brillant. C'était le caractère mixte de cette vue qui lui donnait quelque chose de spécial, tandis que sa grandeur, sa sublimité, et même sa beauté, consistaient dans son étendue immense, ses montagnes de glaces flottantes reflétant la vive lumière du soleil, et l'été mêlé à la nature polaire.

— C'est un endroit remarquable, je ne puis le nier, dit Dagget, mais je ne puis dire que j'aime beaucoup les paysages, à moins qu'ils ne me donnent l'espoir d'un gain quelconque.

— Servez Dieu et révérez son saint nom, dit Stimson, et vous aimerez tous les endroits; j'ai été au Vineyard, et je n'ai point pensé à l'endroit où je me trouvais, dès que mon cœur était pur.

— Il faut qu'un pauvre homme travaille, dit Dagget en reportant ses regards des plus brillantes montagnes de glace sur le rivage rocailleux qui était fréquenté par des milliers de veaux marins.

Dagget ne songeait qu'aux profits qu'il espérait tirer du voyage, tandis que Roswell songeait à Oyster-Pond et à Marie. Il la voyait toujours, simple de cœur, avec sa modestie et sa beauté de jeune fille. Il la voyait toujours pieuse; car il est étrange de dire que Gardiner estimait encore plus sa maîtresse à cause de cette même foi qu'il ne partageait point lui-même. Il n'était pas irréligieux par système, mais sceptique. Quant à Marie, il trouvait juste qu'elle crût ce qu'on lui avait enseigné avec tant de persévérance; car il n'admirait point l'esprit d'examen chez les femmes qui aiment les nouveautés et les paradoxes. Si Marie avait été moins pieuse, qu'elle eût moins cru en Jésus-Christ fils de Dieu, ce jeune homme sceptique l'aurait moins aimée.

Après une heure passée sur cette cime toute nue, un changement de temps eut lieu tout à coup et décida nos trois aventuriers à descendre de la montagne. Déjà l'on n'apercevait plus le volcan, mais une nuée de neige passa au-dessus de la montagne, qui devint toute blanche en un instant. La chute de la neige était si abondante que bientôt il fut impossible de voir à une douzaine de mètres, et que toute la plaine de l'île disparut sous la même couche. C'est dans ce moment peu propice que nos aventuriers entreprirent de quitter la montagne.

Il est toujours moins dangereux de gravir une montagne que d'en redescendre. Roswell le sentait bien, et il aurait proposé d'attendre que l'atmosphère s'éclaircît, mais il craignait qu'il ne fallût attendre trop longtemps.

Il résolut donc de suivre Dagget, quoique à contre-cœur, et avec toute la prudence possible. Stimson fermait la marche.

Pendant les dix premières minutes, nos aventuriers s'avancèrent sans beaucoup de difficulté. Ils observèrent le point exact où ils avaient gravi la montagne, et ils commencèrent à la redescendre. On vit bientôt combien la prudence était nécessaire, car la neige rendait les sentiers glissants. Dagget était plein de hardiesse, et il marchait en tête de ses compagnons, leur disant de le suivre et de ne rien craindre. C'est ce qu'ils firent, quoique avec beaucoup plus de prudence que celui qui les conduisait. Ils arrivèrent enfin tous les trois dans un endroit où il sembla qu'il leur était impossible de triompher des obstacles qu'ils rencontraient. Au-dessous d'eux était la surface unie d'un rocher déjà couverte de neige tandis qu'ils ne pouvaient voir assez loin devant eux pour découvrir où menait cette surface inclinée. Dagget, cependant, prétendit qu'il connaissait l'endroit, et qu'ils venaient tous de le traverser. Il y avait, suivant lui, un grand banc de rochers au-dessous d'eux, et une fois sur ce banc, il y aurait un long détour à faire pour atteindre certain ravin qui offrirait une route assez facile. Ils se rappelaient bien le banc de rochers et le ravin ; toute la question était de savoir si le premier se trouvait au-dessous d'eux, et aussi près que Dagget le supposait. Celui-ci se laissa entraîner par un excès d'audace, et il refusa même une corde que lui tendit Roswell, s'asseyant sur la neige, et se laissant glisser en avant. Il eut bientôt disparu.

— Qu'est-il devenu ? s'cria Roswell s'efforçant de percer l'espace du regard : on ne le voit pas !

— Tenez la corde et donnez-moi l'autre bout, dit Stimson; j'irai à la découverte.

Comme il était évidemment plus dangereux de rester le dernier et de descendre sans le secours de personne, Roswell acquiesça à cette proposition et fit descendre le patron au bas du rocher jusqu'à ce qu'il l'eût perdu de vue. Mais quoiqu'il eût disparu au milieu de cet orage de neige, Stimson ne se trouvait pas hors de la portée de la voix.

— Allez plus à droite, Monsieur, dit le marin, et soutenez-moi avec cette corde.

C'est ce que fit Roswell, qui, au degré d'élévation où il se trouvait, rencontrait sous ses pieds un terrain assez égal. Au bout de quelques instants, Stimson agita la corde et adressa encore la parole à Gardiner.

— Capitaine Gar'ner, dit-il, je suis maintenant sur le banc de rocher, et le chemin n'est pas mauvais. Laissez aller la corde sur la neige, Monsieur, et glissez aussi doucement que vous pourrez. Tenez-vous bien de ce côté, je serai là pour vous ramasser.

Gardiner comprit tout cela parfaitement. En se tenant près de la corde il atteignit le banc de rochers précisément à l'endroit où Stimson était prêt à le recevoir, ce dernier arrêtant l'impulsion imprimée à Roswell par la pente sur laquelle il glissait, en se jetant au-devant de son officier. Grâce à cette précaution, Roswell fut arrêté à temps; sans cela il aurait passé par-dessus le banc de rochers et sur une pente qui était presque perpendiculaire.

— Et qu'est-il arrivé à Dagget? demanda Gardiner dès qu'il se retrouva sur ses pieds.

— Je crois, Monsieur, qu'il a passé par-dessus le rocher. A l'endroit où j'ai atteint ce banc de rochers, il y avait si peu d'espace que j'ai eu beaucoup de peine à marcher, et que je n'aurais pu y réussir si la corde ne m'avait soutenu; à en juger par les traces qui sont dans la neige, il faut croire que le pauvre homme a roulé en bas.

C'était là une bien triste nouvelle, surtout dans un tel moment. Mais Roswell n'en fut point découragé. Il sonda d'abord le précipice avec la corde jusqu'à ce qu'il fût sûr d'en toucher le fond à une distance d'environ six brasses. Il se fit ensuite fortement attacher par Stimson, et il descendit ainsi hardiment au fond de ce précipice, dont il atteignit la base à peu près à la distance qu'il avait calculée.

Il neigeait avec beaucoup de violence, les flocons étaient épais, et tourbillonnaient aux angles des rochers, quelquefois avec une une telle impétuosité, que les sens du jeune homme en étaient confondus. Il était résolu cependant, et il obéissait à un sentiment d'humanité en ce moment. Mort ou vif, il fallait que Dagget se trouvât quelque part, et, plein d'inquiétude, Roswell se mit à marcher au milieu des fragments de rochers.

Le rugissement des vents l'empêchait presque d'entendre d'autres sons; cependant une fois ou deux il entendit ou crut entendre les cris de Stimson, qui se trouvait au-dessus de lui. Tout à coup le vent tomba, la neige devint moins abondante et cessa presque entièrement, et les rayons du soleil jetèrent un vif éclat sur les parois du rocher. Au bout d'un instant, les yeux de Roswell rencontrèrent l'objet qu'ils cherchaient.

Dagget avait été entraîné par-dessus le banc de rochers où Stimson avait d'abord mis le pied, n'ayant aucun moyen de s'arrêter dans sa chute. Il mit la lance en avant, mais la pointe ne rencontra que l'air. La chute, cependant, ne fut point perpendiculaire; plusieurs saillies de rocher aidèrent à l'amortir, quoiqu'il soit probable que l'infortuné chasseur de veaux marins parvint à se sauver au moyen de sa lance. Il la tenait au-dessous de lui au moment où il acheva de descendre, et glissa toujours le long de cette lance jusqu'à ce qu'il fût arrivé dans un endroit où se trouvait le seul vestige de végétation rabougrie qu'on pût voir à une grande distance. Il tomba sur une mousse assez épaisse, et sa chute en fut moins violente.

Lorsque Roswell eut enfin trouvé son malheureux compagnon, ce dernier avait toute sa connaissance et possédait tout son sang-froid.

— Grâce à Dieu, vous m'avez trouvé, Garner, dit-il; j'en ai désespéré un instant.

— Dieu merci, vous vivez, mon ami, répondit Roswell; je

croyais ne trouver que votre corps, mais il ne paraît pas que vous soyez dangereusement blessé.

— Plus qu'il ne paraît, Gar'ner, plus qu'il ne paraît. J'ai certainement la jambe gauche cassée, et une de mes épaules me fait beaucoup de mal, quoiqu'elle ne soit ni cassée ni démise. C'est un bien grand contre-temps dans un voyage entrepris pour la chasse des veaux marins.

— Ne songez pas à cela, Dagget, je me charge de votre affaire.

— Veillerez-vous au schooner, Gar'ner? promettez-moi cela, et mon esprit sera en paix.

— Je vous le promets; les deux vaisseaux resteront à côté l'un de l'autre, jusqu'à ce que nous nous soyons débarrassés des glaces.

— Oui, mais ce n'est pas tout, il faut que mon *Lion de Mer* ait sa cargaison aussi bien que le vôtre. Promettez-moi cela.

— Cela sera, s'il plaît à Dieu. Mais voilà Stimson. La première chose à faire est de vous tirer d'ici.

Les promesses de Roswell tranquillisèrent Dagget, car, au milieu des angoisses de la douleur, ses pensées se reportaient sur son vaisseau et sa cargaison. Maintenant qu'il éprouvait moins d'inquiétude à cet égard, il devenait plus sensible aux souffrances du corps. Mais, comment transporter Dagget? Il avait la jambe cassée un peu au-dessus de la cheville et des contusions en plusieurs endroits. Il était impossible de lui donner du secours sur le rocher où il se trouvait étendu, et la première chose qu'il y eût à faire, était de le transporter dans un lieu où l'on pourrait le soigner. Heureusement, on n'était pas à une grande distance du pied de la montagne, et, avec des précautions et de la vigueur de jarret, l'on pouvait arriver à une partie basse du rocher. Roswell et Stimson soulevèrent Dagget et le tinrent assis, en lui faisant passer un bras autour du cou de chacun d'eux. Le blessé dut à cette circonstance le succès d'une opération de chirurgie tout à fait accidentelle, qui fut très-heureuse pour lui. Tandis qu'il était suspendu de cette manière, l'os se remit en place, et Dagget s'aperçut de ce fait important, dont il donna aussitôt connaissance à Roswell.

Les matelots ont souvent à remplir les fonctions de médecins, de chirurgiens et de prêtres. Il était déjà arrivé à Roswell, en deux occasions, de remettre des membres, et il savait à peu près ce qu'il avait à faire. Dagget se trouvait maintenant assis sur un rocher, au bas de la montagne, les jambes pendantes et le dos appuyé contre un autre rocher. A peine l'avait-on placé ainsi, qu'on envoya Stimson en toute hâte chercher du secours.

Quant à Roswell, il se disposa à remplir la partie la plus importante de ses fonctions. Dagget l'aida de ses conseils, et même un peu de ses propres efforts; car un marin ne reste point passif lorsqu'il peut prêter son concours à ce qu'on fait pour lui.

En découvrant le membre, Roswell se convainquit bientôt que l'os s'était remis à sa place. Il y appliqua des bandages, tandis qu'on faisait des éclisses.

Il est remarquable que Dagget prit son couteau et aida à effiler les éclisses pour leur donner la forme et l'épaisseur convenables. Au bout d'une demi-heure, Roswell eut terminé l'opération avant qu'il y eût beaucoup d'enflure. Dès qu'il eut donné ses soins à la jambe cassée de Dagget, il la souleva doucement et la plaça sur le rocher, à côté de l'autre jambe, dans une position horizontale.

Il y eut quatre pénibles heures à passer avant que les hommes qu'on était allé chercher arrivassent au bas de la montagne. Ils parurent enfin, amenant une charrette à bras dont on s'était servi pour convoyer les peaux de veaux marins à travers les rochers, et qui allait servir à transporter Dagget.

On eut bientôt placé Dagget dans cette charrette; quatre hommes le soulevèrent et le portèrent à quelques centaines de mètres; d'autres les relayèrent, et de cette manière on arriva à la maison. Là on mit le patient dans son lit, et on lui donna tous les soins possibles dans les circonstances. Comme les hommes d'équipage ne se trouvaient guère que la nuit dans le dortoir, il pouvait dormir, et Roswell avait l'espoir, comme il le dit à Stimson, que Dagget serait debout dans un mois ou six semaines.

CHAPITRE XVIII.

> Il va là où à peine un été sourit, sur les rochers de Behring ou dans les îles nues du Groënland; froides à minuit les brises viennent souffler des déserts qui dorment dans la neige éternelle, et elles apportent, avec le rugissement tumultueux des vagues, le long hurlement du loup des rives d'Ooualaska.
>
> CAMPBELL.

Roswell parut très-pensif le lendemain matin en vaquant à ses occupations ordinaires. Peu lui importait maintenant que Dagget se trouvât dans l'île des Veaux Marins; mais restait le secret du trésor caché. Si les deux schooners ne se quittaient plus, comment pouvait-il s'acquitter de cette partie de ses devoirs, sans consentir à une association contre laquelle se révolterait toute la nature morale et physique du diacre Pratt? Cependant il avait donné sa parole, et il ne pouvait partir. Il se détermina donc à aider le *Lion de Mer* du Vineyard à compléter sa cargaison, se réservant plus tard de se débarrasser de son compagnon de voyage lorsque les deux vaisseaux feraient voile vers le nord.

Le lieutenant du schooner de Dagget, quoique bon chasseur de veaux marins, avait beaucoup d'impétuosité dans le caractère, et plus d'une fois il lui était arrivé de blâmer la prudence de Roswell. Macy, c'était son nom, pensait qu'il fallait livrer une attaque générale aux veaux marins, et puis compléter ensuite l'opération en faisant sécher les peaux. Il avait vu faire de ces choses avec succès, et il croyait qu'il n'y avait pas de meilleur système à suivre. Un de ces beaux matins, comme il disait, le capitaine Gar'ner sortirait, et il trouverait son troupeau (les veaux marins) parti pour d'autres pâturages. C'était là une opinion que Roswell ne pouvait partager. Sa politique de prudence avait produit d'excellents résultats, et il espérait qu'il en serait ainsi jusqu'à ce qu'il eût complété la cargaison des deux schooners.

Le lendemain matin, au moment où les hommes se rendaient

au rivage, il renouvela ses avis en sa qualité de commandant des deux schooners, et signala en particulier aux nouveaux arrivés la nécessité de ne point alarmer les veaux marins plus qu'il n'était indispensable de le faire. On lui répondit : — Oui, oui, Monsieur, — comme à l'ordinaire, et les hommes traversèrent les rochers, très-disposés en apparence à obéir à ses injonctions.

Cependant les circonstances n'étaient pas faites pour donner à Roswell, sur l'équipage du Vineyard, l'influence qu'il exerçait sur son propre équipage. C'était un jeune commandant, et il faisait pour la première fois le voyage en cette qualité, ce que tout le monde savait; il y avait eu entre les deux équipages un esprit de rivalité et de concurrence, qui ne pouvait si facilement disparaître; puis Macy se regardait comme le légitime commandant du schooner en l'absence de Dagget, et il croyait que ce dernier n'avait point le droit de le soumettre, lui et l'équipage du Vineyard, à l'autorité d'un autre commandant.

On a dit avec sagesse : « Le nom du Roi est une forte tour. » Ceux qui ont la loi de leur côté, ont une puissance que le raisonnement a de la peine à ébranler. On est disposé à montrer de la déférence envers ceux qui sont armés de la loi; elle suffit en effet pour donner la victoire autant que la justice de la querelle qu'on peut soutenir. Dans un certain sens l'autorité devient la justice.

— Le *commodore* prétend qu'il faut traiter les *créatures* avec ménagement, dit Macy en riant, tandis qu'il portait son premier coup de lance à un veau marin; prenez ce petit bijou, mes garçons, et mettez-le dans son berceau, pendant que je vais chercher sa maman.

Un éclat de rire répondit à cette saillie, et les hommes n'en furent que plus disposés à se montrer insubordonnés et turbulents, en voyant avec quelle liberté leur officier venait de s'exprimer.

— L'enfant est dans son berceau, monsieur Macy, reprit Jenkins, qui était un loustic comme son lieutenant. Je crois que le meilleur moyen de l'endormir est de taper sur tous ces gaillards à mine renfrognée qui pullulent dans notre voisinage.

— Soit ! s'écria Macy en attaquant un éléphant de mer, au moment où il donnait l'ordre. En un instant les rochers qui se trouvaient de ce côté de l'île furent le théâtre d'une lutte très-vive et d'un tumulte extraordinaire. Hasard, qui n'était pas loin, réussit à retenir ses hommes d'équipage, mais on aurait dit vraiment que les hommes du Vineyard étaient devenus fous.

Ils tuèrent un grand nombre de veaux marins, il est vrai ; mais sur vingt qui, dans leur terreur, cherchaient un refuge dans les eaux de l'Océan, on en tuait un. Tous les animaux ont leurs cris d'alarme, ou, si ce ne sont pas absolument des cris, ont des espèces de signaux qu'ils comprennent entre eux. On voit quelquefois un troupeau d'animaux prendre la fuite sans aucun motif apparent, mais pour suivre un avertissement qu'ils doivent à leur instinct. Il en fut ainsi des veaux marins ; car les rochers se trouvèrent déserts, même à une lieue de la scène du massacre ; il en résulta que Hasard et ses hommes n'eurent plus rien à faire.

— Vous savez sans doute, monsieur Macy, dit Hasard, que tout cela est contraire aux ordres qu'on nous a donnés ; vous voyez que je suis forcé d'aller en faire mon rapport.

— Soit ! fut la réponse. Je n'ai de chef que le capitaine Dagget ; et si vous le voyez, Hasard, dites-lui que nous avons eu là une belle matinée.

— Oui, oui, vous avez eu les mains pleines aujourd'hui, Macy, mais comment cela ira-t-il demain ?

— Comme aujourd'hui. Il faut bien que ces diables de veaux marins viennent souffler sur le rivage, et nous sommes sûrs de les y retrouver. Nous avons fait aujourd'hui autant d'ouvrage que j'en aie vu faire en deux jours depuis que nous sommes arrivés ici.

— C'est très-vrai ; mais quel sera l'ouvrage de demain ? Je dirai cependant au capitaine Dagget ce que vous me chargez de lui dire, et nous verrons ce qu'il pensera à ce sujet. Je suppose qu'il entend commander son schooner jusqu'à ce qu'il le ramène à Holmes-Hole.

Hasard continua son chemin, secouant la tête à mesure qu'il avançait. Il ne s'était pas mépris à l'égard de Dagget. Ce chasseur expérimenté de veaux marins fit appeler son lieutenant et lui déclara qu'il était toujours son chef. Macy reçut une réprimande sévère et fut menacé de destitution s'il lui arrivait de violer encore les ordres qu'on lui avait donnés. Comme il arrive ordinairement dans les cas de cette nature, le coupable exprima ses regrets de ce qu'il avait fait, et promit plus d'obéissance à l'avenir.

Mais le mal était fait. La chasse aux veaux marins n'avait plus rien d'une opération régulière, systématique, elle était devenue quelque chose de précaire et de variable. Quelquefois les chasseurs réussissaient ; puis il y avait des jours où l'on ne pouvait tuer un seul veau marin. Le schooner du Vineyard n'était qu'à moitié plein, et l'on approchait de la fin de la saison. Roswell était prêt à mettre à la voile, et il commençait à s'irriter un peu des retards extraordinaires qu'on mettait à son départ et à celui de son équipage.

Trois semaines après l'accident de Dagget, sa guérison se trouvait très-avancée. Ses os s'étaient rejoints, et sa jambe promettait d'être assez solide dans un mois, sinon autant qu'elle l'était auparavant.

Toutes ses blessures étaient guéries, et le capitaine du schooner de Holmes-Hole commençait à marcher avec des béquilles, ce qui était un grand soulagement pour un homme aussi actif. Avec beaucoup de précautions, il parvint à descendre sur un banc de rocher qui se développait comme une terrasse, au-dessous de la maison, sur une étendue de deux cents mètres. C'est là que Roswell et Dagget se rencontrèrent un dimanche matin, trois semaines après leur excursion dans les rochers de la montagne.

Ils s'assirent tous les deux sur une pointe basse de rocher, et ils se mirent à causer de leurs projets et de l'état de leurs vaisseaux. Stephen était à côté de son officier comme de coutume.

— Je crois, dit Gardiner, que Stimson avait raison lorsqu'il me conseillait d'accorder à mes hommes le repos du dimanche; ils ne se remettent ensuite au travail qu'avec plus d'ardeur.

— A terre, sans doute, le sabbat est un grand privilége qu'il faut respecter, dit Dagget; mais en mer, je ne m'en préoccupe guère; il faut qu'un vaisseau marche les jours de fête et les jours ouvriers.

— N'en doutez pas, capitaine Dagget, reprit Stephen, il y a un grand journal là-haut où il est tenu compte de tout. Le Seigneur est Dieu sur mer comme sur terre.

On se tut quelques instants, car il y avait dans le ton solennel et la parfaite sincérité de celui qui parlait quelque chose qui faisait de l'impression sur ceux qui l'écoutaient.

Roswell reprit ensuite la conversation qu'il avait déjà commencée, et exposa au capitaine Dagget que son schooner était *plein*, tandis que celui du Vineyard ne l'était qu'à moitié, sans qu'on pût espérer qu'il réussît maintenant à compléter sa cargaison; car l'attaque livrée par Macy aux veaux marins serait cause d'un retard d'un mois, et l'on pouvait compter que chaque jour on trouverait ces animaux plus farouches. Roswell termina par ces mots :

— Pensez combien il serait grave de nous trouver ici, sous une latitude aussi élevée, après que le soleil nous aurait quittés.

— Je vous comprends, Gar'ner, répondit Dagget tranquillement; vous êtes maître de votre vaisseau, et je suis sûr que le diacre Pratt serait fort heureux de vous voir arriver entre Shelter-Island et Oyster-Pond. Je ne suis qu'un pauvre estropié; autrement le schooner du Vineyard ne serait pas de longtemps en retard.

Roswell sentit que sa générosité était mise en question par Dagget, et il en éprouva une irritation assez vive; mais il se contint, et, malgré quelques mots amers du capitaine du Vineyard, Roswell lui donna une nouvelle preuve de dévouement.

— Voici ce que je ferai, Dagget, dit Gardiner comme un homme qui a pris son parti. Je resterai encore ici une vingtaine de jours, et je vous aiderai à faire votre cargaison; après quoi je mettrai à la voile, quoi qu'il arrive. Ce sera rester aussi longtemps que la Providence peut le permettre, sous une latitude aussi élevée.

— Donnez-moi la main, Gar'ner. Je savais bien que vous aviez du cœur et qu'il se montrerait en temps opportun. J'espère que la Providence nous protégera; c'est vraiment dommage de perdre un aussi beau jour ; voyez, les *créatures* grimpent sur les rochers pour se chauffer au soleil comme autrefois.

— Vous n'obtiendrez pas grand secours de cette Providence dont vous venez de parler, dit Stimson, en oubliant de garder le saint jour du sabbat.

— Il a raison, dit Roswell, je le sais pour avoir agi d'après son conseil. Eh bien, notre marché est fait. Nous restons encore vingt jours ici ; nous arrivons ainsi au moment de l'équinoxe ; je crois qu'à cette époque vous serez tout à fait sur pied.

Roswell sentait lui-même qu'il accordait à Dagget au delà de ce qu'il aurait dû lui accorder, mais le sentiment de confraternité exerçait sur lui beaucoup de puissance, et il ne voulait rien faire qui ressemblât à l'abandon d'un compagnon de danger au milieu des difficultés où se trouvait Dagget. Il savait bien qu'il venait ainsi au secours d'un concurrent, et que probablement Dagget n'aspirait qu'à rester avec lui pour le suivre jusqu'à la plage où se trouvait le trésor. Cependant le parti de Roswell était pris, il était résolu à rester les vingt jours et à faire tout ce qu'il lui était possible pour venir au secours de l'équipage du Vineyard.

On continua la chasse aux veaux marins avec plus d'ordre et de méthode que sous la direction de Macy. On en était revenu à la même règle de prudence qui avait présidé au commencement de l'opération, et le succès était le même. Chaque soir, en revenant à la maison, Gardiner avait un bon rapport à faire ; Dagget n'était jamais plus heureux que lorsque Roswell avait à raconter comment on avait tué un vieux lion ou un vieil éléphant de mer, ou des veaux marins à fourrures.

Cependant Roswell se promenait souvent sur le rivage de l'Océan, et tenait note des montagnes de glace flottantes, qui étaient moins nombreuses et moins grandes, parce que le soleil et les vagues avaient eu le temps de les miner. Il regardait ensuite le soleil, qui, tous les jours, baissait davantage chaque fois qu'il paraissait, allant se coucher rapidement vers le Nord, comme s'il avait hâte de quitter une atmosphère qui lui convenait si peu. Les nuits, toujours si froides dans cette région, annonçaient de prochaines gelées, et les symptômes de la fin de l'été, qui se montrent bien plus tard dans les autres régions, commençaient à se manifester ici. Il est vrai qu'il n'y avait dans l'île que peu de végétation, et qu'elle ne pouvait indiquer le changement des saisons; mais Roswell reconnaissait à d'autres signes qu'il fallait partir au plus vite.

On n'avait point cessé de chasser le veau marin, et quoiqu'on obtînt de bons résultats, on vit à la longue que l'indiscipline et la désobéissance de Macy avaient nui à l'opération. Les hommes d'équipage travaillaient cependant avec ardeur, car ils voyaient venir les longues nuits du cercle antarctique, et ils sentaient le danger qu'ils couraient en s'attardant.

Comme nous nous sommes souvent servis du mot Antarctique, nous croyons devoir donner ici une explication.

Nous ne voulons pas dire que nos navigateurs eussent vraiment pénétré jusqu'à cette ceinture de neiges et de glaces éternelles, mais qu'ils s'en étaient approchés. Peu de navigateurs sont allés aussi loin au midi. Wilkes, il est vrai, est arrivé dans cette région, et d'autres ont eu le même succès. Le groupes d'îles que Gardiner venait de visiter était tout près de cette ligne imaginaire; mais nous ne croyons pouvoir en donner la latitude et la longitude. A l'heure qu'il est, c'est encore une espèce de propriété que nous respectons. Ceux qui veulent imiter Roswell doivent comme lui découvrir les îles qu'il avait découvertes; car nous avons la langue liée à cet égard. Qu'il nous suffise donc de dire que ce groupe d'îles est près du cercle antarctique, soit un peu plus au nord, soit un peu plus au midi; peu importe. Et nous continuerons d'appeler ces mers les mers antarctiques, comme les eaux qui se trouvent les plus voisines du cercle.

Roswell fut heureux de voir la fin de ses vingt jours. Le mois de mars était déjà très-avancé, et les longues nuits approchaient. Le schooner du Vineyard ne se trouvait pas encore *plein*, cependant, et Dagget ne pouvait marcher sans béquilles; mais Gardiner donna l'ordre, le soir du dernier jour, de cesser la chasse du veau marin et de se préparer à partir.

— Votre parti est pris, Gar'ner, dit Dagget d'un ton suppliant; une autre semaine, et mon schooner serait presque plein.

— Pas un jour de plus, fut la réponse. Je suis déjà resté trop longtemps, et je partirai demain matin. Si vous voulez suivre mon avis, capitaine Dagget, vous en ferez autant. L'hiver arrive dans ces latitudes à peu près comme le printemps chez nous. Je n'ai guère envie d'aller à tâtons au milieu des glaces, lorsque les nuits seront plus longues que les jours!

— Tout cela est vrai, très-vrai, Gar'ner; mais quel air cela aura-t-il de ramener à Holmes-Hole un vaisseau à moitié *plein?*

— Vous avez beaucoup de provisions. Arrêtez-vous, et pêchez la baleine près de *False Banks*, en allant au nord. J'aimerais mieux rester là un mois avec vous, qu'ici un jour de plus.

— Vous me rendez nerveux lorsque vous me parlez ainsi de ce groupe d'îles. Je suis sûr que pendant plusieurs semaines encore il n'y aura pas de glace sur ce rivage.

— Cela peut être, mais cela ne rendra point les jours plus longs et ne nous fera pas traverser les plaines et les montagnes de glace qui dérivent vers le nord. Il y a une centaine de lieues à faire sur l'Océan qui m'inquiètent plus, Dagget, que tous les veaux marins que nous laissons dans ces îles. Mais les paroles sont inutiles, je pars demain; si vous êtes sage, nous ferons voile ensemble.

Dagget se résigna. Il sentait bien qu'il était inutile de rester sans l'aide de Roswell et de son équipage; car il ne pouvait plus se confier à Macy.

Tout le monde reçut avec joie l'ordre du départ, et l'image du foyer domestique se présenta à chaque pensée. Le chez soi! est-il une plus douce idée? Le marin bronzé par le soleil, le soldat qui a supporté les longues fatigues de la guerre, le voyageur, ne connaissent pas de son plus harmonieux à l'oreille que ce mot : patrie.

Jamais vaisseaux ne mirent autant de promptitude à faire leurs préparatifs de départ que les deux *Lions de Mer*. Il est vrai que celui d'Oyster-Pond était déjà prêt en partie depuis environ quinze jours; mais les hommes du Vineyard étaient loin de se trouver aussi avancés.

— Nous laisserons la maison debout pour ceux qui pourraient venir après nous, dit Roswell lorsqu'on en retirait les derniers objets qui appartenaient au schooner. Le diacre nous a donné tant de bois, que je suis tenté d'en jeter la moitié maintenant que nous avons une si lourde cargaison. Que tout cela reste ici, lits et planches, car nous n'avons point de place dans le schooner. Il faut que ce bois même, ajouta-t-il en montant des piles de bois qu'on avait débarquées pour faire place à des peaux et à des barils d'huile, passe à ceux qui viendront ici après nous. Ce sera peut-être l'un de nous, car nous autres marins nous ne savons jamais dans quel port nous pourrons nous trouver.

— J'espère que ce sera Sag-Harbour, répondit gaiement Hasard ; car, bien que ce ne soit pas un grand port de mer, presque tous nos marins s'y trouveront comme chez eux, et c'est comme une porte ouverte par laquelle on peut aler dans tous les environs.

— Tout au plus une porte de côté, répondit Roswell. — Je crois avec vous que ce sera le premier port où nous entrerons, quoique je sois décidé à conduire sur-le-champ le schooner derrière Shelter-Island, et à jeter l'ancre près du quai du diacre Pratt.

Quelles images du passé et de l'avenir ces paroles réveillaient dans l'esprit du jeune marin ! Il croyait voir Marie sous le porche de la demeure de son oncle, spectatrice de l'arrivée du schooner, et les yeux fixés vers ceux dont elle apercevait les traits sur le pont du vaisseau. Marie avait souvent cru dans ses rêves, qu'il en était ainsi ; que de fois n'avait-elle pas vu, dans le sommeil, les traits de celui qui était l'objet de ses pensées et de ses prières !

Et où était Marie en ce jour, à cette heure, où Roswell donnait l'ordre du départ ? à quoi s'occupait-elle et quelles étaient ses pensées ? Elle était heureuse dans la maison de son oncle où elle avait passé la plus grande partie de son enfance. Marie n'avait pas au sujet de Roswell d'autre motif d'inquiétude qu'un si long voyage, et cette mer sur laquelle naviguait Roswell. Elle savait que le moment de son retour était arrivé et qu'il devait se trouver en route ; et comme l'espoir est un sentiment non moins actif que trompeur, elle s'imaginait qu'il était déjà près d'arriver.

— N'est-il pas extraordinaire, Marie, lui dit un jour son oncle, que Gardiner n'écrive pas ! S'il se rendait un peu compte de ce qu'éprouve un homme dont la propriété est à des milliers de milles de lui, je suis sûr qu'il m'écrirait et qu'il ne me laisserait pas dans de telles inquiétudes.

— Par qui pourrait-il écrire, mon oncle? répondit sa nièce avec son bon sens ordinaire. Il n'y a dans les mers antarctiques ni bureaux de poste, ni voyageurs qui puissent nous faire tenir des lettres.

— Mais il a écrit une fois, et c'était d'excellentes nouvelles qu'il nous donnait.

— Il nous a écrit de Rio, car là c'était possible. D'après mes calculs, Roswell doit avoir quitté depuis trois ou quatre semaines la pêcherie vers laquelle il s'est dirigé, et il a fait déjà plusieurs milliers de milles pour revenir à Oyster-Pond.

— Le pensez-vous, ma fille, le pensez-vous? s'écria le diacre les yeux étincelants de plaisir. Ce seraient là de bonnes nouvelles; et s'il ne s'arrêtait pas trop longtemps en chemin, nous pourrions nous attendre à le voir ici dans quatre-vingt-dix jours.

Marie sourit d'un air pensif, et une vive rougeur colora ses joues.

— Je ne crois pas, mon oncle, répondit-elle, que Roswell s'arrête beaucoup en route en revenant à Oyster-Pond.

— Je serais fâché de le croire; c'est dans les Indes occidentales qu'il doit faire la partie la plus intéressante de son voyage, et j'espère qu'il n'est pas homme à négliger ses instructions.

— Roswell sera-t-il forcé de s'arrêter aux Indes occidentales, mon oncle?

— Certainement, s'il obéit à ses ordres, et je pense que le jeune homme *n'y manquera point*. Mais il n'éprouvera pas un long retard.

Les traits de Marie s'éclaircirent en ce moment.

— Si vous ne vous trompez pas, ajouta-t-elle, nous pouvons toujours l'attendre dans quatre-vingt-dix jours.

Marie resta quelque temps silencieuse, mais sur sa charmante figure rayonnait un sentiment de bonheur qu'une observation que lui adressa son oncle était cependant bien faite pour troubler.

— Si Gar'ner, reprit le diacre, revenait ici après avoir réussi dans la chasse des veaux marins et dans l'autre affaire, celle des Indes occidentales, enfin après avoir réussi en tout, je désirerais savoir si, alors, vous voudriez de lui, en supposant qu'il n'ait point changé lui-même.

— S'il n'a point changé, je ne serai jamais sa femme, répondit Marie avec fermeté, quoique son cœur fût vivement ému.

Le diacre la regarda avec surprise; car il n'avait jamais admis qu'une seule raison qui pût décider Marie orpheline et sans fortune à refuser avec tant d'opiniâtreté de devenir la femme de Roswell Gardiner, et c'était le manque de fortune de ce dernier.

Or, le diacre aimait Marie plus qu'il ne se l'avouait à lui-même, mais il ne s'était pas encore déterminé à la choisir comme héritière de ses biens. L'idée de s'en séparer lui était trop pénible pour qu'il voulût songer à un testament. S'il ne faisait point cet acte, Marie n'aurait que sa part de la fortune de son oncle. Le diacre le savait, et il éprouvait à cet égard une véritable anxiété: depuis quelque temps, en effet, il avait pu remarquer lui-même des symptômes inquiétants dans tout son organisme; une fois il était allé jusqu'à écrire sur une feuille de papier : Au nom de Dieu, Amen; — mais c'était un trop grand effort pour lui, et il en était resté là. Cependant, le diacre Pratt aimait sa nièce, et il eût désiré qu'elle épousât le jeune Gar'ner à son retour, surtout s'il avait réussi.

— S'il n'a point changé! répéta l'oncle doucement; assurément vous ne voudriez pas l'épouser, Marie, s'il avait changé!

— Je ne veux pas dire changé, mon oncle, dans le sens que vous entendez. Mais ne parlons point de cela maintenant. Pourquoi Roswell s'arrête-t-il aux Indes occidentales? Nos vaisseaux n'ont pas l'habitude de s'arrêter là.

— C'est vrai. Si Gar'ner s'y arrête, ce ne sera que pour une affaire toute spéciale qui fera notre fortune à tous, la vôtre aussi bien que la sienne, et la mienne, Marie.

— J'espère que les chasseurs de veaux marins, s'écria la jeune fille, ne s'occupent jamais du transport des esclaves; j'aimerais mieux vivre et mourir pauvre que de rien devoir à la traite.

— Je n'y vois pas grand mal, ma fille; mais ce n'est point là le but du voyage de Roswell dans les Indes occidentales. La mission qu'il a reçue est très-secrète, et je crois pouvoir dire que s'il peut l'accomplir, et qu'il revienne après un succès, vous l'épouserez, ma fille.

Marie ne fit point de réponse. Roswell, elle le sentait bien, avait dans son propre cœur un avocat qui plaidait pour lui nuit et jour; mais elle était toujours résolue à ne point s'unir à quelqu'un qui ne serait point chrétien comme elle.

CHAPITRE XIX.

> Pauvre enfant du danger, nourrisson de l'orage, tristes sont les chagrins qui minent ce corps vigoureux! Les rochers et les vents retardent ton esquif battu des flots; ton cœur est malade, tes foyers sont bien loin.
>
> CAMPBELL.

Il était midi environ quand les deux *Lions de Mer* firent voile en même temps pour quitter l'île des Veaux Marins. Tous les marins étaient à bord; on y avait transporté tous les objets pour lesquels on avait eu de la place, et rien n'indiquait plus la présence de l'homme sur cette terre stérile, excepté la maison déserte, et quatre piles d'un bois qui avait crû à Shelter-Island et au Vineyard, et qu'on abandonnait maintenant aux rochers du cercle antarctique. On entendait les chansons des hommes d'équipage, qui se montraient gais et heureux. Ils ne songeaient qu'à la joie du retour. Dagget était sur le pont, et il avait repris le commandement de son schooner, quoiqu'il marchât avec une certaine précaution, tandis que Roswell était partout. Marie lui fut présente toute cette matinée; et il ne songea pas un instant au plaisir qu'il aurait à revoir l'oncle et à lui dire : Diacre, voilà votre schooner avec une bonne cargaison d'huile d'éléphant et de fourrures de veaux marins.

Le schooner d'Oyster-Pond s'éloigna le premier du rivage. On ne sentait guère la brise dans cette baie, mais il y avait assez de vent pour pousser le schooner.

Après que Roswell eût fait un mille environ dans la baie, il attendit l'autre schooner. Au bout d'un quart d'heure, Dagget était à portée de la voix.

— Eh bien, dit enfin ce dernier, vous voyez que j'ai raison, Gar'ner ; nous avons assez de vent de ce côté-ci et encore plus du côté de la terre. Nous n'avons qu'à naviguer au milieu des montagnes de glace tant qu'il fera jour, et à choisir un endroit où nous puissions passer la nuit. Je ne crois pas qu'il convienne de voyager la nuit au milieu de toute cette glace.

— J'aurais voulu, répondit Roswell, que nous fussions partis plus tôt, et que nous eussions pu traverser cette glace pendant le jour. Dix heures d'un pareil vent, et nous nous trouverions en dehors des glaces.

— Maintenant, dit Dagget, je suis aussi pressé que vous-même.

Les deux navires se mirent donc à naviguer de conserve. Ils se dirigèrent vers un point qui était sous le vent, là où s'offrait la plus grande ouverture dans la glace, et où l'on espérait trouver une passe au nord.

Comme Dagget était le plus ancien marin, il avait été convenu entre les deux capitaines que son schooner prendrait la tête. Il en fut ainsi pendant une heure lorsque les vaisseaux sortirent de la grande baie et du groupe des îles, filant environ dix nœuds à l'heure. Les vagues commencèrent à enfler, à mesure qu'ils s'éloignaient de la terre, et tout annonçait un coup de vent, mais non pas d'une grande violence.

La nuit approchait, et l'on apercevait au nord une chaîne alpestre de montagnes de glace reflétant les rayons obliques du soleil couchant. Il y avait un grand espace d'eau entièrement libre de glaces autour des schooners, et l'on n'apercevait même pas un gros glaçon. Dagget eut la pensée de passer la nuit au vent des montagnes flottantes. Le temps était précieux, le vent favorable, le ciel clair, et la lune, qui se montrait à neuf heures, resterait probablement au-dessus de l'horizon jusqu'au jour. C'était là un côté du tableau. L'autre côté offrait une perspective moins agréable.

Le climat, dans cette région, est si variable qu'il ne fallait point compter sur la clarté du ciel, surtout avec un fort vent du sud-ouest. Puis il était certain que l'on rencontrerait des débris de montagnes de glaces près, si ce n'est au milieu des montagnes, flottant, comme une espèce de grande flotte, à quelque vingt milles sous le vent. Nos deux capitaines, comme au reste tous ceux qui se trouvaient à bord, comprenaient bien que toute cette rangée d'îles de glace qui se développait avec tant de magnificence avait été formée par les courants, dont il n'est pas facile de se rendre compte.

C'est à la même cause qu'il fallait attribuer l'espace d'eau libre de glaces, quoiqu'il ne fût guère douteux que le vent, qui avait soufflé vers le sud depuis quarante-huit heures, eût contribué à pousser la flotte de glaces vers le nord. On pouvait en conclure que la plaine de glaces se trouvait dans le voisinage des montagnes, et l'on n'ignore pas quel obstacle cette plaine pouvait opposer aux deux schooners.

Il fallait beaucoup d'énergie, de la part d'un marin, pour braver les dangers que nous venons de décrire, au moment où le soleil allait se coucher. Cependant Dagget le fit; et Roswell Gardiner suivit le mouvement à la distance environ d'un câble de longueur. Pour ne point se séparer, chaque schooner hissa un fanal au pic de la brigantine, tandis que le soleil jetait ses dernières lueurs. Aucun obstacle ne s'était encore présenté; la rangée de montagnes alpestres était encore à deux heures de distance sous le vent. Il fallait passer ces deux heures dans l'obscurité, et Dagget diminua de voiles pour ne pas atteindre les glaces avant que la lune se levât. Il s'était efforcé de profiter du jour, tant qu'il avait duré, pour trouver un point d'où il pût traverser les montagnes de glace; mais il n'y avait pas beaucoup réussi. L'ouverture qu'on avait d'abord aperçue semblait fermée, soit par suite de la dérive, soit par le changement de position des vaisseaux; et il n'y pensait plus. On est souvent forcé, jusqu'à un certain point, de se fier à la fortune, et il continuait d'avancer, Roswell le suivant toujours de près.

Les premières heures de cette nuit terrible se passèrent dans une obscurité profonde.

Cependant, Dagget se dirigeait toujours vers la chaîne de montagnes sans prendre d'autres précautions que de diminuer de voiles et d'exercer une surveillance active. Toutes les cinq minutes, on entendait retentir ces mots du haut du gaillard d'arrière : « Ouvrez l'œil devant! » Aucun homme ne quittait le pont. L'anxiété était trop vive pour qu'il en fût autrement, le dernier homme d'équipage sachant que les vingt-quatre heures qui allaient suivre décideraient, suivant toute probabilité, du sort du voyage.

Dagget et Gardiner devenaient de plus en plus inquiets au moment où la lune devait se lever, sans que l'astre des nuits eût encore paru. Quelques nuages traversaient le ciel, quoique les étoiles brillassent comme de coutume d'un éclat moins grand, mais sublime. Il ne faisait pas si sombre qu'on ne pût distinguer les objets à une distance considérable; et les équipages des schooners découvraient très-distinctement, et à une distance peu éloignée, une chaîne de montagnes flottantes. La nature alpestre n'aurait pu offrir des formes plus arrêtées et en même temps plus fantastiques.

Quand ces montagnes de glaces rompent leurs amarres [1], elles ont quelque chose de régulier : leurs sommets ressemblent à ces caps qui se terminent en forme de table. Cette régularité de forme disparaît bientôt cependant sous l'influence des rayons du soleil d'été, du fouettement des eaux, et surtout des torrents intérieurs qui s'épanchent de leurs flancs glacés. Un navigateur distingué de notre époque a comparé ces montagnes, lorsqu'elles ont perdu leur régularité de forme et qu'elles commencent à prendre une apparence fantastique, ce qui arrive toujours, à une ville déserte bâtie en albâtre le plus pur, dont les édifices croulent sous l'action du temps, avec ses rues innombrables, ses ave-

---

1. Quand elles se détachent.

nues et ses ruelles. Tous ceux qui ont vu ce spectacle, le représentent comme un des plus remarquables qui soient sortis de la main prodigue de la nature.

A la neuvième heure environ de cette mémorable nuit, un brouillard épais, qui s'étendait au-dessus de l'Océan, augmentait l'obscurité. Cela rendait Dagget encore plus prudent, et il se dirigeait vers l'ouest pour éviter de tomber au milieu des montagnes de glace. Comme de raison, Roswell suivait le mouvement, et quand la lune versa ses doux rayons sur cette scène extraordinaire, les deux schooners étaient sur une mer houleuse, à moins d'un mille de la chaîne de montagnes. On vit bientôt que des plaines de glace accompagnaient les montagnes flottantes, et qu'elles s'étendaient assez loin au sud pour se trouver déjà dans un voisinage embarrassant, sinon dangereux pour les deux vaisseaux. Ces plaines, cependant, qui ne ressemblaient pas à celles que les schooners avaient déjà rencontrées, étaient entamées par les ondulations des vagues, et avaient rarement plus d'un quart de mille en diamètre, quoique ces plaines ne fussent pas plus étendues que la glace ordinaire de nos principales rivières. On s'aperçut du voisinage de ces glaces au bruit qu'elles produisaient par leur choc, bruit qui se fit bientôt entendre au-dessus du mugissement des vents.

Nos deux capitaines commencèrent à éprouver beaucoup d'inquiétude. On vit bientôt que Dagget avait été trop hardi, et qu'il s'était dirigé vers la glace sans assez de prévoyance et de circonspection. A mesure que la lune devenait plus éclatante de lumière, il était facile d'apprécier, de minute en minute, les dangers en présence desquels on se trouvait. Il n'y avait rien de plus magnifique que la scène qui se développait devant nos marins, et qui pût offrir aux yeux une plus grande jouissance, si le péril couru par les deux schooners, qui étaient au vent d'une côte de glace, n'avait été aussi manifeste.

A la clarté qu'il faisait en ce moment, on pouvait croire qu'on avait devant les yeux le tableau de Wilkes représentant les ruines d'une ville d'albâtre. Il y avait des arcades de toutes les dimensions et de tous les ordres; des clochetons sans nombre, des tours, et même des statues et des colonnes. Il fallait y ajouter de longues lignes de murs perpendiculaires, qu'on pouvait comparer à des forteresses, à des donjons et à des temples. En un mot, les Alpes elles-mêmes, avec toute la grandeur qui leur est propre et assurément dans de plus vastes proportions, n'offrent pas d'aspect aussi remarquable par ses rapports avec les œuvres de l'homme ni une matière plus belle et plus transparente. On a souvent, et non sans raison, comparé les glaciers des Alpes à une mer de glace; mais là on apercevait des montagnes de glace, auxquelles l'art semblait avoir donné toutes les formes, non pas à l'aide du ciseau, il est vrai, mais par l'action des lois infaillibles qui les avaient produites.

Peut-être Roswell fut-il seul cette nuit à apprécier la magnificence extraordinaire de ces merveilleux tableaux. Stephen, sous ce rapport, était, parmi ces marins, une exception à la règle, quoiqu'il vît la main de Dieu en toutes choses.

— Cela serait extraordinaire à voir, capitaine Gar'ner, n'est-ce pas, dit le digne marin lorsque la lumière de la lune commença à donner sur ce spectacle très-extraordinaire, — si nous ne savions pas qui a fait tout cela?

Ce peu de mots donnèrent du courage à Roswell et augmentèrent sa confiance dans le succès. Dieu a tout fait, directement ou indirectement; son scepticisme n'aurait osé le nier, et tout ce qui résultait de la sagesse divine doit avoir le bien pour objet. Il prendrait donc courage; et, pour la première fois de sa vie, il se fierait à la Providence. L'homme le plus résolu sent son courage augmenté par une telle résolution.

Les coups de vent de la mer antarctique sont courts, quoique violents; ils durent rarement plus de trente-six heures, et un tiers de ce temps avec la plus grande force. Naturellement, par la tempête, le danger devient beaucoup plus grand au milieu des glaces. Cependant les schooners se trouvaient encore dans les eaux sur lesquelles le vent régnait avec fureur, et qu'il soulevait autour des petits schooners jusqu'à leurs plats-bords. Ce qui rendait leur situation encore plus pénible, c'est que l'eau qui tombait sur leur bord gelait presque aussitôt. Il est vrai que les hommes d'équipage y étaient accoutumés, l'humidité que les brouillards déposaient sur leurs agrès et leur mâture arrivant à l'état de congélation pendant les nuits d'automne. On a prétendu même que les montagnes de glace se formaient ainsi, quoique la neige y ait évidemment la plus grande part.

Vers dix heures, la lune se trouvait beaucoup au-dessus de l'horizon; le brouillard était tombé en rosée sur la glace, où il s'était gelé, et il avait contribué à arrêter le dégel, tandis que l'Océan devenait lumineux pour l'heure de la nuit où l'on se trouvait, et que les objets étaient comparativement distincts. Ce fut alors que les marins se rendirent un compte exact de leur position. Les hommes hardis sont ordinairement insouciants dans l'obscurité; mais lorsque le danger est visible, leurs mouvements montrent plus de prudence et de sagesse que ceux des hommes timides. Dès que Dagget aperçut les masses énormes de la plaine de glace qui, poussées par les flots agités de l'Océan, s'entre-choquaient et faisaient le même bruit que le ressac sur la grève, il donna presque instinctivement l'ordre d'amener les voiles et de mettre le navire debout au vent, du moins autant que sa construction le lui permettait. Roswell remarqua ce changement de manœuvre, quelque léger qu'il fût, et il l'imita. On était si près des gros glaçons, de ceux qu'on pouvait appeler les rôdeurs de cette grande armée, que chacun des vaisseaux, en passant près de ces glaçons, reçut quelques légères commotions des glaces qui étaient le plus en saillie.

Il était évident que les vaisseaux allaient arriver au milieu des glaces, et que Dagget n'avait pas donné l'ordre de diminuer de voiles un moment trop tôt.

La demi-heure qui suivit fut d'un intérêt absorbant. On rencontrait fragment de glace après fragment, et les schooners recevaient choc après choc, jusqu'à ce qu'enfin la plaine de glace apparut aux navigateurs. Elle formait un amas immense qui s'étendait au sud aussi loin que l'œil pouvait atteindre. Il ne restait plus qu'à virer.

Sans attendre plus longtemps que pour s'assurer lui-même des faits, Dagget ordonna de mettre la barre au vent et d'amener la voile triangulaire d'arrière. Dans ce moment les deux schooners étaient sous leurs focs et leurs misaines, sous le petit hunier et la grand'voile avec deux ris. Ce n'était pas une voilure très-favorable pour virer lof pour lof, car il y avait trop de voile derrière ; mais on manœuvra soigneusement, et les deux navires firent rondement leurs abattées au milieu d'une immense vague : un instant après, l'on entendit la glace qui venait se heurter contre les flancs des vaisseaux.

Il n'était pas possible de reprendre sur l'autre amure avant que les schooners fussent entourés de glaces, et, apercevant une passe quelque peu ouverte à une courte distance, Dagget s'avança hardiment, suivi de près par Roswell. En dix minutes, ils se trouvèrent à un mille de là, au milieu de la plaine de glace, ce qui rendait presque désespérés tous les efforts qu'on aurait faits pour se diriger au vent. Dagget entreprit cette manœuvre dans des circonstances qui n'en permettaient pas d'autre, quoique ce ne fût pas peut-être le meilleur expédient auquel on dût recourir. Maintenant que les schooners avaient pénétré aussi loin dans la plaine de glace, l'eau était beaucoup moins chargée de glaçons, quoique les ondulations de l'Océan fussent encore très-violentes et que le choc des glaces qui en résultait eût quelque chose de vraiment terrible. Le bruit qu'il produisait était si fort qu'on pouvait à peine entendre le mugissement des vents, et cela par intervalles. C'était un son qui ressemblait à celui d'une avalanche perpétuelle, accompagné de bruits qui étaient analogues au craquement d'un glacier.

Les schooners carguèrent leurs voiles dans le double but de ralentir leur marche et d'être mieux à même d'en changer pour éviter les dangers qu'on pouvait rencontrer. Ces changements étaient fréquents ; mais à force de hardiesse, de persévérance et d'habileté, Dagget parvint à traverser la passe déjà indiquée. C'était une espèce de canal au milieu des glaces, formé par quelques-uns de ces courants dont on ne peut se rendre compte, ayant un quart de mille de largeur, et d'une si grande étendue qu'on ne peut en apprécier la longueur au clair de la lune. Ce canal conduisait cependant du côté des montagnes de glace qui se trouvaient à moins d'un mille. Sans étudier davantage la situation, Dagget s'avança dans ce canal; Roswell le suivit de près. En moins de dix minutes ils se trouvèrent en face de cette magnifique cité d'albâtre qui flottait sur la mer Antarctique !

Malgré le péril qui maintenant menaçait les deux schooners, il était impossible d'approcher de cette scène de grandeur, qui n'était que l'œuvre de la nature, sans éprouver des sentiments de terreur mêlée d'admiration. Assurément la crainte pesait sur tous les cœurs; mais la curiosité, l'étonnement, le plaisir même, se confondaient dans tous les esprits.

A mesure que les vaisseaux arrivaient au milieu des montagnes flottantes, tout contribuait à rendre le mouvement qui leur était imprimé imposant sous tous les rapports, effrayant sous un seul. Là se trouvait, en effet, un labyrinthe de montagnes presque toutes flottantes, blanches comme des spectres, tandis qu'un grand nombre revêtaient des couleurs plus agréables, et qu'il y en avait même de noires pendant la nuit. Les passages qui se trouvaient entre les montagnes flottantes, ou ce qu'on pourrait appeler les rues et les ruelles de cette cité mystérieuse, fantastique et sublime de l'Océan, étaient nombreux et d'une variété infinie. Quelques-uns formaient comme de grandes avenues en ligne droite d'une lieue de longueur; d'autres étaient tortueux et étroits. Un grand nombre de ces passages n'étaient guère que des fissures qu'on pouvait appeler des ruelles. Les schooners n'avaient pas fait une lieue au milieu des montagnes, qu'ils sentirent moins la violence du coup de vent et le mouvement des vagues. Ce à quoi on ne se serait pas attendu peut-être, la plaine de glace avait tout à fait disparu des passages qui existaient entre les montagnes, et la seule difficulté qu'on éprouvât en naviguant fut de rester dans les canaux qui avaient des issues, et qui paraissaient ne point se fermer. La marche des deux schooners était en ce moment très-ralentie; les montagnes interceptant le vent, quoiqu'on l'entendît quelquefois hurler dans les profondeurs des ravins glacés, comme s'il avait tenté de s'échapper et de régner en liberté sur les vagues de l'Océan. On entendait aussi le bruit des morceaux de glaces qui s'entre-choquaient, et l'on acquérait ainsi la preuve évidente de dangers qui n'étaient pas encore éloignés.

Comme la mer était suffisamment libre, et que le vent, excepté à l'ouverture de certains ravins, était léger, il n'y avait rien qui empêchât les schooners de s'approcher l'un de l'autre. Ce qui fut fait, et les deux capitaines tinrent conseil sur la situation présente.

— Vous êtes un hardi gaillard, Dagget, dit Roswell, et je n'aimerais pas vous suivre dans un voyage autour du monde ; nous voilà au milieu de quelques centaines de montagnes de glace, grand spectacle à contempler, je l'avoue, mais comment en sortirons-nous jamais ?

— Il vaut beaucoup mieux être ici, Gar'ner, reprit l'autre, qu'au milieu des fragments de glace.

— Il y a quelque chose de vrai là-dedans ; mais je voudrais que ces canaux fussent beaucoup plus larges qu'ils ne le sont. On peut sentir le poids d'une de ces montagnes aussi bien que la contempler. Si deux d'entre elles se mettaient en tête de se rejoindre au-dessus de nous, nos petits vaisseaux seraient brisés comme des noix dans un casse-noix.

— Il faut y prendre garde. Voilà une passe qui paraît assez longue, et qui mène au nord aussi loin que nous pouvons le désirer. S'il nous était possible d'y pénétrer jusqu'au bout, notre retour en Amérique me paraît assuré.

Le citoyen des États-Unis appelle son pays l'*Amérique par excellence*, n'ajoutant jamais la qualification du Nord, comme la plupart des peuples européens. Par ce mot Amérique, Dagget voulait dire la côte orientale de Long-Island, l'île de Gardiner, et le Vineyard. Roswell le comprit parfaitement.

— Suivant moi, répondit Gardiner, nous ne sortirons pas de cette glace avant d'avoir fait un millier de milles. Non pas que je m'attende à me trouver toujours dans un désert de glaces, comme en ce moment ; mais après un été comme celui que nous venons de traverser, nous pouvons y compter, Dagget, la glace s'étendra au nord, aussi loin que le 45e degré; sinon à quelques degrés au delà.

— C'est possible : j'ai vu moi-même la glace au 42e degré et au 40e au nord de l'équateur. Si elle atteint cependant jusqu'au 50e dans cette partie du monde, ce sera encore tolérable. Ce ne sera rien en comparaison de ce que nous avons ici. — Au nom de la divine providence, qu'est-ce que cela Gar'ner!

On n'entendait pas une parole sur aucun des deux vaisseaux, à peine on y respirait! A un son non moins sourd que violent avait succédé le bruit d'une masse qui aurait plongé dans la mer, comme si le débris de quelque planète y était tombé.

Toutes les montagnes voisines furent ébranlées comme si elles avaient été agitées par un tremblement de terre. Cette partie du tableau avait en même temps quelque chose de majestueux et de terrible. Parmi ces glaces, quelques-unes s'élevaient perpendiculairement à deux cents pieds; et offraient des surfaces qui ressemblaient à des murs d'une demi-lieue de longueur.

Dans l'endroit où les schooners se trouvaient en ce moment, les îles de glace, sans être aussi étendues, étaient toujours aussi hautes, et n'en cédaient pas plus facilement à l'impulsion du vent et des vagues. Tandis que tout ce panorama s'affaissait, se balançait, et que clochetons, arcades, murs, tout semblait ébranlé sur sa base, une vague arriva balayant tout d'un coup la passe qui portait les schooners à une grande hauteur; et les jetant à quelque cinquante pieds plus bas, comme des morceaux de liége, à une distance d'au moins cent mètres. D'autres vagues succédèrent à celle-ci, quoique moins hautes et moins impétueuses, jusqu'à ce que les eaux rentrèrent dans leur mouvement naturel.

— C'est un tremblement de terre, dit Dagget. Le volcan est en éruption, et la vapeur ébranle les rochers sous la mer.

— Non, Monsieur, répondit Stimson de l'avant de son propre schooner, ce n'est point cela, capitaine Dagget. Une de ces montagnes s'est trouvée retournée, comme une baleine qui se balance, et elle a donné le branle à toutes les autres.

C'était la véritable explication de ce qui venait de se passer; mais elle ne pouvait se présenter à l'esprit de marins moins expérimentés. C'est cependant un danger assez ordinaire au milieu des glaces, et dont il faut tenir compte.

Quand les montagnes se détachent de l'endroit où elles se sont d'abord formées, ce qui arrive au moment des gelées ou bien pendant les mois d'été, elles se terminent ordinairement en plateaux ; mais elles perdent bientôt cette forme régulière par l'action des vagues et de la glace, quelques-unes étant formées de neige gelée, quelques-unes de l'humidité que les brouillards jettent dans l'atmosphère, et quelques-unes seulement d'eau pure à l'état de glace. Les premières fondent le plus tôt, et une montagne qui dérive quelque temps, en exposant un de ses côtés à l'action du soleil, perd bientôt son équilibre et s'incline vers l'horizon. Le centre de gravité finit par se déplacer et le bas de la montagne par se montrer à la surface des eaux, tandis que cette masse énorme semble à moitié couchée sur l'Océan qui l'entraîne. Ces accidents sont nombreux et variés au milieu des glaces. Celui qui venait d'alarmer et d'étonner nos marins était du genre suivant : une masse de glace, qui avait environ un quart de mille de longueur et autant de largeur, flottant à cent pieds au-dessus de la surface des eaux, et du double de cette épaisseur au-dessous des ondes, avait été la cause de tout cet ébranlement. Elle avait très-bien conservé ses formes, et elle était restée droite jusqu'au dernier moment, quoiqu'en raison des nombreuses couches de glaces formées par la neige, sa base eût fondu beaucoup plus d'un côté que de l'autre. Quand le moment précis arriva où la montagne commença à perdre ainsi son équilibre, cette masse énorme tourna avec une certaine lenteur, mais en produisant le même effet qui aurait pu résulter de la chute d'une montagne de glace, espèce d'accident dont on a vu beaucoup d'exemples, et même des exemples remarquables.

L'explication de Stimson, qui enlevait à cet accident tout caractère mystérieux, n'était guère de nature à calmer les craintes qu'on pouvait éprouver. Si une montagne avait pu opérer cette évolution, il y avait lieu de croire que d'autres pourraient en faire autant. Dagget et Gardiner pensaient tous deux que la chute d'une montagne de la même grandeur à la longueur d'un câble des schooners, pourrait exposer les vaisseaux à un danger sérieux, en les jetant contre quelque mur de glace. Il était trop tard cependant pour se retirer, et les vaisseaux continuèrent à voguer avec la même hardiesse.

La passe entre les montagnes était alors devenue tout à fait droite, raisonnablement large, et recevait dans toute sa force l'impulsion du vent. On calcula que les schooners firent trois lieues marines pendant l'heure qui succéda au moment où la montagne de glace se trouva retournée.

Il y avait des instants où le vent soufflait avec fureur, et si l'on embrassait du regard les détails de cette remarquable scène, elle offrait à la vue tout ce que l'imagination peut inventer dans ses rêveries, mais ce que bien peu désirent contempler de leurs propres yeux. Le clair de lune, cette multitude de montagnes de glace de toute forme, de toute dimension, qui semblaient fuir à côté du rapide mouvement des vaisseaux; la variété des couleurs, d'un blanc qui rappelait les fantômes aux teintes de l'orange et de l'émeraude, pâles en ce moment, mais cependant distinctes; les rues et les ruelles qu'on traversait dès qu'elles s'ouvraient devant les vaisseaux, sans parler des images fantastiques que ces objets offraient à la pensée, tout cela contribuait à faire de cette heure la plus extraordinaire que Roswell eût encore vue. Pour ajouter un dernier trait au tableau, deux baleines arrivèrent en soufflant dans la passe, et se présentèrent à cent mètres des schooners. On les laissa passer. Il aurait été à peu près impossible de prendre une baleine au milieu de toutes ces montagnes.

A la fin de l'heure indiquée, le *Lion de Mer* du Vineyard changea sa marche et se dirigea vers l'ouest. La passe qui se trouvait devant lui se ferma, et il ne resta plus qu'une issue ouverte, vers laquelle le schooner se dirigea lentement. Roswell était au vent, tandis que Dagget se trouvait sous le vent. La passe dans laquelle Dagget réussissait à diriger son schooner était excessivement étroite, et semblait se fermer rapidement, quoique plus loin elle fût beaucoup plus large; mais il fallait parvenir à traverser ce premier détroit si dangereux. Roswell fit des représentations à

Dagget, et lui signala ce fait que les montagnes se rapprochaient très-probablement par une grande puissance d'attraction.

A peine Dagget se trouvait-il dans le canal, qu'une masse énorme de glace tomba du haut d'une montagne, fermant la passe derrière elle, ce qui força Gardiner à s'éloigner, aussi vite qu'il lui fut possible, de la montagne, qui chancelait sur sa base. La scène qui suivit eut quelque chose de vraiment terrible. Les cris qui s'élevèrent à bord du vaisseau qui se trouvait en tête montrèrent le danger qu'il courait; mais il était impossible à Roswell d'aller aussi loin avec son schooner. Tout ce qu'il put faire fut de mettre une chaloupe à la mer, et de se porter ainsi vers le lieu du danger.

Il le fit courageusement, mais l'âme pleine d'inquiétude et le cœur tout ému. Il fit passer sa chaloupe sous une arcade formée par le morceau de glace qui venait de tomber, et il se trouva bientôt à côté du vaisseau de Dagget. Ce vaisseau avait éprouvé une grande avarie, mais ce n'était pas tout à fait un naufrage. Cependant le morceau de glace qui s'était détaché de la montagne empêchait seul le schooner d'être réduit en poussière. Ce bloc, d'une énorme grosseur, séparait les deux montagnes, et comme elles ne pouvaient pas se rapprocher, elles commencèrent à tourner lentement dans le courant, se séparant peu à peu là où elles avaient paru si près de se joindre. Après une heure le chemin fut libre, et les chaloupes remorquèrent le schooner dans la plus large passe.

CHAPITRE XX.

> Une voix dans les prairies, un cri de douleur, de femme qui se mêle au souffle de l'automne, violent et sourd.
>
> Mistriss Sigourney.

L'ACCIDENT qui arrivait au *Lion de Mer* du Vineyard eut lieu vers la fin du mois de mars, qui, dans l'hémisphère du Sud, répond à notre mois de septembre. La saison était fort avancée pour se trouver sous une latitude aussi élevée, quoiqu'il ne fût pas absolument dangereux d'y rester encore quelques semaines.

Pendant que nos marins se trouvent au milieu des glaces de la mer Antarctique, un grand changement s'est opéré dans les pensées du diacre et de sa nièce. Quand le capitaine Gardiner était parti, on croyait que son absence ne dépasserait pas une saison. Tous ceux qui avaient des parents et des amis à bord du schooner y avaient compté, et grande fut leur anxiété quand les premiers mois de l'été ne ramenèrent point les aventuriers. Les semaines suivaient les semaines, et le vaisseau ne revenait pas ; l'inquiétude était devenue de l'appréhension. Le diacre Pratt gémissait à l'idée de la perte dont il était menacé, trouvant peu de consolation dans le profit qu'il avait tiré de l'huile de baleine ; ce qui arrive toujours aux avares quand leur cœur est une fois dominé par la pensée du gain. Quant à Marie, le poids qui pesait sur son cœur ne faisait qu'augmenter de jour en jour ; les sourires qui faisaient rayonner sur ses traits une douce et innocente joie avaient disparu, et on ne la vit plus sourire. Et cependant elle ne se plaignait jamais ; elle priait beaucoup, et elle trouvait toute sa consolation dans des occupations qui se rapportaient à ses sentiments ; mais elle parlait rarement de son chagrin ; jamais, excepté dans des moments de faiblesse, lorsqu'il lui fallait supporter les lamentations de son oncle se plaignant de ses pertes.

Le mois de novembre est ordinairement orageux sur les côtes de l'Atlantique. Dans un endroit comme Oyster-Pond, on est exposé aux coups de vents de l'Océan à peu près autant que si l'on était à bord d'un vaisseau sur mer, et Marie sentait qu'aux douces brises de l'été avaient succédé les vents plus violents de l'automne. Quant au diacre, sa santé fléchissait sous le poids de ses inquiétudes. Il vieillissait avant l'âge, et sa nièce avait consulté le docteur Sage à son sujet. L'excellente fille voyait avec chagrin que son oncle devenait de plus en plus mondain, et que son amour des richesses augmentait à mesure que la vie lui échappait et qu'il approchait de cette heure où le temps fait place à l'éternité. Cependant le diacre Pratt ne manquait point de soigner ses intérêts, comme il l'avait fait toute sa vie. Il recevait son argent et faisait des marchés pour son bois et autres objets qu'il avait à vendre, sans rien négliger de ce qui pouvait augmenter ses gains; son cœur était toujours avec son schooner, car il avait beaucoup compté sur cette expédition, et son désappointement était égal à l'espoir qu'il avait formé.

Un jour, près de la fin de novembre, le diacre et sa nièce étaient dans leur petit salon, lui presque couché dans un grand fauteuil, en raison de ses infirmités toujours croissantes, elle travaillant à l'aiguille suivant son habitude. Leurs sièges étaient placés de manière que leurs regards pouvaient embrasser la baie où Roswell avait jeté l'ancre avant de partir.

— Quel beau spectacle ce serait pour nous, dit Marie en dirigeant ses yeux pleins de larmes vers les cieux, quel beau spectacle ce serait pour nous, si, en nous réveillant, nous trouvions le *Lion de Mer* à l'ancre, à la pointe de l'île de Gardiner! Je m'imagine quelquefois qu'il en sera ainsi, mais cela n'arrive jamais! Je ne voulais pas vous le dire hier, parce que vous ne paraissiez pas très-bien, mon oncle; mais j'ai reçu, par Baiting Joe, une réponse à la lettre que j'ai écrite au Vineyard.

Le diacre tressaillit et se tourna à moitié du côté de sa nièce, sur laquelle ses yeux éteints se fixèrent avec une sorte d'intérêt féroce. C'était l'amour de Mammon qui remuait en lui les derniers restes de l'avarice. Il pensait à sa propriété, tandis que Marie pensait aux existences qui étaient en danger. Elle comprit assez cependant le regard de son oncle pour lui répondre avec sa douce voix de femme :

— Je suis fâchée d'avoir à vous dire, mon oncle, qu'on n'a reçu aucune nouvelle du capitaine Dagget ni de personne de son équipage. On n'a eu aucune nouvelle du schooner depuis qu'il a fait voile de Rio. Les amis du capitaine Dagget sont aussi inquiets de lui que nous le sommes du pauvre Roswell. Ils pensent cependant que les deux vaisseaux sont restés ensemble et qu'ils ont eu le même sort.

— Dieu nous en préserve! s'écria le diacre avec autant d'énergie que sa faiblesse put le lui permettre. Si Gardiner a souffert que ce Dagget lui tînt compagnie une heure de plus qu'il n'était nécessaire, il mérite d'être naufragé, quoique la plus lourde perte retombe toujours sur l'armateur.

— Cependant, mon oncle, on éprouve plus de consolation à penser que les deux schooners sont ensemble sur ces terribles mers qu'à les supposer séparés l'un de l'autre, et exposés seuls à tous les périls.

— Vous parlez avec la légèreté ordinaire aux femmes, jeune fille; si vous saviez tout, vous ne parleriez pas ainsi.

— C'est ce que vous avez dit souvent, mon oncle, et je crains qu'il n'y ait quelque mystère dont vous soyez maintenant préoccupé. Pourquoi n'avoir pas confiance en moi et ne pas me dire vos chagrins? Je suis votre enfant par l'affection sinon par la naissance.

— Vous êtes une bonne fille, Marie, répondit le diacre un peu adouci par les tons plaintifs d'une des plus aimables voix qu'une oreille humaine eût jamais entendues; — une excellente créature au fond, — mais, comme de raison, vous ne connaissez rien à la chasse des veaux marins, et vous ne savez guère mieux ce que c'est que de veiller à la garde de sa propriété.

— J'espère que vous ne me trouvez pas prodigue.

— Non, pas prodigue; au contraire, soigneuse, et sage pour *conserver*, mais effroyablement indifférente lorsqu'il s'agit de gagner. Si j'avais été aussi indifférent que vous, votre avenir ne serait pas aussi *confortable* et aussi heureux qu'il pourra l'être après mon *départ*, s'il faut que je *parte*.

— Mon avenir heureux et *confortable!* pensa Marie. Puis elle s'efforça de se tenir satisfaite de son sort et d'accepter les décrets de la Providence. — Nous ne passons qu'un petit nombre d'heures dans cet état d'épreuves lorsque nous pensons à l'existence immortelle qui doit y succéder.

— Je voudrais tout savoir à l'égard du voyage de Roswell, — ajouta-t-elle tout haut; car elle était certaine qu'il y avait quelque chose dont le diacre ne l'avait point instruite, et qu'il lui cachait encore. — Ce serait pour vous un soulagement d'esprit que de m'en faire confidence.

Le diacre réfléchit en silence pendant quelques minutes.

— Il faut que vous sachiez tout, Marie, lui dit-il enfin. Gar'ner est allé chercher des veaux marins dans des îles que m'avait indiquées le Dagget qui est mort ici il y a environ un an et demi; des îles que personne ne connaissait que lui-même, d'après ce qu'il disait. Les camarades qui s'étaient embarqués avec lui dans ces parages étaient tous morts lorsqu'il me dit ce secret.

— C'est ce que j'ai soupçonné depuis longtemps, et j'ai aussi supposé que les gens du Vineyard avaient eu quelque connaissance de ces îles, d'après la manière dont agissait le capitaine Dagget.

— N'est-ce pas merveilleux, ma fille? des îles, dit-on, où un schooner peut faire une cargaison d'huile et de peaux de veaux marins pendant cette courte saison où le soleil brille sur un été polaire! merveilleux! merveilleux!

— C'est très-extraordinaire, peut-être; mais il faut nous souvenir des dangers que courent les jeunes gens du pays dans ces voyages lointains, et combien quelquefois les profits qu'ils réalisent sont chèrement achetés.

— Achetés! si le schooner revenait, je n'y penserais plus. C'est l'achat et l'acquittement du vaisseau qui pèsent tant sur mon esprit. Eh bien, la première affaire de Gar'ner est de chasser les veaux marins dans ces îles, qui se trouvent à une trop horrible distance pour qu'on hasarde aussi loin sa propriété; mais qui ne hasarde rien n'a rien. D'après mes calculs, le schooner a dû faire cinq cents milles à travers les glaces pour pénétrer jusqu'à ce parage, non pas ces glaces que l'on rencontre en allant d'Angleterre en Amérique, mais ces glaces qui couvrent la mer, comme nous les voyons quelquefois entassées dans la baie, seulement cent fois plus hautes, plus épaisses, plus étendues sur la surface des eaux, et plus froides. C'est une glace horriblement froide; tous les chasseurs de veaux marins me l'ont dit, que celle des mers antarctiques. C'est une chose extraordinaire, Marie, que le temps devienne plus froid lorsqu'on va au Sud ; je n'ai jamais pu le comprendre, et il n'en est pas ainsi en Amérique, j'en suis certain.

— Cela est expliqué dans ma géographie, répondit Marie en prenant le livre machinalement, car ses pensées étaient bien loin dans ces mers de glace que son oncle venait de décrire avec tant d'exactitude.

— Les géographies qu'ils font maintenant sont vraiment utiles, dit-il d'un ton plus animé qu'il n'avait encore eu depuis qu'il parlait. Elles deviennent aussi utiles que les almanachs. Lisez-moi, mon enfant, ce que la vôtre dit sur les saisons.

— Elle dit que le changement des saisons est dû à l'inclinaison de l'axe de la terre vers la partie plate de son orbite.

— C'est très-extraordinaire, reprit le diacre après avoir réfléchi quelque temps à la question, mais je suppose qu'il en doit être ainsi. N'était cette *inclinaison* vers le froid, nos vaisseaux iraient là à la chasse du veau marin sous un ciel aussi beau qu'ici au mois de juin.

— Probablement, mon oncle, il n'y aurait pas de veaux marins s'il n'y avait pas eu de glaces. On dit que ces animaux aiment le froid, la glace de l'Océan glacial. Trop de chaleur aurait pu ne pas leur convenir.

— Oui, Marie, mais elle aurait pu convenir à d'autres personnes ! Gar'ner avait encore une autre mission que celle de chasser les veaux marins.

— Je ne vous comprends pas, Monsieur ; assurément Roswell est parti pour aller à la chasse des veaux marins.

— Certainement, il n'y a point d'erreur à cet égard ; mais il peut y avoir sur la route beaucoup de stations.

— Voulez-vous dire, Monsieur, reprit Marie avec une vive anxiété, et respirant à peine, que Roswell doit s'arrêter à l'une des stations ? Vous avez parlé des Indes occidentales.

— Écoutez, Marie, voyez si la porte de la cuisine est ouverte. Et, maintenant, approchez-vous de moi, mon enfant, car il est inutile de crier ce que j'ai à dire de manière à être entendu de tout Oyster-Pond. — Puis asseyez-vous là, ma chère, et ne soyez pas aussi pressée que si vous aviez envie de me manger, car la mémoire pourrait me manquer, et alors il me serait impossible de tout vous dire. Peut-être ferais-je mieux de garder mon secret.

— Non pas, s'il touche Roswell en quelque chose ! mon cher oncle ; non pas, s'il le touche en quelque chose ! Vous m'avez souvent conseillé de l'épouser, et je dois savoir tout ce qui concerne celui dont vous voudriez que je devinsse la femme.

— Oui, Gar'ner sera un excellent mari, et je vous conseille de l'épouser. Vous êtes la fille de mon frère, Marie, et je vous donne l'avis que je vous donnerais si vous étiez mon propre enfant au lieu d'être le sien.

— Oui, Monsieur, je sais cela. Mais que voulez-vous dire de Roswell, et des stations qu'il aurait à faire en route ?

— Eh bien, il faut que vous sachiez, Marie, que ce voyage a eu pour cause un récit de ce marin qui est venu mourir parmi nous l'année dernière. J'ai été bon pour lui, comme vous pouvez vous en souvenir, et il a été reconnaissant. De toutes les vertus, la reconnaissance est la plus belle, suivant moi ! C'est la plus noble comme la plus rare des bonnes qualités. Combien peu l'ai-je rencontrée dans ma vie ! De toutes les bonnes actions que j'ai faites, il n'en est pas une sur dix qui m'ait valu de la reconnaissance.

Marie soupira ; car elle savait combien peu il avait donné de son superflu pour soulager les besoins d'autrui. Elle soupira aussi avec une douce résignation à l'idée qu'elle avait tant de peine à obtenir les détails qu'elle avait demandés au diacre, mais le diacre s'était décidé à tout dire.

— Oui, Gar'ner a quelque chose à faire, outre la chasse aux veaux marins, quelque chose qui a plus d'importance que toute une cargaison d'huile pour le schooner. L'huile est de l'huile, je le sais, mon enfant ; mais l'or est de l'or. Qu'en pensez-vous ?

— Est-ce que Roswell doit encore s'arrêter à Rio pour vendre l'huile, et vous en envoyer le montant en or ?

— Mieux que cela, mieux que cela s'il revient en effet.

Marie eut le frisson au cœur.

— Oui, c'est là une question, s'il revient. Si Gar'ner revient, mon enfant, je m'attends à le voir revenir avec une grande caisse, présque un baril plein d'or!

Après avoir fait cette communication à Marie, le diacre jeta autour de lui des regards tout effarés, comme s'il avait peur d'en avoir trop dit. Cependant c'était sa propre nièce, la fille de son frère, et cette réflexion le rassura.

— Comment Roswell se procurera-t-il tout cet or, à moins qu'il ne vende sa cargaison? demanda Marie avec une évidente sollicitude.

— C'est là une autre question. Je vous dirai tout cela, ma fille, et vous verrez l'importance de garder le secret. Ce Dagget, non pas celui qui a équipé un autre *Lion de Mer*, mais son oncle, qui est mort ici, chez la veuve White, ce Dagget m'a parlé d'autre chose que de la latitude et de la longitude des îles des veaux marins. — Il m'a parlé d'un trésor caché.

— D'un trésor caché! caché par qui, et consistant en quoi, mon oncle?

— Caché par des marins qui, en pleine mer, ne craignent pas de porter la main sur le bien d'autrui, et qui mettent leurs prises en sûreté jusqu'à ce qu'ils puissent venir les chercher. Consistant en quoi? Mais, d'après le récit de Dagget, en doublons d'un bon poids, quoiqu'il s'y trouvât quelques mille guinées anglaises. Oui, je me souviens qu'il parlait de guinées — comme qui dirait de trois mille guinées et d'autant de doublons.

— Dagget était donc pirate, Monsieur? car ceux qui s'emparent du bien d'autrui en pleine mer ne sont pas autre chose que des pirates.

— Non, pas lui-même; mais celui qui lui avait confié ce secret était pirate, et se trouvait dans une prison où Dagget était lui-même pour avoir fait la contrebande. Oui, cet homme lui donna toute sorte de détails sur le trésor caché, pour reconnaître les services qu'il avait reçus de Dagget. On n'a pas tort quelquefois d'être bon, Marie!

— Il faut toujours être bon, Monsieur, lors même qu'on n'est pas compris et qu'on abuse de votre bonté. Mais de l'argent ramassé et enterré par des pirates ne peut jamais devenir la propriété de Roswell Gardiner.

— A qui appartient-il donc, ma fille? demanda le diacre avec vivacité. Gar'ner avait quelques idées aussi sottes dans la tête quand je lui ai parlé du trésor, mais je l'ai bientôt ramené à la raison.

— Je crois que Roswell doit toujours avoir pensé qu'un trésor obtenu par le vol ne peut appartenir qu'à son légitime propriétaire.

— Et quel est son légitime propriétaire, je vous en prie? Ou plutôt quels sont ses propriétaires? Car cet or a été ramassé par-ci par-là, et certainement enlevé à beaucoup de gens. Maintenant, en supposant que Gar'ner parvienne à trouver ce trésor, comme j'espère qu'il y réussira, quoiqu'il y mette terriblement de temps; mais enfin, en supposant qu'il le fasse, comment s'y prendra-t-il pour découvrir les légitimes propriétaires? Voici un sac de doublons qui se ressemblent tous, avec la figure d'un roi, et la date, et le latin, et le grec. Qui pourra dire : C'est là mon doublon; je l'ai perdu à telle époque, il m'a été pris par tel pirate, dans telle mer, et j'ai été fouetté jusqu'à ce que je dise au voleur où j'avais caché mon or? Non, non, Marie, il n'y a aucune réclamation à élever à l'égard d'aucune de ces pièces d'or; elles sont toutes perdues pour leurs propriétaires, elles appartiendront à l'homme qui réussira à s'en emparer, et qui en deviendra légitime propriétaire à son tour. Toute propriété vient de la loi, et si la loi n'autorise pas les réclamations, personne ne peut en faire valoir.

— Je serais bien fâchée, bien fâchée, mon cher oncle, de voir Roswell s'enrichir de cette manière-là.

— Vous parlez comme une jeune femme légère, qui ne connaît pas ses propres droits. Nous n'avons pas volé l'or; ceux auxquels il appartenait l'auront perdu il y a des années, et ils sont peut-être morts maintenant, ou ils s'en seraient préoccupés; ou ils l'ont oublié, pour sauver leurs vies; il leur serait impossible de reconnaître aucune des pièces qui étaient en leur possession, ils ne savent pas si ce qu'ils ont perdu a été jeté dans la mer ou enseveli dans le sable. Marie, mon enfant, il ne faut jamais rien répéter de ce que j'ai à vous dire à ce sujet.

— Ne craignez rien, Monsieur. Mais j'espère que Roswell ne touchera pas à des richesses si mal acquises. Il a le cœur trop noble et trop généreux pour s'enrichir de cette manière.

— C'est bien, c'est bien, n'en dites pas davantage, mon enfant; vous êtes romanesque et vous avez vos idées à vous. Donnez-moi quelques gouttes de mon cordial, car cette conversation me fatigue. Je ne suis plus ce que j'ai été, Marie, et je ne peux vivre longtemps; mais quand ce serait pour la dernière fois que je respirerais, je le dirais encore, un trésor abandonné et trouvé de cette manière appartient au premier qui peut s'en emparer. Je m'en tiens pour cela à la loi. Que Gar'ner le trouve seulement... Eh bien! eh bien! je n'en parlerai plus; car cela vous afflige, et je n'aime pas à voir cela. Voyons, parcourez le *Spectateur*, mon enfant, et cherchez les nouvelles relatives à la pêche des baleines.

Marie ne se le fit pas dire deux fois, et ses regards tombèrent bientôt sur le paragraphe suivant :

— « Par l'arrivée des sœurs jumelles de Stonington, nous apprenons qu'on a trouvé de la glace dans l'hémisphère du Sud plus loin au nord qu'on n'en avait encore rencontré depuis de longues années. Les chasseurs de veaux marins ont eu beaucoup de peine à s'y ouvrir un chemin, et même des vaisseaux en destination pour le cap de Bonne-Espérance ont été retardés par la glace. »

— Voilà ce que c'est! Oui, Marie, voilà ce que c'est! s'écria le diacre; c'est cette horrible glace. N'était la glace, la chasse aux veaux marins serait une profession aussi agréable que celle de prêcher l'Évangile. Il est possible que cette glace ait forcé Gar'ner à reculer lorsqu'il revenait ici, et qu'il ait attendu un moment plus favorable pour se diriger vers le nord.

— Ah! pourquoi, dit Marie, ne nous contentons-nous pas des bienfaits que la Providence met à notre disposition, sans faire de lointains voyages pour nous procurer d'autres jouissances?

— Vous aimez, je crois, votre thé, Marie Pratt, et le sucre qu'on y met, et la soie et les rubans que je vous ai vue porter;

comment vous procurerez-vous ces objets, si l'on ne fait pas de voyages? Le thé, le sucre, la soie et le satin ne poussent pas à Oyster-Pond.

Marie reconnut la vérité de ce que disait son oncle, mais elle changea le sujet de la conversation. Comme le journal ne contenait plus rien de relatif à la chasse des veaux marins, il fut bientôt mis de côté.

— Peut-être que tout ce temps-ci, reprit le diacre, Gar'ner est occupé à creuser pour découvrir le trésor caché, et que c'est là le motif qui le retient. Si cela est, il n'a rien à craindre de la glace.

— Je crois vous avoir entendu dire, Monsieur, que cet argent était caché sur un point des Indes occidentales.

— Ne parlez pas si haut, Marie, il n'est pas nécessaire que tout Oyster-Pond sache où est le trésor. Il peut se trouver aux Indes occidentales, comme il peut ne pas y être; il y a des plages dans le monde entier.

— Ne pensez-vous pas, mon oncle, que Roswell écrirait s'il était retenu longtemps sur ces plages?

— Vous ne vouliez pas qu'il y eût des bureaux de poste dans l'Océan antarctique, et maintenant vous voulez en mettre sur les plages de sables des Indes occidentales? La femme va toujours contre vent et marée.

— Je ne le crois pas, Monsieur, au moins dans le cas présent. Il y a des vaisseaux qui passent devant les plages des Indes occidentales, et rien n'est plus facile que de leur donner des lettres. Je suis sûre que Roswell nous écrirait s'il était certain d'être dans une partie du monde d'où ses lettres pussent nous parvenir.

— Non, non, Gar'ner n'est pas tel que je l'ai jugé s'il révèle à personne ce qu'il est allé faire aux Indes occidentales, avant d'avoir terminé l'affaire. Non, non, Marie, nous n'aurons jamais de ses nouvelles tant qu'il sera dans cette partie du monde. Il est possible que Gar'ner soit occupé à creuser, et qu'il ait de la peine à trouver l'endroit; car, dans le récit de Dagget, il y avait des points obscurs.

Marie ne fit pas de réponse, quoiqu'elle crût peu probable que Roswell passât des mois dans les Indes occidentales, livré à une pareille occupation, sans trouver le moyen de lui écrire où il était, et ce qu'il faisait.

Plus Marie réfléchissait à la question du trésor caché, et plus elle lui paraissait difficile à résoudre. Il serait impossible d'en trouver les propriétaires, lors même qu'on le découvrirait. Marie finit par conclure que si elle était la personne à laquelle un tel trésor fût confié, elle le ferait savoir par tous les moyens de publicité dont elle pourrait disposer, et que, si elle ne découvrait pas ceux qui avaient le plus de droits à l'argent, elle dépenserait jusqu'au dernier dollar en charités.

Hélas! Marie connaissait peu le monde. Si elle avait ainsi annoncé cet argent, elle aurait provoqué une multitude de réclamations mal fondées de la part de fripons, qui auraient prétendu avoir été volés par les pirates, et c'est à peine si un doublon aurait retrouvé sa route vers la poche de son légitime propriétaire.

Mais tout cela ne ramenait point Roswell. Un autre hiver approchait et venait avec ses froides tempêtes exciter de tristes appréhensions par le spectacle de la turbulence de l'Océan.

Il ne se passait plus une semaine sans que le diacre reçût une lettre de quelque femme, de quelque mère, ou de quelque sœur de marin, qui lui demandait quel était le sort de ceux qui étaient partis à bord du *Lion de Mer* d'Oyster-Pond, sous les ordres du capitaine Roswell Gardiner.

Les gens du Vineyard eux-mêmes envoyèrent demander des nouvelles au diacre Pratt, et montraient leur inquiétude et leur effroi par la nature seule de leurs questions. Chaque jour les appréhensions du diacre augmentaient, jusqu'à ce qu'enfin il devint évident pour tous ceux qui l'entouraient que cette cause, réunie à d'autres qui étaient toutes physiques, ruinaient sa santé et menaçaient son existence. Il y avait là un triste commentaire de l'avidité que le diacre avait montrée pour le gain, et l'état de santé où il se trouvait lui-même était comparable à celui du marin malade dont il avait à grand'peine obtenu le secret; maintenant il n'était pas probable que le diacre en profitât plus que ce marin. Marie voyait tout cela très-clairement, et pleurait sur l'aveuglement de son oncle comme sur le sort, presque certain, de celui qu'elle avait tant aimé.

CHAPITRE XXI.

> Moi aussi je t'ai vu sur la vague qui montait, quand la tempête de la nuit venait à ta rencontre...
> PERCIVAL.

Le premier mouvement du marin, quand son vaisseau s'est trouvé en contact avec une substance dure, c'est de vérifier, en sondant les pompes, combien il y a d'eau dans le navire. Dagget remplissait lui-même cette fonction au moment où les chaloupes de Roswell Gardiner remorquaient vers la mer libre de glaces le schooner presque désemparé de Dagget. Tous ceux qui étaient à bord, y compris Roswell, attendaient avec anxiété le résultat de cet examen. Ce dernier tenait la lanterne, au moyen de laquelle on pouvait calculer la hauteur de l'eau, la clarté de la lune suffisant à peine pour éclairer cette opération. Enfin on retira la baguette qui avait servi pour sonder, et l'on en examina l'extrémité pour voir jusqu'où elle était mouillée.

— Eh bien ! qu'en dites-vous, Gar'ner? dit Dagget avec quelque impatience. Il doit y avoir de l'eau, car il n'est pas de vaisseau qui eût essuyé un assaut aussi violent sans que ses murailles se fussent ouvertes.

— Il doit y avoir trois pieds d'eau dans votre cale, répondit Roswell en secouant la tête. Si cela continue, capitaine Dagget, il sera difficile que votre schooner reste à flot.

— Il restera à flot tant que les pompes pourront travailler.

Quoiqu'il n'y ait pas de fonction qui plaise moins aux marins que celle de pomper, il arrive souvent qu'ils y ont recours comme au seul moyen de sauver leurs vies.

— Je crois, dit Roswell au bout de quelques instants, que le vent a tourné au nord-est, et qu'il souffle contre nous.

— Non pas contre nous, Gar'ner, non pas contre moi, du moins, répondit Dagget; je tâcherai de retourner dans l'île, où j'essaierai d'aborder et de réparer les avaries de mon schooner. Voilà tout ce que je puis espérer.

— Cela causera un grand retard, capitaine Dagget, dit Roswell d'un ton de doute. — Nous nous trouvons maintenant au milieu de la première grande masse de glace; il peut être aussi facile de s'ouvrir une voie vers le nord que de reculer vers le sud.

— Je ne dis pas le contraire, mais je retourne dans l'île. Je ne vous demande pas de nous accompagner, Gar'ner. Après le dévouement que vous avez montré en nous attendant si longtemps, je ne saurais songer à rien de pareil. Si le vent tourne vraiment au nord-est, et je commence à le croire, en vingt-quatre heures j'aurai ramené le schooner dans la baie, et là je pourrai le mettre à l'ancre sous le banc de rochers où nous avions déposé nos barils. Dans une quinzaine de jours nous aurons bouché toutes ses voies d'eau, et nous tâcherons de vous suivre. Vous direz aux gens d'Oyster-Pond que nous arrivons, et ils en feront parvenir la nouvelle au Vineyard.

C'était s'adresser chez Roswell à un certain point d'honneur, et Dagget le savait très-bien. Généreux et déterminé, le jeune homme était plus sensible à l'appel indirect et silencieux qu'on lui adressait qu'il n'eût pu l'être à toute autre considération. L'idée d'abandonner un compagnon dans le danger, au milieu d'une mer comme celle où il se trouvait, l'arrachait au sentiment d'un devoir que, dans d'autres circonstances, il aurait regardé comme impératif. Le diacre, et encore plus Marie, l'appelaient au Nord; mais les périls des hommes du Vineyard semblaient l'enchaîner à leur sort.

— Voyons ce que la pompe nous dira maintenant, s'écria Roswell avec impatience. Peut-être aura-t-elle quelques bonnes nouvelles à nous donner.

— Il y a quelque chose d'encourageant dans ce que vous dites là, mais il est impossible d'espérer que le schooner puisse entreprendre un tel voyage sans qu'on répare ses avaries. Il me semble, Gar'ner, que ces montagnes se séparent dans ce moment-ci, et qu'elles nous ouvrent un passage vers la partie de la mer qui est libre de glaces.

— Je crois que vous avez raison, mais il y a une grande perte de temps et un grand danger à traverser encore une fois ces montagnes, répondit Roswell; les montagnes les plus voisines de nous s'ouvrent lentement; mais souvenez-vous quelle plaine de glace se trouve en dehors. Il faut encore sonder.

Le résultat fut bientôt connu.

— Eh bien! quelles nouvelles, Gar'ner? demanda Dagget se baissant pour apercevoir les marques imperceptibles qui distinguaient la partie mouillée de la baguette de celle qui était sèche. Gagnons-nous sur la voie d'eau, ou est-ce la voie d'eau qui gagne sur nous? Que Dieu veuille que le premier résultat soit le vrai!

— Dieu l'a voulu ainsi, répondit Stimson avec respect; car c'était lui qui tenait la lanterne, étant resté à bord du vaisseau avarié par ordre de son capitaine. C'est lui seul qui a pu venir ainsi au secours des marins en danger.

— Alors nous devons en remercier Dieu! Si la voie d'eau continue de diminuer, le schooner peut encore être sauvé.

— Je crois, Dagget, qu'il n'est pas impossible d'y parvenir, ajouta Roswell. Une seule pompe a fait descendre l'eau de deux pouces, et, suivant moi, les deux pompes réunies vous en débarrasseraient complétement.

— Allons, aux pompes! s'écria Dagget, aux pompes, mes amis!

On obéit, mais il fallut que la moitié des hommes d'équipage de Roswell vint au secours des hommes du Vineyard.

Les deux vaisseaux mettaient en ce moment plus de voiles dehors, et, sous l'impulsion d'un vent nouveau, paraissaient revenir au parage qu'ils avaient quitté. Le schooner de Dagget était le premier en tête, et Hasard le suivait à bord du *Lion* d'Oyster-Pond, Roswell restant encore à bord du vaisseau avarié. Quelques heures se passèrent ainsi. On eut bientôt la certitude qu'en faisant travailler les pompes le quart du temps, on débarrasserait le schooner de la voie d'eau. Lorsque Roswell eut vérifié les faits, il regretta moins une détermination qui lui avait été en quelque sorte imposée. Il se résigna à revenir avec Dagget, ayant acquis la conviction qu'il était impossible de conduire à Rio le vaisseau avarié.

La fortune, ou, comme Stimson aurait dit, la Providence favorisa beaucoup nos marins dans leur nouvelle course à travers les montagnes de glace. Il y avait plusieurs avalanches tout près d'eux, et une montagne fit encore une évolution dans leur voisinage, mais aucun des deux vaisseaux n'en éprouva d'avarie. Lorsque les schooners se rapprochèrent de la plaine de glace, Roswell revint à son bord. C'était lui, maintenant, dont le vaisseau était le premier en tête.

On rencontra beaucoup plus d'obstacles et de dangers au milieu des masses de glaces rompues qu'on ne l'aurait pensé. Roswell dut craindre que les schooners ne fussent brisés par la pression que leurs murailles avaient à supporter.

Les périls n'étaient que plus graves, par suite de la hardiesse avec laquelle nos navigateurs se trouvaient forcés d'avancer; car le temps était précieux dans tous les sens, non pas seulement à cause de la saison, qui se trouvait à son déclin, mais encore de la fatigue qu'avaient à supporter les hommes forcés de travailler aux pompes.

Au retour du jour, qui était maintenant plus tardif que pendant les premiers mois de leur voyage dans ces mers, nos aventuriers se trouvaient dans le centre de vastes glaces flottantes, s'éloignant des montagnes, qui, entraînées par les courants sous-marins, flottaient vers le nord, tandis que des fragments de la plaine de glace étaient emportés vers le sud.

Il devint bientôt presque impossible d'aller plus loin, à moins de faire comme les schooners dérivant au milieu d'une masse de glace qui flottait au sud et qui courait avec une vitesse de deux nœuds à l'heure. On passa ainsi un jour et une nuit. La glace était si compacte autour d'eux, que les marins allaient d'un vaisseau à l'autre avec une entière confiance. On n'éprouvait aucune crainte tant que le vent ne changerait pas, la flotte des montagnes formant actuellement un côté de dessous le vent comme si ces montagnes avait été de la terre. Le matin du second jour, tout cela changea à l'instant. La glace commença à s'ouvrir; pourquoi? c'est ce qu'on ne pouvait que conjecturer, quoiqu'on en attribuât la cause à une différence de direction entre les vents et les courants. Cela eut pour résultat de délivrer les schooners de leur prison, et ils commencèrent à se mouvoir malgré les glaces. Vers midi, on aperçut encore la fumée du volcan, et, avant que le soleil baissât, le cap le plus élevé de toutes les îles du groupe parut tout couronné de neige.

Chacun fut heureux de voir la terre, quoique celle-là fût déserte et stérile; car c'était pour ces marins un moment de repos. La nécessité de pomper presque continuellement, c'est-à-dire une minute sur quatre, produisait son effet ordinaire, et les hommes semblaient fatigués et épuisés. Personne, à moins d'avoir assisté à la manœuvre des pompes, ne peut se faire une idée de la nature de ce travail et de la répugnance extrême qu'il excite chez les marins.

Le matin du quatrième jour, nos navigateurs se trouvèrent dans la grande baie, en dehors des glaces, à une lieue environ de la petite anse. Les schooners furent bientôt dans leur ancien port. Au moment où ils y entraient, Roswell regarda autour de lui avec regret, terreur et admiration. Il ne pouvait que regretter, en effet, d'avoir perdu tant de temps, surtout dans une telle saison. Tous les vestiges de l'été avaient disparu; un automne froid et glacial y avait succédé. La maison était toujours la même; les piles de bois et d'autres objets placés là par la main de l'homme étaient restés comme on les avait laissés; mais ces objets mêmes avaient quelque chose de plus froid, de moins utile, en apparence, que lorsqu'on les avait quittés. A la surprise générale, on n'apercevait pas un veau marin. Pour des raisons inconnues, tous ces animaux avaient disparu, ce qui mettait à néant tous les calculs secrets de Dagget. Il avait, en effet, espéré profiter de cet accident pour faire sa cargaison. Quelques-uns prétendirent que les animaux étaient allés hiverner au nord; d'autres soutenaient qu'ils avaient été alarmés, et qu'ils s'étaient réfugiés dans l'une ou l'autre des îles; mais tous s'accordèrent à reconnaître qu'ils étaient partis. On sait qu'un veau marin s'éloigne quelquefois des eaux qu'on peut appeler ses eaux natales ; mais rien ne prouve que cet animal ait des habitudes de migration. La plus grande espèce de ces animaux habite ordinairement une vaste étendue de mer, et même le petit veau marin à fourrure s'éloigne quelquefois de ses parages ordinaires et se trouve sur des côtes où l'on n'a pas l'habitude de le rencontrer. Quant aux animaux qui s'étaient montrés en si grand nombre sur la terre des Veaux Marins, nous ne hasarderons aucune théorie, mais une conversation qui eut lieu entre les seconds des deux schooners jettera peut-être quelque lumière sur cette question.

— Eh bien! Macy, dit Hasard en lui montrant les rochers déserts, que pensez-vous de cela? Il n'y a pas un seul de ces animaux là où l'on en voyait des milliers.

— Ce que j'en pense! Je pense qu'ils sont partis, et j'ai déjà vu arriver de ces choses-là. Lorsqu'on a un peu étudié les signes et les symptômes, on peut savoir comment s'expliquer celui-ci.

— Je voudrais qu'on me l'expliquât; pour moi, il est tout à fait nouveau.

— Les veaux marins sont partis, et c'est un signe que nous devrions être partis nous-mêmes. Voilà mon explication, et vous pouvez en faire ce que vous voudrez. La nature donne de ces sortes d'avertissements, et il n'est pas de marin sage qui les néglige. Je dis que, lorsque les veaux marins s'en vont, les chasseurs de veaux marins doivent s'en aller aussi.

L'autre second se mit à rire, mais un mot de son capitaine termina la conversation. Roswell appelait Hasard pour aider à mettre le schooner du Vineyard en sûreté dans l'anse où il était entré. Il y avait là un banc de rochers sur lequel on pouvait réparer toutes les avaries du vaisseau, et le radouber comme dans un chantier.

Ce fut là que Dagget avait conduit son schooner, tandis que l'autre vaisseau avait jeté l'ancre.

L'équipage de Dagget porta ses matelas sur le rivage, prit possession de ses lits, alluma du feu dans le poêle, et se prépara à faire la cuisine dans la maison, comme avant de quitter l'île. Roswell et tout l'équipage restèrent à bord.

On boucha en une semaine plusieurs voies d'eau, mais quand on voulut remettre le navire à flot, il en restait une qu'on trouva trop considérable pour risquer d'entreprendre un aussi grand voyage. Roswell exprima très-fermement son opinion sur la nécessité de boucher cette voie d'eau.

— Dans ce cas, répondit Dagget, il faudra replacer le schooner sur le rivage et se remettre au travail. Je vois ce que c'est, ce retard ne vous plaît pas, vous pensez au diacre Pratt et à Oyster-Pond. Je ne vous blâme point, Gar'ner, et je ne dirai jamais un mot contre vous ou votre équipage, quand même vous partiriez cet après-midi.

Dagget était-il sincère dans ces protestations? Il l'était jusqu'à un certain point. Il voulait paraître juste et magnanime, tandis qu'en secret il s'efforçait d'agir sur les bons sentiments de Roswell aussi bien que sur son orgueil. Même dans la situation presque désespérée où il se trouvait, Dagget était encore préoccupé de la pensée du gain; il ne renonçait même pas au trésor caché, dont il se flattait d'obtenir sa part en s'attachant à Roswell. Quand il s'agit du gain, il y a dans la race anglo-américaine une ténacité de bouledogue, qui mène sans doute à de grands résultats sous un rapport, mais qui est désagréable pour tout le monde, excepté pour celui qui est doué de cet instinct. Qu'un Yankee prenne un dollar avec les dents, et il sera impossible de le lui arracher.

Roswell, quoiqu'il fût bien peu disposé à prolonger son séjour dans ces îles, consentit à y rester jusqu'à ce qu'on se fût assuré s'il était possible de ramener le vaisseau avarié. C'était un délai d'une semaine.

On parvint en effet, à boucher la voie d'eau du schooner de Dagget, et on put le remettre à flot. Quelques instants après que ce résultat était obtenu et que son schooner se trouvait à l'ancre, Dagget aborda Roswell et lui serra la main.

— Je vous dois beaucoup, lui dit-il; tous les gens du Vineyard le sauront, si nous retournons jamais chez nous.

— Je suis charmé qu'il en soit ainsi, capitaine Dagget, reprit Roswell, car, pour vous dire la vérité, la quinzaine que nous avons perdue ou que nous perdrons avant de pouvoir mettre à la voile, a produit un grand changement dans le temps. Les jours diminuent avec une effrayante rapidité, et la baie est déjà couverte, ce matin, comme d'une crème de glace. Le vent l'a enlevée ; mais regardez autour de vous, dans cette anse, un enfant pourrait marcher sur la glace qui est près de ces rochers.

— Il n'y en aura plus à la nuit, et les deux équipages seront prêts en vingt-quatre heures. Courage, Gar'ner, nous sortirons des montagnes de glace dans le courant de la semaine.

— J'ai moins peur des montagnes dont vous parlez que de la glace nouvelle; les îles de glace flottent en ce moment vers le Nord ; mais chaque nuit devient plus froide, et les plaines de glace semblent se rapprocher du groupe d'îles au lieu de s'en éloigner.

Dagget chercha à encourager son compagnon, mais Roswell fut très-heureux, lorsqu'au bout de vingt-quatre heures le schooner du Vineyard se trouva prêt. Gardiner pensait qu'il fallait mettre immédiatement à la voile; mais Dagget fit, à cet égard, plusieurs objections. D'abord, il n'y avait point de vent, et quand Roswell proposa de conduire les deux schooners au milieu de la baie, on répondit que les équipages avaient beaucoup travaillé pendant plusieurs jours, et qu'ils avaient besoin de repos. Le résultat qu'on pouvait obtenir en s'avançant dans la baie était de sortir de cette croûte de glace qui se formait toutes les nuits près de la terre, mais qui était rompue et emportée par les vagues dès que le vent recommençait à souffler. Tout ce que voulait Roswell était de conduire son schooner à une lieue de l'anse. Il croyait qu'il était facile d'y parvenir en quelques heures, et, s'il y avait du vent, beaucoup plus vite. Cette explication satisfit les marins. Roswell Gardiner se sentait débarrassé comme d'un lourd fardeau quand son schooner eut quitté le rivage. Une chaloupe remorquait doucement le schooner d'Oyster-Pond et l'aidait à sortir de l'anse. Au moment où il passait devant le schooner du Vineyard, Dagget était sur le pont. Il souhaita le bonsoir à son collègue, lui promettant de le suivre au point du jour.

Il serait difficile de peindre un spectacle aussi triste que celui qui s'offrait aux regards de Gar'ner au moment où il traversait ces eaux qui séparaient les différentes îles de ce groupe lointain et stérile. Tout ce que Roswell pouvait faire, était d'apercevoir la crête sourcilleuse des rochers qui couronnaient la partie centrale de la terre des Veaux Marins, et bientôt ce point disparut dans l'obscurité. Le froid devenait plus rigoureux, et les hommes commencèrent à se plaindre que la glace s'attachât au bout de leurs rames. Une pensée vint alors s'offrir à l'esprit de notre jeune capitaine. A quoi lui servirait-il d'avoir conduit son vaisseau en dehors de la glace, si celui de Dagget s'y trouvait bloqué le lendemain? Il comprit si bien l'importance de cette réflexion, qu'il se décida à rentrer dans l'anse, pour tenter un nouvel effort auprès de Dagget.

Gardiner trouva tous les gens du Vineyard couchés. La fatigue qu'ils venaient d'avoir à supporter, unie au froid, leur rendait le repos très-agréable. Dagget lui-même ne se leva point pour recevoir Roswell. Il était inutile de discuter avec un homme qui se trouvait dans de telles dispositions. Après être resté quelque temps avec Dagget, Roswell retourna à son bord. En revenant il remarqua que la glace devenait de plus en plus épaisse, et la chaloupe eut à s'ouvrir un chemin, à travers la croûte de glace qui se formait, pour arriver au schooner.

Roswell commença à craindre lui-même d'être arrêté par la glace, avant de pouvoir sortir de la baie. Heureusement un vent léger commença à souffler du nord, et Gardiner réussit à conduire son schooner sur un point où il était à l'abri de ce danger. Il permit alors à ses hommes de prendre le repos dont ils avaient besoin, et les officiers du schooner veillèrent sur le pont chacun à son tour.

Une heure environ avant le point du jour, le second officier marinier appela Roswell d'après les ordres qu'il avait reçus. Le jeune capitaine, en montant sur le pont, vit qu'il n'y avait point de vent et qu'il faisait un froid très-rigoureux.

La glace s'était attachée aux gréements et aux murailles du

schooner, partout où l'eau les avait touchés, quoique le calme de la nuit, qui avait empêché l'écume de la mer de jaillir sur le vaisseau, eût beaucoup favorisé nos navigateurs. Roswell s'assura que la croûte de glace qui l'entourait dans la baie avait près d'un pouce d'épaisseur. Cela lui causa une grande inquiétude, et il attendit le jour avec une vive anxiété, afin de pouvoir se rendre compte de la situation de Dagget.

Dès qu'il fit grand jour, on vit qu'une glace assez forte pour porter des hommes couvrait le croissant formé par la baie. Dagget et son équipage étaient déjà à l'œuvre et se servaient de la scie. Il fallait qu'ils eussent pris l'alarme avant le retour du jour, car le schooner n'avait pas seulement levé l'ancre, mais se trouvait de la longueur d'un câble en dehors de l'anse. Gardiner suivit le mouvement de Dagget et de son équipage avec une longue-vue pendant quelques instants; puis il fit venir tout l'équipage sur le pont; le cuisinier avait reçu l'ordre de préparer un déjeuner chaud. Après avoir mangé, Roswell et Hasard se jetèrent dans les deux chaloupes baleinières, et ramèrent aussi loin que la glace le leur permit; ils se rendirent ensuite à pied à bord du schooner bloqué par la glace, ayant amené avec eux la plus grande partie de leur équipage.

Il fut peut-être heureux pour Dagget que le vent commençât à souffler du nord; il en résulta que les vagues, poussées par ce vent, eurent bientôt rompu la glace, et que le schooner du Vineyard put rejoindre, vers midi, celui d'Oyster-Pond.

Roswell se félicita de se retrouver à son bord, mais bien déterminé à sortir dès qu'il lui serait possible de l'espèce de détroit où il était, car l'expérience de la nuit lui avait appris qu'on était resté trop longtemps dans l'anse. Dagget le suivait volontiers, mais non pas comme un homme qui avait été si près d'hiverner près du pôle antarctique.

CHAPITRE XXII.

> Près du courant de la Moldern, aux rayons pâles
> de la lune, on voyait, comme dans un horrible
> rêve, l'armée des morts.
> LONGFELLOW.

On a l'habitude de dire qu'il y a six mois de jour et six mois de nuit dans les mers polaires. Cela n'est vrai littéralement qu'aux pôles mêmes; mais relativement le fait est exact. Peu de personnes, nous le croyons, ont une idée précise de l'étendue de ce qu'on peut appeler les mers glaciales.

On peut s'imaginer quelle doit être l'influence d'une température de glace sur une surface aussi vaste, puisque l'on croit que les montagnes de glace qui existent dans ces mers agissent sur notre climat lorsqu'elles dérivent au sud pendant l'été. Comme le pouvoir produit le pouvoir, la richesse la fortune, le froid produit le froid. Remplissez donc un aussi grand espace que l'Océan Atlantique septentrional de glace dans toutes ses variétés, sous la forme de montagnes et de plaines, et vous pourrez vous former une idée de la rigueur des hivers, quand le soleil se montre à peine au-dessus de l'horizon, et seulement pour y donner à ses rayons une direction oblique, orbe glacé placé dans le ciel seulement pour séparer le jour de la nuit.

Tel était le séjour que Roswell Gardiner désirait tant quitter, l'hiver qu'il trouvait si redoutable. Devant lui était Marie Pratt, pour ne rien dire de son devoir à l'égard du diacre, tandis que derrière lui apparaissait l'Océan polaire prêt à se couvrir des voiles de ses ténèbres glacées, et à s'ensevelir dans un long et sombre crépuscule, sinon dans une nuit complète.

— Monsieur Hasard, dit Roswell en quittant le pont pour aller se reposer, ce qui ne lui était pas arrivé depuis vingt-quatre heures, tenez les voiles pleines, et faites du chemin. Nous sommes en retard, et il faut nous mettre en mouvement. Appelez-moi si la glace vous offre un obstacle sérieux.

Hasard vit avec une sorte d'envie son capitaine descendre dans la cabine, tant il éprouvait lui-même le besoin du sommeil.

Stimson se trouvait aussi sur le pont.

— Attention! cria la vigie, tenez le large, voilà une glace qui vient de l'avant.

— Une glace ici! s'écria Hasard, c'est plus que nous n'aurions attendu! — Où est votre glace, Smith?

— Voilà, Monsieur, une plaine de glace aussi grande que celle qui a bloqué le *Lion* du Vineyard quand il est venu nous rejoindre.

Hasard vit la glace avec regret; car il avait espéré se trouver en pleine mer; mais la plaine de glace se formait dans la passe de manière à fermer toute issue aux deux schooners. Dagget suivait de près Roswell, ce qui prouvait que ce navigateur expérimenté ne voyait aucun moyen de faire voile au vent. Les deux vaisseaux marchaient de conserve, et, au bout d'une demi-heure, on aperçut la pointe septentrionale de la terre qu'on venait de quitter si récemment.

La lune se leva en ce moment, et les objets devinrent beaucoup plus visibles.

Hasard héla le *Lion* du Vineyard et lui demanda ce qu'il fallait faire. Il était possible, en serrant le vent au plus près, de passer le cap à une courte distance au vent, et d'échapper ainsi à la plaine de glace. A moins d'avoir recours à cette manœuvre, les deux vaisseaux seraient forcés de virer, et ils auraient à s'ouvrir une passe qui les conduirait à plusieurs milles sous le vent.

— Le capitaine Gardiner est-il sur le pont? dit Dagget.

En ce moment même, Gardiner se montra.

— Nous n'avons pas le temps de nous consulter, Gar'ner, reprit Dagget. Voici notre chemin devant nous. Il faut le suivre ou rester où nous sommes jusqu'à ce que la plaine de glace vienne nous serrer de près. Je marcherai en tête, et vous me suivrez aussitôt que vous aurez les yeux ouverts.

Un regard suffit pour mettre Gardiner au fait de la situation. Elle lui plut médiocrement, mais il n'hésita point.

Les deux vaisseaux continuèrent de s'avancer. Tout d'un coup les deux équipages se trouvèrent sur le pont. On n'avait cependant appelé personne, mais le bruit s'était répandu que l'on courait un grand risque. Il fallait longer de près, à une distance de plusieurs milles, cette côte où les veaux marins avaient paru en si grand nombre. On savait que l'eau était profonde près des rochers qui se montraient à la surface de l'eau, et qu'il n'y aurait pas de danger aussi longtemps qu'un vaisseau pourrait s'en tenir éloigné.

Personne ne parlait. Tous les yeux étaient fixés vers les objets qui se présentaient à l'avant, ou cherchaient à suivre la collision qui allait avoir lieu entre la plaine de glace et la partie basse du cap. L'oreille apprit bientôt à nos marins que cette rencontre avait eu lieu, car on aurait pu entendre à une lieue de distance le craquement de la plaine de glace. Ce fut alors que les deux schooners firent de leur mieux. Les vergues furent brassées, les voiles mises vent dessus vent dedans, et le gouvernail dressé.

Le voisinage des rochers d'un côté, et de l'autre le secret pressentiment qu'il y avait une autre plaine de glace, excitaient l'inquiétude générale. Les deux capitaines, en particulier, étaient tout yeux et tout oreilles. Il commençait à faire très-froid. Deux jeunes marins qui avaient reçu l'ordre de monter dans la mâture, hélèrent leur pont respectif et annoncèrent qu'une vaste plaine de glace s'avançait et qu'elle écraserait les deux schooners, à moins qu'ils ne parvinssent à l'éviter. Cette terrible nouvelle arriva en même temps aux deux capitaines. Par suite d'une manœuvre où Roswell montra beaucoup plus d'habileté que Dagget, les deux schooners se trouvèrent en dix minutes à un mille l'un de l'autre. Nous suivrons d'abord celui de Roswell Gardiner dans l'effort qu'il fit pour échapper au danger.

Roswell se trouva bientôt à un mille au vent des rochers et assez près d'une nouvelle plaine de glace pour qu'on pût en distinguer la forme, la dérive et l'aspect général.

L'extrémité orientale de cette plaine nouvelle s'appuyait sur une première plaine et donnait une plus grande force au mouvement qui entraînait cette immense plaine vers le cap. Quelle que fût déjà l'étendue de la première plaine, la seconde était deux fois, sinon trois fois plus grande. Ce qui inquiétait le plus Roswell, c'était la distance à laquelle cette plaine s'étendait à l'ouest. Il voulut monter lui-même dans la mâture, et, grâce à la lumière d'une lune très-brillante et d'un ciel sans nuage, il vit la glace qui s'étendait dans cette direction à une distance de deux lieues. Ce qui peut-être n'était pas ordinaire à cette époque peu avancée de l'année, c'est que ces plaines de glaces ne consistaient pas en un grand nombre de fragments, mais qu'elles offraient une surface parfaitement unie. Les nuits étaient maintenant si froides, que la glace se formait partout où il y avait de l'eau ; et notre jeune capitaine pensa que des fragments qui avaient d'abord été rompus par les vagues, s'étaient trouvés rapprochés par l'action du froid. Roswell descendit de la mâture à moitié glacé par le vent, quoiqu'il soufflât du midi. Il appela auprès de lui ses officiers mariniers et tint conseil avec eux.

— Il me semble, capitaine Gar'ner, lui dit Hasard, que nous n'avons pas à choisir entre beaucoup de partis. Nous voici affalés, autant que je puis en juger, et nous n'avons qu'à nous débattre jusqu'à ce que le jour paraisse, nous réservant de profiter d'une bonne chance si elle venait à s'offrir ; sinon, il faut nous résigner à hiverner ici.

Hasard s'exprimait ainsi avec calme et sang-froid, mais il était aisé de voir qu'il parlait très-sérieusement.

— Vous oubliez, monsieur Hasard, qu'il peut y avoir un passage dans la direction de l'ouest, reprit Roswell, et que par là nous pouvons retourner en mer. La capitaine Dagget est déjà hors de vue à l'ouest, et nous ferions peut-être bien de le suivre.

— Oui, oui, Monsieur, je sais cela, le capitaine Gar'ner, et vous pouvez avoir raison ; mais quand j'étais en haut, il y a une demi-heure, si la clarté de la glace ne se montrait pas dans cette direction, derrière l'île, cette clarté ne se montrait nulle part. J'en ai l'habitude, et il me serait difficile de me tromper.

— Il y a toujours de la glace du côté de la terre, Hasard, et c'est de ce côté que vous aurez aperçu cette clarté. Cela ne prouve pas encore que nous ne trouverons point d'issue. Il nous est impossible d'hiverner ici, mille raisons s'y opposent, et, avant tout, l'intérêt de nos armateurs. Nous marchons assez vite le long de la plaine, quoiqu'il me semble qu'on pourrait aller plus vite encore ; ne le pensez-vous pas, Hasard ?

— Mon Dieu, Monsieur, c'est la glace qui en est cause. Il y a plusieurs tonnes de glace sur notre avant.

On vérifia le fait, et Gardiner en éprouva une plus grande inquiétude. Il vit qu'il n'y avait pas de temps à perdre, et il mit toutes voiles dehors pour échapper, s'il était possible, aux dangers qui menaçaient son schooner, et passer dans une température plus douce ; mais il est difficile que même un schooner fin voilier réussisse à marcher, dans de telles circonstances, aussi vite qu'on le désirerait.

Il n'était plus douteux que la rapidité de la marche du *Lion de Mer* était gênée par la pesanteur de la glace qu'il avait à porter. Heureusement la mer ne jetait pas beaucoup d'écume, ce qui aurait été un inconvénient ajouté au péril que l'on courait.

Cependant, lorsque la plaine de glace qu'on avait d'abord aperçue dans le lointain se fut assez rapprochée pour que tout le monde pût la voir, et que l'on crut qu'il n'y avait plus d'issue pour le schooner, un canal parut s'ouvrir tout d'un coup ; mais après y être entré et y avoir navigué au nord-ouest, on dut perdre tout espoir : ce canal se terminait par un *cul-de-sac*.

Presque au même instant, la glace se rejoignit rapidement dans le sillage du schooner. Il y eut un effort de fait pour rétrograder, mais il manqua ; un énorme morceau de glace venait de flotter dans le centre de ce *cul-de-sac*, ayant rencontré de la résistance dans une plaine de glace qui se trouvait elle-même arrêtée par des rochers. Roswell vit tout d'abord qu'il n'y avait rien à faire en ce moment. Il serra toute sa voilure autant qu'il était possible de manier de la toile gelée, leva les ancres pointues dont on se sert pour les glaces, et conduisit son vaisseau dans une espèce d'anse où le danger serait moins grand pour le vaisseau, si les plaines de glace continuaient à se rapprocher.

Dagget montrait en ce moment toute l'activité dont il était capable; il se flattait de doubler les rochers et de voguer dans une mer libre, quand les vastes plaines de glace dont on avait aperçu la clarté même du pont de l'autre vaisseau se jetèrent tout d'un coup à travers sa route, et l'empêchèrent d'aller plus loin. Dagget s'efforça de rétrograder. Cela n'était pas aussi facile que d'aller vent arrière, et son schooner était très-encombré par la glace, plus même que l'autre schooner. Il fut forcé de se débarrasser de tout poids trop lourd, mais il perdit ainsi un temps précieux.

Quand Dagget voulut remettre à la voile, il se trouva arrêté par les plaines de glace, qui étaient en contact avec les rochers.

Il était minuit, et les hommes du bord avaient besoin de repos. On établit le quart, et la plupart des hommes eurent la permission d'aller se coucher; mais la lumière de la lune était trop faible pour favoriser de grands efforts. On n'éprouvait pas de vives alarmes, il n'y avait rien d'extraordinaire à voir un vaisseau affalé dans la glace, et tant qu'il n'avait pas subi un contact immédiat, il paraissait encore en sûreté.

Quand le jour parut, Roswell vit le danger de Dagget, et Dagget le danger de Roswell. Les vaisseaux étaient à un peu plus d'un mille de distance, la situation du *Lion* du Vineyard était la plus critique. Le schooner de Dagget s'appuyait sur la plaine de glace, mais cette plaine cédait elle-même à un mouvement imposant qui ne se ralentissait pas. Dès que Roswell vit la situation de Dagget, il résolut de lui porter secours.

En vingt minutes, Roswell conduisit ses hommes sur la glace, chacun portant sa hache ou quelque autre instrument dont on croyait pouvoir tirer parti. Il n'était pas difficile de marcher en avant, car la superficie de la plaine de glace avait plus d'une lieue d'étendue, et la neige qui la recouvrait formait une croûte d'une grande épaisseur.

— L'eau qui se trouve entre la glace et les rochers occupe beaucoup moins d'espace que je ne le croyais, dit Roswell à son compagnon Stimson. Ici elle ne paraît pas avoir cent mètres de largeur.

— C'est comme vous le dites, Monsieur. Ouf! quand on court dans un climat aussi froid, on est bientôt essoufflé. Mais, capitaine Gar'ner, ce schooner sera coupé en deux avant que nous puissions y arriver. Voyez, Monsieur, la plaine de glace atteint déjà les rochers, tout près du vaisseau, et ce mouvement de la glace ne s'arrête pas.

Roswell ne fit point de réponse. La situation du *Lion* du Vineyard lui paraissait beaucoup plus critique qu'il ne l'avait cru d'abord. Avant de s'être plus rapproché de la terre, il ne s'était formé aucune idée de la puissance avec laquelle la plaine de glace venait se heurter contre les rochers, sur lesquels on voyait grimper des morceaux de glace rompue comme des créatures douées de l'existence.

Quelquefois la rupture des glaces se faisait entendre avec fracas, et le mouvement de la plaine de glace devenait plus rapide; puis il y avait un moment d'arrêt, et l'on entrevoyait une lueur d'espoir; mais il fallut bientôt renoncer à toute illusion.

— Voyez-vous, Monsieur, s'écria Stimson, le schooner du Vineyard vient de franchir, d'un seul coup, une distance de vingt toises. Il doit être terriblement près des rochers!

Tous les hommes s'arrêtèrent. Ils sentaient leur impuissance, et l'anxiété à laquelle ils étaient en proie les rendait immobiles. Chacun retenait sa respiration. Les hommes de l'équipage de Roswell voyaient que le schooner du Vineyard, que se trouvait à moins d'un câble de distance, était près des rochers, et que le premier choc qu'il aurait à supporter suffirait pour l'engloutir. A leur étonnement, le schooner, au lieu d'être brisé par la glace, se releva avec un mouvement qui n'était pas sans grandeur, soutenu par les morceaux de glace rompue qui s'étaient entassés sous le vaisseau, et arriva presque sans avaries sur le banc de rochers. Pas un de ses hommes d'équipage ne lui manquait. Mais il était là, jeté sur le rivage, à quelque vingt pieds de la surface de la mer, sur les rochers dont l'action des vagues avait nivelé les aspérités. Si la saison avait été favorable, et si l'avarie s'était arrêtée là, on aurait pu songer encore à lancer le schooner à la mer et à le ramener en Amérique.

Mais la plaine de glace ne s'était pas encore arrêtée. Les glaçons succédaient aux glaçons, grimpaient les uns sur les autres; ils formèrent, le long du rivage, un mur de glace que Roswell et ses compagnons eurent beaucoup de peine à traverser, malgré toute leur activité et tout leur courage; au moment où ils arrivèrent devant le malheureux schooner, il était littéralement enseveli dans les glaces. Les mâts étaient brisés, les voiles déchirées, les gréements dispersés. Le *Lion de Mer* du Vineyard n'était plus qu'un navire naufragé, dont il ne restait qu'à faire un petit bâtiment, à moins qu'on ne le brûlât comme bois de chauffage.

Tout cela s'était passé en dix minutes !

C'est alors qu'on vit bien la supériorité de la nature sur toutes les forces humaines. Les équipages des deux vaisseaux restaient éperdus devant le triste tableau de leur propre impuissance. Les gens de l'équipage naufragé avaient échappé, il est vrai, au péril qui les menaçait, le mouvement ayant été aussi lent, aussi suivi qu'irrésistible. Mais ils étaient là avec les habits qu'ils portaient, tous leurs effets se trouvant ensevelis sous des piles de glace qui avaient déjà trente à quarante pieds de haut.

— On dirait que c'est là qu'il a été construit, fit observer Dagget, en s'adressant à Roswell. Si l'on m'avait dit que pareille chose pouvait arriver, je ne l'aurais jamais cru. Quand même c'eût été un vaisseau à trois ponts, la glace ne l'aurait pas mieux traité.

— Capitaine Gar'ner ! capitaine Gar'ner ! cria Stimson, il vaut mieux que nous retournions à bord ; notre propre navire est en danger, il dérive très-rapidement vers le cap et pourra l'atteindre avant que nous soyons de retour.

Stimson ne se trompait pas. Un petit nombre d'hommes de l'équipage de Dagget, et Dagget lui-même, restèrent à bord du navire naufragé, mais tous les autres se rendirent du côté du cap vers lequel le schooner d'Oyster-Pond se dirigeait maintenant. La distance était de moins d'une lieue, et il n'y avait pas encore beaucoup de neige sur les rochers. En suivant un banc de rochers supérieur, il était possible d'aller assez vite, et c'est ce que fit Roswell.

Il y avait quelque chose d'extraordinaire dans le spectacle qu'offrait la côte que parcouraient en ce moment nos marins. A mesure que des morceaux de glace se détachaient de la plaine elle-même, l'immense pression qu'ils recevaient du dehors les soulevait et les poussait vers le rivage, et toute la côte offrait l'aspect de créatures vivantes sorties des flots pour grimper sur les rochers. Roswell avait vu souvent cette côte couverte de veaux marins; et elle semblait maintenant se mouvoir avec tous ces morceaux de glace qui tournaient, grimpaient les uns sur les autres, comme s'ils avaient été doués d'un principe vital.

En moins d'une demi-heure, Roswell et ceux qui l'accompagnaient arrivèrent à la maison. Le schooner d'Oyster-Pond était à moins d'un demi-mille de cet endroit, et n'avait eu aucune avarie. Heureusement le petit bassin où il se trouvait s'était agrandi au lieu de se refermer; mais il était cependant impossible d'en sortir, aucune issue n'existant dans ce chantier de glace. D'abord Roswell crut son navire perdu; mais en examinant la situation de plus près, il eut l'espoir que le schooner pourrait doubler les rochers.

La situation de nos marins était devenue désespérée. A midi il gelait partout à l'ombre. Un soleil brillant répandait cependant ses rayons sur un panorama de glace, mais si obliquement, qu'il pouvait à peine tempérer l'excès du froid. Aussi loin que la vue pouvait s'étendre, même du haut du cap, on ne voyait que de la glace, à l'exception de cette partie de la grande baie où la grande plaine de glace n'avait pas encore pénétré. Vers le sud, on remarquait un assemblage de montagnes gigantesques, placées là comme des sentinelles pour fermer toute issue de ce côté. L'eau avait perdu toute espèce de mouvement, et une nouvelle glace s'était formée sur toute l'étendue de la baie, comme le prouvait une ligne étincelante de blancheur qui précédait la marche irrésistible de la plaine de glace.

Tandis que Roswell contemplait cette scène, il éprouvait la

plus vive appréhension de ne pouvoir se dégager de cette chaîne de glaces avant le retour de l'été. Il est vrai qu'un vent du sud pouvait produire quelque changement et faire lever ce blocus de glace, mais cela devenait à chaque instant de plus en plus improbable. L'hiver commençait déjà, et si la glace se formait au milieu du groupe d'îles et en dehors de ce groupe, il fallait, pendant huit mois, renoncer à tout espoir.

Stimson donna d'excellents conseils aux deux capitaines pour lutter contre les rigueurs du froid, qui naturellement ne pouvait qu'augmenter. Transporter les voiles du navire naufragé et en faire des rideaux grossiers dans la maison de bois, seul refuge qui s'offrit à nos marins; se servir de peaux de veaux marins qui appartenaient à Dagget pour tapisser intérieurement les murs de cette maison; ménager la provision de bois qu'on avait apportée; se borner autant qu'on le pourrait à un seul feu, être d'une excessive propreté, ce qui est un excellent moyen de lutter contre le froid; prendre des bains presque glacés; et à cet effet, on tira l'eau de la glace même à l'entrée de la maison, et un tonneau servit à ces bains pris sous une tente qu'on y avait dressée; recourir fréquemment à l'exercice pour conserver la chaleur naturelle qui est si indispensable, voilà à peu près le résumé des avis de Stimson, que les deux capitaines mirent en pratique et firent pratiquer par les deux équipages.

Telle était donc la situation de nos marins. Gardiner avait réussi à mettre son schooner en sûreté près du rivage, et l'on tirait du navire naufragé de Dagget toutes les provisions, toutes les ressources qu'il pouvait offrir.

Deux mois s'écoulèrent ainsi rapidement. On avait pris toutes les précautions possibles, et la maison, ou plutôt la grande case que les deux équipages habitaient au milieu d'un désert de glace, était loin de manquer de tous les aises qu'il fût possible de se procurer. Les jours avaient beaucoup diminué de longueur, et les nuits avaient augmenté en proportion; le soleil n'était plus visible qu'un petit nombre d'heures pendant lesquelles il ne faisait que passer très-bas sur l'horizon septentrional. Le froid augmentait, quoique le temps variât presque autant sous cette latitude élevée que sous la nôtre. Il ne dégelait plus beaucoup, et le thermomètre n'était pas à bien des degrés au-dessous de zéro. Cependant les hommes des deux équipages commençaient à s'acclimater, et reconnaissaient qu'ils étaient en état de supporter un froid plus rigoureux qu'ils ne l'auraient cru possible. Jusque-là il n'y avait rien qui dût surprendre des natifs de New-York et de la Nouvelle-Angleterre, car il s'y passe rarement un hiver où l'on n'ait pas à endurer un froid aussi vif que celui qui venait éprouver ces marins sur les bords de la mer Antarctique; tandis que j'écris ce chapitre de leur histoire, ici, dans les montagnes d'Otsego, notre vallée a reçu une de ces visites de la Sibérie. Pendant les trois derniers jours le thermomètre, au lever du soleil, a été entre le 17e et 22e degré au-dessous de zéro; quoique le dégel paraisse très-probable, et que dans les vingt-quatre heures suivantes nous puissions voir le mercure monter beaucoup au-dessus de zéro.

Des hommes accoutumés à de telles transitions et à un froid si extrême ne se laissent pas facilement intimider.

Une grande quantité de neige tomba dans cette partie de l'année, plus même qu'il n'en tomba plus tard. Cette neige était un grave embarras, car elle devint bientôt si épaisse qu'elle forma comme des remparts autour de la maison, et qu'elle bloqua l'espace qui servait de promenade aux hommes d'équipage. Ils furent forcés, sur les points où cela était praticable, de s'ouvrir un passage à l'aide de pelles, occupation qui leur donna de l'exercice, et qui contribua à leur conserver la santé, si elle ne leur servit pas à autre chose.

Dagget n'avait pas du tout renoncé à son navire, quoiqu'il eût consenti à ce qu'on le dépouillât de ses voiles. Chaque jour il lui venait à l'esprit un expédient pour mettre à la voile au printemps, quoique tous ceux qui l'écoutaient fussent convaincus de l'impossibilité matérielle d'un tel projet.

Quoi qu'il en fût, sous ce prétexte il maintenait une communication avec le navire naufragé; et pas un jour ne se passait qu'il ne visitât le pauvre vaisseau. Des blocs de glace, dont quelques-uns avaient un énorme diamètre, et qui tous avaient huit à dix pieds d'épaisseur, étaient restés près du vaisseau, s'inclinant en voûte de manière à former des cavernes qui s'étendaient à une grande distance. Cette masse de glaçons se trouvait tellement groupée autour du navire naufragé, qu'elle intercepta les premières neiges qui tombèrent en dehors, qu'elle se durcit au contact de nouveaux orages de neige, et qu'elle opposa une forte et infranchissable barrière à l'introduction de la glace et de la neige dans ces galeries de glace.

Il en résultait que ces galeries naturelles n'étant aucunement obstruées par la neige qui avait adhéré à leur surface, on pouvait y circuler très-facilement. Comme on avait nettoyé le pont du schooner et que toutes les issues étaient ouvertes, le *Lion* du Vineyard se trouvait ainsi à l'abri, et l'on pouvait profiter de toutes les ressources qu'il offrait. On y avait laissé une certaine provision de bois, aussi bien que la cambuse. On avait transporté celle-ci dans la cabine, et Dagget, accompagné de deux ou trois de ses hommes, passait là une grande partie de son temps. Une des raisons qu'il donnait de ces excursions, était qu'il laissait ainsi plus de place à ceux qui restaient dans la case. Le pont de son vaisseau était tout à fait libre de glace, c'était un très-bon emplacement pour l'exercice, meilleur que la terrasse qui se trouvait au-dessus de la case, étant tout à fait à l'abri des vents et offrant une température beaucoup moins froide. Dagget se promenait des heures entières sur son pont, se flattant de l'espoir qu'il mettrait à la voile au retour de l'été.

Roswell éprouvait une vive anxiété à l'égard du chauffage. On avait déjà employé une grande partie du bois qu'on avait apporté dans la cambuse et dans le poêle de la case. Quelque considérable que fût la provision, on y avait fait une grande brèche, et, d'après les calculs qu'on avait établis, la provision de bois ne pouvait pas durer plus de la moitié du temps qu'on avait encore à rester dans l'île. C'était là une circonstance grave et qui méritait de sérieuses réflexions. Sans chauffage, la mort était certaine, et il n'y avait pas moyen de lutter contre l'influence d'un hiver à passer près du cercle antarctique.

Stimson avait plusieurs fois renouvelé ses avis à cet égard.

— Il faut nous tenir chaudement, disait le vieux patron, ou l'homme le plus vigoureux n'y résistera pas. Nous avons une assez bonne provision de café, et cela vaut mieux que tout le rhum ou le wiskey qu'on ait jamais distillé. De bon café chaud, le matin, nous rendra la vie le jour le plus froid qu'il puisse y avoir près des pôles, et l'on dit que le pôle sud est le plus froid, quoique je ne puisse pas m'en expliquer le motif.

— Heureusement nos provisions sont encore abondantes, reprit Roswell, surtout en sucre et en café. J'y ai pourvu lorsque nous étions à Rio.

— Oui, Rio est un bon endroit pour ces articles. Mais il faut que le café soit chaud pour faire du bien dans une région comme celle-ci, et pour qu'il soit chaud, il faut qu'on ait des moyens de le chauffer.

— J'ai peur que le bois ne dure pas plus de la moitié du temps que nous avons à rester ici. Heureusement que nous avions une grande provision de bois, mais l'autre navire n'en avait pas autant qu'il lui en aurait fallu pour un tel voyage.

— Eh bien, Monsieur, vous savez sans doute ce qu'il nous reste à faire. Sans nourriture chaude les hommes ne peuvent pas plus vivre dans une région comme celle-ci qu'ils ne peuvent se passer de toute nourriture. Si le schooner du Vineyard n'a pas de provision de bois, il faut que nous en fassions du bois de chauffage.

Roswell regarda quelque temps Stimson avec une attention marquée. Il approuvait entièrement cette idée qui lui était soumise pour la seconde fois.

— Sans doute, dit-il, mais il ne sera point facile d'y faire consentir le capitaine Dagget.

— Qu'il soit privé deux ou trois jours de café chaud, répondit Stimson en secouant la tête, et il sera trop heureux de le permettre. Dans un climat comme celui-ci, on est naturellement porté à mettre le feu à tout ce qui peut brûler.

— J'en parlerai au capitaine Dagget.

Roswell n'y manqua pas; mais le capitaine du Vineyard reçut cette proposition comme une injure. Jamais une discussion plus vive ne s'était élevée entre les deux capitaines que lorsque Roswell suggéra à Dagget l'expédient de faire du bois de chauffage avec la coque du navire naufragé, maintenant que le temps était encore supportable et que les hommes pouvaient travailler.

— L'homme qui mettra la hache ou la scie dans ce malheureux navire, dit Dagget, je le considérerai comme un ennemi. Il est couché sur un lit assez dur pour qu'on ne le déchire pas encore par morceaux.

Telle était l'étrange disposition d'esprit avec laquelle Dagget jugeait encore la situation du navire naufragé ! Il est vrai que la glace l'empêchait de voir l'impossibilité qu'il y avait pour son vaisseau à jamais tenir la mer; mais il suffisait de connaitre quelque peu les lois de la mécanique et les moyens de réparer un vaisseau dont on pouvait disposer dans l'île pour ne pas se flatter un instant du vain espoir qui semblait s'être emparé de l'esprit des gens du Vineyard comme de celui de leur chef.

Il faut dire qu'après le naufrage le sentiment de jalousie qui existait dès l'origine s'était ranimé, et qu'il y avait quelque chose de ce sentiment dans l'espèce de prédilection que Dagget et son équipage avaient montrée pour le navire naufragé.

— Je ne crois pas, continua Dagget, que plus tard nous ayons plus à souffrir du froid que nous en souffrons maintenant. C'est une chose excellente de nous laver comme nous le faisons tous les jours; tout le monde le dit. Quant à moi, je ne renoncerai pas à mon navire, tant qu'il y restera une pièce de bois que l'on puisse mettre à flot.

Roswell pensa qu'il était absurde de s'attacher ainsi à une inutile masse de bois, de fer et de cuivre. Mais il ne dit rien à ce sujet.

— Je suis fâché maintenant, dit Dagget, que nous ayons apporté dans la maison tant de provisions; je crains que nous ne soyons forcés de les remporter.

— Il vaudrait mieux venir passer ici la plus rigoureuse partie de l'hiver, Dagget; à mesure que nous mangeons, nous faisons de la place dans la case, et elle devient plus commode. On a brisé hier matin un tonneau vide de porc salé pour faire le feu de la cambuse.

— Nous verrons, nous verrons, Gar'ner. Mes hommes croient que les vôtres briseraient mon schooner pour en faire du bois de chauffage, s'ils n'y avaient pas établi une vigie comme à bord d'un vaisseau à l'ancre.

— D'un vaisseau à l'ancre! répéta Roswell en souriant : vous dites là bien vrai. S'il y eut jamais un vaisseau à l'ancre, c'est celui-là; car il n'y a pas de câble qui eût pu l'attacher ainsi au rivage.

— Nous croyons encore qu'il peut quitter la côte, dit Dagget en regardant Roswell comme pour le questionner.

Car Dagget, malgré sa défiance naturelle, estimait Roswell et croyait à sa parole comme à sa bonne foi.

— Je serai reconnaissant envers Dieu, capitaine Dagget, reprit Roswell après une courte pause, si nous parvenons à passer l'hiver sous cette latitude, sans brûler des deux vaisseaux plus qu'il ne sera nécessaire pour nous sauver la vie. Assurément, il vaudrait mieux commencer par celui qui peut nous être le moins utile.

— J'y ai réfléchi, Gar'ner, de toutes les forces de mon esprit; j'y ai rêvé, j'ai dormi sur cette pensée, j'y ai songé à toutes les heures, dans tous les temps; elle me semble encore toute hérissée de difficultés. Voulez-vous consentir à recevoir une demi-cargaison de mes peaux et de mes huiles à la saison prochaine, et à partager avec moi tous les profits du voyage, si nous consentons à ce que ce vaisseau soit brûlé?

— Il n'est pas en mon pouvoir de faire un pareil marché. J'ai un armateur qui tient à sa propriété, et mon équipage a droit à sa part, comme dans tous les vaisseaux baleiniers. Vous demandez trop, et vous oubliez que si je me prévalais sur mon vaisseau du même pouvoir auquel vous prétendez encore sur un navire naufragé, vous n'auriez jamais le moyen de sortir de ce groupe d'îles. Nous ne sommes pas forcés de vous recevoir à bord de notre schooner.

— Je sais, Gar'ner, qu'il nous sera impossible, suivant vous, de jamais remettre notre schooner à flot; mais vous oubliez une chose, c'est que nous pourrions nous servir des matériaux pour faire un plus petit vaisseau, d'une soixantaine de tonneaux, à bord duquel nous retournerions chez nous en emportant la plus grande partie de nos peaux.

— Je ne dis pas que ce sera impossible, mais je dis que ce sera très-difficile. Je crois qu'il serait plus sage, de votre part, de laisser votre cargaison à la garde de quelques hommes d'équipage, si vous le jugez convenable, et de venir avec moi. Je vous débarquerai à Rio, où vous pouvez toujours rencontrer quelque petit navire américain pour vous conduire au sud et prendre la cargaison que vous aurez laissée. Si les hommes qui resteront en votre absence veulent construire un petit vaisseau, assurément ce n'est pas moi qui m'y opposerai. Mais il y a un fait important dont vous ne tenez pas compte, Dagget, c'est qu'il faut que votre vaisseau ou le mien serve cet hiver de bois de chauffage, ou que nous mourions tous de froid jusqu'au dernier.

— On ne touchera pas à un morceau de bois de mon navire. Je ne crois pas la moitié des histoires qu'on raconte de l'hiver des régions antarctiques, il ne peut pas faire plus froid ici que dans la baie de Fundy.

— Un hiver sans feu dans la baie de Fundy doit être pénible; mais ce n'est rien en comparaison d'un hiver dans ces îles. Je crois qu'un homme qui a goûté d'un été et d'un automne polaires doit se former une idée de ce qui l'attend ensuite.

— Les hommes d'équipage peuvent rester dans leurs lits et épargner le bois. Autant que je le pourrai, je m'opposerai à ce que mon navire soit brûlé.

Roswell s'étonnait de cette opiniâtreté; mais il pensait que la rigueur même de l'hiver en triompherait.

Dagget invita Roswell à venir se promener dans les cavernes de glace qui s'étaient formées au-dessus du navire naufragé. On pourrait supposer qu'une promenade de ce genre, le thermomètre étant à zéro, ne devait offrir qu'une très-froide distraction. Gardiner ne trouva point qu'il en fût ainsi : il était tout à fait à l'abri du vent, qui donne quelque chose de si poignant au froid et qui le rend insupportable ; il se trouvait réchauffé en outre par l'exercice qu'il faisait en grimpant au milieu des glaces. Et, pour dire la vérité, en quittant le navire naufragé, il le regardait comme un meilleur abri qu'auparavant.

— Le froid augmente de plus en plus, disait quelques jours après Stimson à Roswell. Je me suis levé ce matin lorsque tous les hommes étaient encore couchés, et c'était à peine si je pouvais supporter de n'avoir ni mon bonnet sur la tête ni ma couverture de peau, quoique je fusse dans la maison. Si le temps continue ainsi, un poêle ne suffira plus, il nous en faudra deux dans la chambre à coucher.

— Dieu sait d'où nous viendra le bois, si le capitaine Dagget ne nous abandonne pas son navire : nous serons morts longtemps avant le retour de l'été.

— Il faut nous réchauffer, Monsieur, dit Stimson en souriant, par la lecture de la Bible. Vous ne devez pas oublier, capitaine Gar'ner, que vous avez promis à une personne qui prie tous les jours pour vous, de parcourir les chapitres qu'elle vous a indiqués et d'y consacrer une pensée patiente et attentive.

— Ainsi, vous croyez que Jésus est le Fils de Dieu ? s'écria Roswell.

— Autant que je crois que nous sommes ici, et je voudrais être aussi sûr d'en sortir.

— D'où vous est venue cette conviction, Stimson ? De votre raison ou de la conversation de votre mère et du ministre ?

— Ma mère est morte avant que je pusse l'entendre parler, et j'ai peu fréquenté les ministres, pour ne pas m'être trouvé où on les rencontre. La *Foi* me dit de croire cela, et la foi vient de Dieu.

— Et je pourrais le croire aussi, si la foi me venait de la même source. Quoi qu'il en soit, il me semble que je ne pourrai jamais admettre ce qui paraît impossible.

La discussion se prolongea longtemps, mais sans amener le résultat que Stimson aurait désiré, et que Marie avait tant à cœur.

On était arrivé au commencement du mois d'octobre, qui correspond à notre mois d'avril. Dans un climat tempéré, ces variations auraient annoncé le printemps. Il n'en était pas ainsi sur la terre des chasseurs de veaux marins. Aussi longtemps qu'on était au milieu de l'hiver et que la rigueur du froid restait la même, en suivant un système de précaution adapté à une telle région, tout s'était assez bien passé, et les désastres qu'on avait éprouvés se bornaient à quelques joues et à quelques nez gelés, ce qui était surtout le résultat d'imprudences.

Il était tombé une grande quantité de neige, assez pour couvrir la terrasse, et intercepter la communication qui existait avec le navire naufragé et la maison. Le vent était fort et rendait le froid encore plus pénétrant. Le thermomètre variait beaucoup, s'élevant quelquefois au-dessus de zéro, quoique tombant quelquefois au-dessous. Il y avait eu en septembre et octobre plusieurs orages traînant à leur suite toutes les rigueurs de l'hiver. Le froid sec, presque toujours supportable, qu'on avait eu jusque-là, avait été suivi par des orages qui étaient quelquefois humides, quoique plus souvent d'un froid intense.

D'énormes glaçons étaient suspendus au toit de la maison, et formaient comme une chaîne de glace qui allait jusqu'au sol.

Roswell avait été forcé de couper les œuvres hautes de son propre schooner pour se procurer le bois sans lequel son équipage serait mort de froid. On ne reconnaissait l'endroit où se trouvait le schooner d'Oyster-Pond qu'à une haute montagne de neige à laquelle il avait servi comme de barrière au moment où, cédant à l'impulsion du vent, elle allait à la dérive; mais presque toute la partie du schooner qui était en dehors de l'eau, planches, pont, avait été mise en pièces et portée dans la case pour alimenter les poêles.

Pour mieux mettre en lumière l'opiniâtreté de l'autre équipage, Dagget avait été forcé d'en faire autant. Une grande partie de son bien-aimé navire avait disparu dans la cambuse, et l'on ne pouvait se borner là. Cette destruction de son vaisseau, à laquelle il se trouvait forcé, ne faisait qu'accroître son opiniâtreté. Il se cramponnait au dernier débris de ce malheureux navire comme à sa dernière espérance. Ce navire, disait-il, était à lui et à son équipage, tandis que l'autre vaisseau appartenait aux gens d'Oyster-Pond. Chacun n'avait de droit qu'à ce qui lui appartenait. C'était son opinion, et il agissait en conséquence. Le bois s'épuisait. Roswell avait cherché à faire du feu avec de l'huile pour remplacer le bois dans la cuisine, et il avait réussi à cuire ainsi la plupart des aliments. Pendant un jour entier, on avait débattu, en conseil général, si les deux chaloupes baleinières seraient brûlées avec leurs rames avant qu'on en vînt à attaquer le schooner lui-même.

— Si nous brûlons d'abord les chaloupes, dit le maître timonier, et qu'en définitive il nous faille en venir au schooner, comment sortirons-nous de ce groupe d'îles? Ces chaloupes, comme bois de chauffage, ne nous dureraient pas une semaine, lorsque le temps serait le moins rigoureux; mais elles pourraient nous conduire à quelque terre chrétienne, même après que le *Lion de Mer* aurait été réduit en cendres. Je commencerais d'abord par les œuvres hautes du schooner, en réservant les espars, quoiqu'ils dussent brûler mieux. Ensuite je scierais le ton du mât, les baux, les ponts, les petits baux, tout jusqu'à un pied de l'eau; mais je ne toucherais à rien au-dessous du cuivre, par la raison suivante : à moins que le capitaine Dagget ne se décide à brûler son propre vaisseau, nous aurons encore assez de matériaux, au printemps prochain, pour rétablir le pont de notre pauvre schooner et le rendre encore plus propre à la traversée que nos chaloupes. Telle est mon opinion, Monsieur.

Il fut décidé qu'on suivrait cette ligne de conduite. On enleva toutes les œuvres hautes du schooner, et l'on empila le bois dans la case. On vit bientôt qu'il fallait encore y mettre la plus grande économie, et qu'on pourrait être forcé d'en venir à la cale du vaisseau. Quant au schooner, ou ce que les hommes d'équipage appelaient ainsi, on en avait tiré tout ce qu'on avait pu. On avait transporté dans la maison l'huile gelée, et l'on s'en servait pour le chauffage et l'éclairage. On obtenait beaucoup de chaleur en faisant d'énormes mèches qu'on plaçait dans des vases contenant de l'huile, quoique cela fût loin de suffire pour réchauffer les hommes d'équipage pendant les temps les plus rigoureux.

Un mois environ avant l'époque précise à laquelle nous sommes arrivés, Macy, le premier officier marinier de Dagget, était venu à la case, accompagné d'un matelot, pour proposer, de la part de Dagget, qui habitait le navire naufragé, que les deux équipages occupassent ce navire, et qu'on mît la case en pièces pour en faire du bois de chauffage.

Gardiner avait déjà eu l'idée d'employer la réunion des deux équipages, mais en l'appliquant à son propre schooner. Ce plan était beaucoup plus praticable à cause de la distance qui était beaucoup moindre; mais on y avait bientôt renoncé. Tous les matériaux de la case étaient de bois de pin, qui brûle comme de l'amadou.

Quant à la proposition de Dagget, d'aller hiverner dans son navire naufragé, elle était inacceptable : l'espace aurait manqué, et il aurait fallu y transporter une multitude d'objets pour se garantir du froid. Or, ce transport, sinon impossible, était très-difficile par les chemins qu'obstruaient la glace et la neige. Comme on pouvait s'y attendre, la proposition de Dagget fut rejetée.

Macy passa une nuit avec les hommes d'Oyster-Pond, et quitta la maison après le déjeuner, le lendemain matin, sachant que Dagget n'attendait que son retour avec une réponse négative pour commencer la démolition du navire. Macy était accompagné du matelot, retournant comme il était venu. Deux jours plus tard, comme il y avait eu une légère fonte de neige causée par les rayons du soleil de midi, et que naturellement la glace s'était reformée plus dure la nuit suivante, Roswell et Stimson entreprirent de rendre la visite que Macy était venu faire, dans le but de tenter un dernier effort auprès de Dagget pour lui persuader de quitter le navire naufragé et de venir habiter la case. Lorsqu'ils furent à peu près à moitié chemin, ils trouvèrent le corps du matelot raide, gelé, sans vie. A un quart de mille plus loin, Macy, qu'on supposait avoir beaucoup encouragé Dagget dans son opiniâtreté, fut trouvé exactement dans le même état. Tous les deux étaient tombés en chemin, et avaient succombé à l'excès du froid. Ce ne fut pas sans peine que Gardiner arriva au navire naufragé, où il rapporta ce qu'il avait vu.

Ce terrible avertissement ne changea pas les idées de Dagget. Il avait commencé à brûler son vaisseau, car il ne lui restait pas d'autre alternative; mais, comme il l'expliquait à Roswell, il s'y prenait de manière à construire un plus petit vaisseau au printemps, sans être dans la nécessité de quitter maintenant son schooner.

Sous quelques rapports, le navire naufragé offrait des avantages comme habitation. Il y avait plus de place pour prendre de l'exercice, les cavernes de glace étant spacieuses et opposant une barrière aux vents, qui étaient maintenant le plus grand danger de la saison. C'était sans doute le vent qui avait été la cause de la mort de Macy et de son compagnon.

A mesure que le printemps approchait, ces vents augmentaient de violence.

Un mois tout entier suivit cette visite de Roswell, et, pendant tout ce mois, il n'y eut point de rapports entre la case et le navire naufragé. C'était le mois de septembre, qui correspond à mars, et le temps avait été affreux.

La mort de Macy et du matelot fit une grande impression sur Roswell, et le danger auquel il se trouvait exposé lui-même avec son équipage parla à son cœur.

Il prit l'habitude de causer de religion avec Stimson plus qu'il ne l'avait encore fait, et lut et relut les passages que lui avait marqués Marie, où il était surtout question de la divinité du Christ.

Ce lugubre mois avait produit des résultats analogues dans tous les esprits. Tous les hommes étaient devenus plus sérieux en lisant la Bible. Il y a dans les récits de l'Évangile un caractère de simplicité qui en garantit la vérité à tous les esprits, et qui produisit son effet sur l'âme de Roswell, quoiqu'il conservât encore des doutes basés sur l'orgueil de la raison.

Un soir de ce mois d'octobre, dont nous parlons ici, après l'un des après-midi les plus beaux que l'île eût vus depuis plusieurs mois, Roswell et Stimson voulurent continuer de prendre de l'exercice sur la terrasse qui se trouvait encore libre de neige et de glace. La nuit s'annonçait comme devant être froide; mais le temps n'était pas encore assez rigoureux pour forcer Roswell et Stimson à chercher un abri. Tous deux se figuraient qu'il y avait dans l'air comme un souffle du printemps.

— Il faut, dit Roswell, savoir ce que sont devenus les gens du Vineyard. Un mois s'est passé depuis que nous n'avons eu de leurs nouvelles.

— C'est une triste chose que cette séparation, capitaine Gar'ner, répondit le patron, et chaque heure la rend plus triste. Pensez au bien qui serait résulté pour ces jeunes gens, s'ils s'étaient trouvés avec nous, lorsque nous avons lu le livre des livrés le soir et le matin !

— Ce bon livre semble remplir vos pensées, Stimson ; je voudrais qu'il me fût possible d'avoir votre foi.

— Cela viendra, Monsieur, pourvu que vous fassiez quelques efforts. Je ne sache pas qu'il y ait eu un cœur plus dur que ne l'était le mien il y a environ cinq ans. J'étais plus mauvais chrétien, capitaine Gar'ner, que vous ne l'êtes aujourd'hui. Mon seul dieu était le monde, et le monde tel qu'un pauvre matelot peut le connaître. Ce n'était pas être beaucoup au-dessus de la brute.

— De tous les hommes d'équipage, vous paraissez le plus content et le plus heureux. Je ne puis dire que je vous aie vu manifester aucun symptôme de crainte lorsque les choses ont été au pis.

— Il serait ingrat de ma part, Monsieur, de me défier d'une Providence qui a tant fait pour moi.

— Je désirerais du fond du cœur croire avec vous que Jésus était le Fils de Dieu !

Malgré le froid qui n'avait cessé d'augmenter, Roswell était resté sur la terrasse, même après que Stimson l'avait quitté. Un magnifique spectacle se déroulait devant ses regards, celui d'une nuit polaire, et d'un ciel dont les étoiles brillaient comme des soleils. Roswell sentait sa propre faiblesse et la grandeur de Dieu ; il s'inclinait devant cette grandeur, il sentait à quel point il dépendait de cette toute-puissance. Tout ce que Marie lui avait souvent dit lui revenait à la pensée, et les sages paroles de Stimson faisaient fructifier dans son cœur ces germes de la foi

LES LIONS DE MER

chrétienne. Si Marie avait su ce qui se passait cette nuit dans le cœur de Roswell, son bonheur aurait été aussi grand que sa reconnaissance envers Dieu. Elle aurait vu cette barrière qui s'était longtemps élevée entre elle et Gardiner, détruite par la seule influence de cet esprit divin qui prépare les hommes à la présence de Dieu.

CHAPITRE XXIII.

> Priez! — le radieux soleil a disparu, et l'obscurité de la nuit arrive; elle tombe, comme un rideau, de la main de Dieu, pour abriter de son ombre la couche où ses enfants reposent. Puis agenouillez-vous, tandis que les étoiles qui veillent sont brillantes, et donnez vos dernières pensées au maître de la nuit.
>
> WARE.

TANDIS que l'âme de Roswell s'ouvrait à la foi nouvelle qui venait le changer, Stimson était inquiet à la pensée que, par un temps aussi rigoureux, son capitaine fût dehors, et il vint le chercher.

— Vous supportez bien le froid, capitaine Gar'ner, dit Stimson, mais vous feriez peut-être mieux de rentrer.

— Je n'ai pas froid, Stimson, répondit Roswell; au contraire, je me trouve en bonne disposition. Mon esprit a été occupé pendant que mon corps prenait de l'exercice. Il est rare que le corps ait à souffrir dans de telles conditions. Mais, écoutez, ne semble-t-il pas qu'il y a une voix qui nous appelle dans la direction du navire naufragé?

On sait à quelle distance arrivent les sons par un temps très-froid et très-clair. Les hommes d'équipage avaient entendu des conversations sur un ton ordinaire à peu près d'un mille de distance; et, en plusieurs occasions, on avait essayé d'établir des communications de vive voix entre le navire naufragé et la case. On avait entendu certains mots, mais il avait été impossible de tenir une conversation suivie.

— Il est trop tard, dit Stimson, pour penser qu'aucun des hommes du Vineyard soit encore debout. Il fait si froid que tout le monde doit être couché.

— Je ne trouve pas qu'il fasse si froid, Stimson. Y a t-il longtemps qui vous n'avez regardé le thermomètre [1] ?

— J'y ai regardé, Monsieur, en venant, et il a eu un langage effrayant ce soir ! Le mercure est tombé tout entier dans la cuvette. Que voulez-vous de plus, capitaine Gar'ner ?

— C'est extraordinaire, je ne trouve pas qu'il fasse si froid. Le vent semble tourner au nord-est ; qu'il en soit ainsi, et nous aurons un dégel. Écoutez, voilà que le cri recommence.

Cette fois il ne pouvait y avoir de méprise. Une voix humaine s'était certainement élevée au milieu du calme de cette nuit presque polaire, demandant du secours aux oreilles humaines. Les seuls mots qu'on entendit ou que l'on comprit étaient ceux-ci : Au secours ! Ce cri avait quelque chose de lamentable, comme le gémissement d'un mourant. Roswell sentit tout son sang refluer au cœur ; jamais il n'avait mieux senti combien l'homme est sous l'empire de la divine Providence.

— Vous l'avez entendu ? dit-il à Stimson après un moment d'attention silencieuse.

— Certainement, Monsieur, personne ne peut s'y tromper. C'est la voix du nègre John, le cuisinier du capitaine Dagget.

— Croyez-vous, Stimson ? le gaillard a de bons poumons ; et peut-être l'a-t-on chargé d'appeler au secours ?

— J'y ai pensé, capitaine Gar'ner, et il est difficile de répondre sur ce point. Ils doivent avoir encore des provisions de bouche, et s'il leur fallait des rations, on en aurait envoyé chercher. Ils ont peut-être laissé éteindre leur feu, et ils n'ont pas le moyen de le rallumer.

Cette dernière conjecture parut probable à Roswell. Du moment qu'il avait eu là certitude qu'on l'appelait, il avait résolu de se rendre au navire naufragé, malgré l'heure avancée

---

1. Le thermomètre dont veut parler M. Fenimore Cooper est celui de Fahrenheit, dans lequel le zéro de Réaumur, qui marque la glace fondante, est à 52 *degrés au-dessous* de zéro ; un degré de Réaumur équivaut à 2 degrés 1/4 de Fahrenheit.

et la rigueur extrême du froid. Comme il l'avait dit à Stimson, il ne se rendait pas compte de l'excès du froid, tant l'exercice qu'il avait pris, et le travail moral auquel son âme était livrée, l'avaient disposé à braver les rigueurs de la saison. Mais cet appel était venu tellement à l'improviste, qu'il ne sut d'abord ce qu'il fallait faire.

On appela les officiers mariniers, et on leur dit ce qu'on pouvait avoir à leur demander. On ne crut pas nécessaire d'appeler aucun des autres hommes de l'équipage. Il y en avait toujours un qui veillait pour entretenir les feux et empêcher qu'un incendie ne se déclarât, ce qui aurait porté le dernier coup à tout l'équipage, car on perdait ainsi toutes les provisions, et il était certain que, sans abri et sans moyens de se tenir chaudement, les hommes ne pourraient pas résister à un tel climat pendant quarante-huit heures; l'incendie de la case équivalait à une mort certaine.

Roswell n'emmena avec lui que Stimson. Deux personnes en valaient cent, s'il ne s'agissait que de rallumer le feu. On emporta ce qu'il fallait pour cela, ainsi qu'un pistolet chargé, afin de pouvoir faire un signal s'il était nécessaire. On convint de quelques moyens pour donner communication aux officiers mariniers qui restaient à la case des faits les plus importants, et Roswell entreprit avec son compagnon ce terrible pèlerinage.

En réfléchissant à l'heure, au temps, au but qui était devant lui, Roswell Gardiner sentait qu'il allait tenter la plus périlleuse des entreprises de sa vie, au moment où Stimson et lui serraient la main aux officiers mariniers et partaient. L'émotion et l'exercice firent d'abord circuler rapidement le sang de nos deux aventuriers et les empêchèrent de sentir immédiatement le froid auquel ils étaient exposés. Il fallait quelquefois faire un détour pour éviter les neiges apportées par les vents, mais la lune et les étoiles versaient en si grande abondance leur éclat sur la surface gelée de la terre, que la nuit était aussi claire que la lumière d'un jour d'hiver à Londres.

— Il est bon de penser au Dieu tout-puissant et à ses miséricordes, lorsqu'on entreprend une expédition aussi sérieuse, dit Stimson lorsqu'ils furent à une petite distance de la maison;

nous ne vivrons peut-être pas assez longtemps pour aller jusqu'au navire naufragé, car il me semble qu'il fait de plus en plus froid.

— Je m'étonne de ne plus entendre de cris, dit Roswell; un homme qui a poussé un tel cri doit avoir assez de force pour le pousser encore.

— Il ne faut jamais calculer d'après les nègres, reprit Stimson, qui avait les préjugés américains contre cette race qui a été si longtemps esclave dans le pays. Ils sont assez portés à crier; mais si on ne leur répond pas, ils se taisent aussi vite. Le sang noir ne peut supporter le froid comme le *sang blanc*, capitaine Gar'ner, pas plus que le sang blanc ne peut supporter la chaleur comme le sang noir.

— On m'a déjà dit cela, Stimson, et j'ai été surpris que le cuisinier du capitaine Dagget fût le seul qui, cette nuit, eût la force de crier.

Ils continuèrent de marcher. Roswell crut entendre encore un cri comme celui qui l'avait décidé à cette dangereuse entreprise par une nuit si terrible. Cette fois cependant le cri était difficile à expliquer; il ne semblait pas venir directement de l'endroit où se trouvait le navire naufragé.

— Ce dernier cri, dit Stimson, part d'un point qui est plus près des montagnes que nous n'en sommes maintenant, et pas du tout de là-bas, du côté de la mer. J'en suis si sûr, que je suis d'avis de changer un peu de route pour voir si quelqu'un des hommes du Vineyard ne s'est pas exposé à quelque péril pour nous trouver.

Roswell éprouvait le même désir, car il avait fait la même conjecture, quoiqu'il ne pensât pas qu'on eût choisi le nègre pour remplir cette commission dans de telles circonstances.

— Je crois, dit-il, que le capitaine Dagget serait venu lui-même, ou qu'il aurait chargé de cette mission quelqu'un de ses officiers, au lieu de la confier à un nègre.

— Nous ne sommes pas sûrs, Monsieur, que ce soit le nègre que nous avons entendu. La détresse fait pousser à peu près les mêmes cris, qu'ils viennent de la gorge d'un blanc ou d'un nègre.

Rapprochons-nous des montagnes, Monsieur; je vois là-bas quelque chose de noir sur la neige.

Roswell aperçut le même objet, et nos aventuriers dirigèrent leurs pas de ce côté. Dans une atmosphère très-froide, il n'était pas aussi facile de faire un effort physique que lorsque la température est modérée. Cela empêcha Roswell et son compagnon de marcher aussi vite qu'ils l'auraient fait. Mais ils marchaient assez rapidement pour atteindre en cinq minutes le point noir qu'ils avaient découvert sur la neige.

— Vous avez raison, Stimson, dit Gardiner, lorsqu'il se trouva devant ce point, au milieu de l'immensité du manteau de neige qui couvrait la mer et la terre aussi loin que l'œil pouvait atteindre ! — C'est le cuisinier ! le pauvre homme était arrivé ici à mi-chemin entre le vaisseau et la case.

— Il doit vivre encore, Monsieur, tout nègre qu'il est. Il n'y a pas dix minutes qu'il a poussé ce dernier cri. Aidez-moi à le retourner, capitaine Gar'ner, et nous lui ferons avaler une gorgée d'eau-de-vie. Un peu de café chaud le ranimerait tout à fait.

Roswell fit ce que désirait Stimson, après avoir d'abord tiré son coup de pistolet pour avertir ses officiers mariniers qu'il avait laissés à la case. Le nègre n'était pas mort, mais il se trouvait dans un si grand danger, qu'il aurait suffi de quelques minutes pour qu'il fût perdu. Les frictions que lui firent Roswell et Stimson produisirent leur effet. Une gorgée d'eau-de-vie sauva probablement le pauvre garçon. Pendant qu'il donnait des soins au malade, Gardiner trouva à côté de lui un morceau de porc gelé qui n'avait jamais été cuit. Cela suffit pour expliquer le genre de malheur qui était arrivé à l'équipage du navire naufragé.

Ils étaient si préoccupés des soins qu'ils donnaient au pauvre cuisinier, que des hommes d'équipage arrivèrent de la maison, beaucoup plus tôt qu'ils n'auraient osé l'espérer. Ils étaient conduits par le premier officier marinier, et ils apportaient une lampe qui brûlait sous un vase d'étain contenant du café chaud et sucré. Cette boisson chaude produisit un merveilleux effet sur le malade et sur les personnes bien portantes. Après une gorgée ou deux, accompagnées d'une vigoureuse friction, au milieu de ces hommes dont la présence lui apportait du calorique, le nègre commença à revenir à lui. L'espèce de léthargie dont sont pris ceux qui courent le danger de mourir de froid disparut, et il fut bientôt capable de marcher en étant soutenu.

Le café chaud lui fit le plus grand bien, et chaque goutte qu'il en prit parut lui rendre la vie. Lorsqu'il fut arrivé à la case, où l'on retourna d'abord, il pouvait penser et parler. Comme Gardiner et Stimson étaient revenus avec lui, tout le monde put entendre le nègre raconter son histoire.

Il paraît que, pendant le terrible mois qui venait de s'écouler, Dagget avait forcé son équipage à faire beaucoup plus d'exercice. Il éprouvait de vives inquiétudes à l'égard du chauffage, et il avait donné les ordres les plus sévères de l'épargner autant que possible. On ne veilla pas au feu comme il aurait fallu y veiller. Pendant la nuit, les hommes du Vineyard reçurent l'ordre de se couvrir, autant qu'ils le pourraient, de leurs habits, et, la cabine étant petite, un aussi grand nombre de personnes très-rapprochées y produisit, sans doute, un certain effet sur l'atmosphère.

Tel était l'état de choses, lorsque, se rendant à sa cambuse pour faire le déjeuner, le nègre trouva le feu éteint. Il n'y avait pas une étincelle même parmi les cendres, et la boîte d'amadou était égarée; c'était le plus grand malheur qui, dans ce moment, pût arriver aux hommes du Vineyard. On aurait pu lutter quelque temps contre le froid avec des couvertures de lit, de l'exercice et d'autres moyens, si l'on avait eu des aliments chauds; mais le froid pénétrait dans la cabine, et bientôt tout le monde sentit le danger de la situation. On passa un jour entier à faire d'inutiles efforts pour obtenir du feu. Le frottement ne réussit pas; il ne réussit probablement jamais quand le thermomètre est à zéro. On aurait pu obtenir des étincelles si tout n'avait pas été raide de froid, et la seconde nuit l'eau-de-vie elle-même, lorsqu'elle n'était pas bouchée, ne formait bientôt plus qu'un morceau de glace. Non-seulement l'intensité du froid augmentait, mais tout, jusqu'à l'organisme humain, semblait geler par degré et passer à l'état de glace. Plusieurs hommes d'équipage commencèrent à souffrir aux oreilles, au nez, aux pieds et aux autres extrémités, et bientôt l'on fut forcé de se réfugier dans les lits. En quelques heures, on avait envoyé trois hommes à la case pour se procurer du feu ou les moyens d'en allumer, ainsi que les autres objets qui étaient nécessaires au salut des gens du Vineyard. Le cuisinier avait été le troisième et le dernier de ces messagers. Il avait passé devant ses camarades de bord, tous deux étendus morts sur la neige; il le supposait au moins, car pas un ne donnait signe de vie. C'était en présence de ce terrible spectacle que le nègre avait appelé au secours. Il avait continué d'appeler ainsi, jusqu'à ce que lui-même, glacé de froid et de terreur, il s'évanouit et tomba sur la neige, dans un état de léthargie qui aurait été son dernier sommeil sans l'arrivée de Roswell.

Notre jeune capitaine sortit à minuit pour la seconde fois de cette soirée. Il était accompagné d'un de ses officiers mariniers, d'un matelot et de son vieux patron. Chacun d'eux prit un bol de café chaud avant de sortir. L'expérience prouve qu'il n'y a pas de meilleur moyen de lutter contre le froid que d'avoir l'estomac chaud. Roswell le savait bien, et il ordonna encore d'apporter une cafetière de café bouillant et deux lampes allumées, pour conserver quelque chaleur et avoir du feu tout prêt en arrivant au navire naufragé. L'huile d'éléphant de mer et des morceaux de voiles préparés pour la circonstance en fournissaient les éléments nécessaires.

Le froid était si rigoureux, que Roswell fut sur le point de revenir sur ses pas lorsqu'il fut à l'endroit où il avait trouvé le nègre. Mais l'idée de la situation dans laquelle était Dagget se présenta à lui, et il poursuivit sa route. Roswell et ses compagnons avaient pris les plus grandes précautions contre le froid, ils s'étaient surtout couverts de peaux de veaux marins. Tous portaient deux chemises. Grâce à ces sages mesures, aucun d'entre eux ne fut saisi du froid, et ils continuèrent de marcher.

A l'endroit indiqué par le nègre, on trouva le corps d'un des meilleurs hommes d'équipage de Dagget, son patron. Il était mort, comme on le pense bien, et le cadavre était raide comme un morceau de bois. Cet homme, jeune et beau, n'était plus qu'une masse de glace inerte. Quelques degrés plus au sud, il est probable que ces restes humains auraient gardé leur forme jusqu'à la trompette du dernier jugement.

On ne perdit point de temps en consultations stériles devant le corps de cet homme, que les hommes de l'équipage d'Oyster-Pond avaient toujours beaucoup aimé. Vingt minutes après, on trouva l'autre corps : les deux cadavres gisaient sur la route qui existait entre la case et le navire naufragé. C'était le dernier qui était mort; mais comme l'autre infortuné, il pouvait rester ainsi dix mille ans s'il n'y avait pas de dégel.

Roswell ne s'arrêta qu'une minute pour constater l'identité du cadavre, et il se hâta de se rendre avec ses compagnons là où il était possible de faire du feu, c'est-à-dire au navire naufragé. Au bout de dix minutes ils se trouvèrent tous dans les cavernes de glace, et ils entrèrent dans la cabine sans regarder ni à droite ni à gauche, sans chercher aucun de ceux qui devaient être dans ce navire; les nouveaux venus ne s'occupèrent que de faire du feu. On avait rempli de bois la cambuse, et il était évident que plusieurs personnes s'étaient efforcées d'y obtenir un peu de flamme. On avait mêlé des planches de pin au bois de chêne du vaisseau, et il ne manquait plus que les moyens d'allumer. Heureusement pour eux-mêmes, Roswell et ses compagnons s'en étaient munis.

Il n'y avait pas un homme, parmi ceux d'Oyster-Pond, dont l'esprit ne fût concentré en ce moment dans un seul désir, celui d'obtenir de la chaleur. Le froid avait pénétré lentement, mais cruellement, dans leurs habits; et Roswell lui-même, dont la force morale avait été ce jour-là d'un si merveilleux secours, éprouva quelques frissons. Ce fut Stimson qui entra le premier dans la cambuse; d'autres le suivaient portant des lampes, de la toile imprégnée d'huile, et un peu de papier tout préparé. On trouva qu'il faisait plus chaud dans la cabine les portes fermées, et les voiles servant d'abri extérieur pour empêcher l'air de pénétrer; cependant, lorsque Roswell regarda le thermomètre, il vit que tout le mercure était encore dans la cuvette.

L'intérêt avec lequel chacun suivait des yeux Stimson, au moment où il cherchait à faire du feu, était bien ardent, on le croira sans peine. La vie ou la mort dépendaient du résultat, et la manière dont tous les regards se portaient sur Stimson montrait à quel point la crainte de geler s'était emparée de l'esprit d'hommes robustes et généreux. Roswell seul se hasarda un instant à regarder autour de la cabine. On n'y apercevait que trois des hommes de l'équipage du Vineyard, quoiqu'il pût croire que plusieurs étaient couchés sous des amas de vêtements. Des trois qui se trouvaient levés, il y en avait un si près de la lampe qu'il tenait à la main, que la lumière éclairait son visage et ce qu'on pouvait voir d'un corps enveloppé de peaux.

Cet homme était assis. Il avait les yeux ouverts et fixés sur ceux qui se trouvaient dans la cambuse; ses lèvres étaient un peu ouvertes, et d'abord Roswell s'attendait à l'entendre parler. Mais les traits immobiles, les muscles raidis du marin, et l'expression étrange de ses regards lui eurent bientôt appris la triste vérité. L'homme était mort. Les sources de la vie étaient comme glacées dans son cœur. Frissonnant autant d'horreur que de froid, notre jeune capitaine se retourna vivement du côté de Stimson pour voir s'il réussirait à faire prendre le feu. Tous ceux qui ont pu faire l'expérience de climats très-rigoureux ont eu fréquemment l'occasion d'observer avec quelle difficulté on allume toute espèce de feu par un temps très-froid. En un mot, toutes les substances inanimées qui contiennent les principes du calorique semblent sympathiser avec l'état de l'atmosphère, et contribuer à rendre plus froide encore la froidure universelle. Il en était ainsi maintenant, malgré les préparatifs qu'on avait faits. Après avoir échoué deux fois, Stimson s'arrêta et prit une gorgée de café chaud. En le buvant il s'aperçut que ce liquide perdait de sa chaleur.

Il mit sous le bois beaucoup de toile, imprégnée d'huile, il plaça une lampe au milieu de tous les combustibles. Cet expédient réussit; peu à peu, le bois qui se trouvait dans le foyer commença à dégeler; une flamme faible d'abord commença à se montrer sur les morceaux de bois de chêne, seul chauffage sur lequel on pût vraiment compter. Il y avait encore à craindre que le petit bois ne fût consumé avant que le feu prît tout à fait. La glace s'était littéralement mise en possession de tous ces combustibles; et on l'en chassa si lentement, elle s'attacha si opiniâtrément à sa conquête, que le résultat resta un moment incertain.

Heureusement on trouva un soufflet, et, grâce à cet auxiliaire si utile, le chêne flamba enfin, et le feu donna quelque chaleur.

Puis on ressentit les frissons avec lesquels le froid abandonne le corps humain, et, par le nombre et la force de ces frissons, Roswell comprit combien lui et ses compagnons avaient été près de la mort. Lorsque le jeune homme vit le feu s'allumer lentement, un sentiment de reconnaissance s'éleva dans son cœur, et mentalement il rendit grâces à Dieu. La cabine était si petite, si étroite, si encombrée, qu'on remarqua presque aussitôt un changement dans la température. Comme il n'y avait rien de perdu de la chaleur, l'effet n'était pas seulement visible, mais agréable. Roswell jeta les yeux sur les vases de la cambuse, tandis que le feu s'allumait. Il y en avait un, le plus grand, qui était rempli, ou à peu près, de café gelé et formant une masse solide. Dans un autre vase on avait voulu faire bouillir du bœuf et du porc, et cette viande était également gelée. C'est quand toute cette glace commença à fondre que le feu parut avoir pris le dessus, et que l'espoir rentra dans le cœur des hommes d'Oyster-Pond. En jetant encore un regard sur le thermomètre, il vit que le mercure s'était assez dilaté pour quitter la cuvette. Il monta bientôt assez haut pour ne plus marquer que 40 degrés au-dessous de zéro.

Il est inutile de dire combien ceux qui se trouvaient autour du feu suivaient les progrès de la flamme, et combien leur satisfaction fut profonde quand ils virent que Stimson avait réussi.

— Que Dieu soit loué pour toutes ses miséricordes! s'écria enfin Stimson en mettant le soufflet de côté : je sens la chaleur du feu, et cette chaleur sauvera tous ceux d'entre nous qui vivent encore.

Il souleva alors les couvercles, et il regarda dans les différents vaisseaux qui se trouvaient sur le feu. La glace fondait vite, et l'on pouvait sentir la vapeur du feu. C'est en cet instant qu'une faible voix se fit entendre d'une des couchettes.

— Gar'ner, disait cette voix d'un ton suppliant, si vous avez quelque pitié d'une créature humaine dans la dernière détresse, donnez-moi une gorgée de café pour me réchauffer! Ah! que l'odeur en est agréable, et combien cela doit être bon pour l'estomac! Il y a trois jours que je n'ai rien pris, pas même de l'eau.

C'était Dagget, le marin si longtemps éprouvé, l'homme aux nerfs de fer, l'homme livré à l'amour de l'or, qui avait depuis si longtemps concentré en lui-même toute l'énergie nécessaire à celui qui est par-dessus tout animé de la passion du gain. Combien il était changé maintenant! Il ne demandait que les moyens de sauver sa vie, et il ne pensait plus aux peaux, aux huiles et aux trésors des plages désertes.

A peine Roswell fut-il instruit du sort de Dagget, qu'il vint à son secours. Heureusement il y avait du café chaud, aussi chaud que l'estomac humain peut le supporter. On donna à Dagget deux ou trois gorgées de ce liquide, et le ton de sa voix montra aussitôt l'effet que le café avait produit.

— Je suis bien mal, Gar'ner, reprit le capitaine Dagget, et j'ai peur que nous tous qui sommes ici, nous nous trouvions dans le même état. J'ai lutté contre le froid aussi longtemps que la nature humaine a pu l'endurer; mais il m'a fallu céder.

— Combien reste-t-il encore de vos gens, Dagget? Dites-nous où nous les trouverons.

— J'ai peur, Roswell, qu'ils n'aient plus besoin de rien dans cette vie. Le second officier marinier et deux des matelots étaient assis dans la cabine, lorsque je me suis jeté sur cette couchette, et j'ai peur qu'on ne les trouve morts. Je les ai exhortés à se coucher aussi, mais le sommeil s'était déjà appesanti sur eux, et quand cela arrive, on est bien vite exposé à geler.

— Il y a dans la cabine trois hommes qui n'ont plus besoin de secours, car ils sont tout à fait gelés; mais il doit y en avoir d'autres encore. J'en vois deux dans les couchettes. Ah! que dites-vous de ce pauvre garçon, Stimson?

— L'âme n'a pas quitté le corps, Monsieur, mais elle est prête à partir. Si nous pouvons lui faire avaler un peu de café, l'ange de la mort l'épargnera peut-être.

Dès que cet homme eut pris un peu de café, il fut rappelé à la vie. C'était un jeune homme nommé Lee, un des plus beaux et des plus vigoureux de l'équipage. En examinant ses membres, on trouva qu'aucun n'était tout à fait gelé, quoique la circulation du sang fût si près d'être entièrement interrompue qu'il aurait suffi d'une heure de ce grand froid pour lui donner la mort. En examinant les membres de Dagget, Roswell fut effrayé de la découverte qu'il fit; les pieds, les jambes et les bras de l'infortuné capitaine du Vineyard étaient aussi raides que des glaçons. Roswell envoya aussitôt chercher de la neige pour frictionner les malades : c'est le moyen auquel les chasseurs de veaux marins ont toujours recours. On enleva les corps morts de la cabine, et on les déposa sur la glace en dehors; la chaleur toujours croissante rendait cette mesure opportune. En regardant le thermomètre qui était suspendu au fond de la cabine, on vit que le mercure se trouvait à deux degrés au-dessus de zéro; c'était une température très-supportable; les hommes commencèrent à se débarrasser des vêtements dont ils s'étaient couverts pour résister au froid.

L'équipage du *Lion de Mer* du Vineyard était composé de quinze marins, un de moins que l'autre schooner. Trois d'entre eux avaient perdu la vie entre le navire naufragé et la maison; on trouva trois corps assis dans la cabine, et l'on en retira encore des couchettes deux qui étaient morts.

Le capitaine Dagget, le cuisinier et Lee, ajoutés aux autres, faisaient douze; il ne restait plus ainsi que trois hommes d'équipage dont on eût à se rendre compte. Lorsqu'on demanda à Lee ce qu'ils étaient devenus, il dit que l'un des trois avait été gelé dans les cavernes quelques jours auparavant, et que les deux autres étaient partis pour la case pendant le dernier orage de neige, ne pouvant plus supporter le froid dans le navire naufragé. Comme ces deux hommes n'étaient pas encore arrivés à la case au moment où Roswell en sortait, on ne pouvait douter qu'ils fussent morts. Ainsi, des quinze hommes qui avaient mis à la voile du Vineyard, pour affronter tous les périls par amour du gain, il n'en restait plus que trois; et il y en avait deux qu'on pouvait regarder comme dans une position critique. Lee était le seul homme de tout l'équipage qui fût en bonne santé et capable de rendre des services.

CHAPITRE XXIV.

> Mon pied s'est posé sur la montagne de glace, tandis que le vent souffle avec force autour de moi; mon œil, quand la nuit est venue, vit s'éteindre la lumière du fanal. Je suis l'oiseau de la mer, l'oiseau de la mer, l'oiseau de la mer, seul avec le désespoir; l'oiseau de la mer, l'oiseau de la mer, l'oiseau de la mer, seul témoin ici.
>
> BRANIARD.

Lorsqu'on eut enlevé les corps de la cabine et que les membres de Dagget furent couverts de neige, Roswell regarda le thermomètre. Il s'était élevé déjà à vingt degrés au-dessus de zéro. C'était de la chaleur, comparé à la température qu'on avait eu à supporter, et l'on put s'en apercevoir. Le feu n'était pas la seule cause de ce changement. Des hommes qui étaient sortis, revinrent bientôt et annoncèrent que le temps s'était beaucoup amélioré. Une heure plus tard, on put voir qu'un autre thermomètre qui se trouvait en dehors indiquait dix degrés au-dessus de zéro! Ce changement venait du vent qui soufflait un peu du midi. Les marins se débarrassèrent de leurs peaux et on laissa tomber le feu, quoiqu'on eût soin de le tenir allumé.

Nous ne trouvons que peu de plaisir à retracer le tableau des souffrances humaines, et il nous suffira de dire que le pauvre Dagget ne put s'empêcher de crier pendant qu'on le dégelait au moyen de frictions froides. C'était le seul moyen cependant de le traiter, et comme il le savait, il supporta ses souffrances avec un véritable courage.

L'activité à laquelle il s'était livré et la responsabilité du commandement avaient empêché Roswell de réfléchir beaucoup à ce qui venait de se passer, avant qu'il lui fût possible de se coucher pour prendre quelque repos. Alors le plus terrible des tableaux vint se dérouler devant lui, et il comprit tous les dangers auxquels il avait échappé, aussi bien que la miséricorde de la Providence.

Entouré de morts, on peut le dire, et doutant encore du sort des vivants, il était devenu lui-même plus humble, moins confiant dans l'avenir. La majesté et la puissance de Dieu prenaient dans son esprit une plus grande place, tandis que son opinion de lui-même devenait plus modeste. Il y avait cependant une image qui restait toujours la même dans sa pensée : c'était celle de Marie. S'il pensait à Dieu, il voyait les yeux de Marie levés vers le ciel ; s'il songeait à partir, le sourire de Marie l'encourageait ; s'il arrivait sain et sauf, les yeux baissés de Marie trahissaient toute la joie de son cœur. C'était au milieu de ces tableaux que Roswell s'endormit.

Quand on se leva le matin, il y avait encore plus de changement dans le temps. Un coup de vent avait amené des torrents de pluie. Le dégel était aussi complet que la gelée avait été excessive. Dans cette région, le temps est toujours extrême, et il passe de l'hiver au printemps aussi vite que de l'automne à l'hiver. Nous employons ces termes, printemps et automne, pour nous servir des expressions ordinaires ; mais dans le fait, ces deux saisons existent à peine dans les mers antarctiques. Ordinairement l'on passe de l'hiver à l'été, tel que l'été peut être.

Malgré le changement favorable du temps, Roswell, lorsqu'il sortit le lendemain matin, vit bien que l'été n'était pas encore venu. Il fallait que plusieurs semaines se passassent encore avant que la glace disparût de la baie et que même on pût mettre une chaloupe à la mer. Sous un rapport, les hommes qui se trouvaient encore dans l'île avaient gagné aux terribles pertes que venait de faire l'équipage de Dagget : les provisions des deux vaisseaux pourraient maintenant servir à un seul équipage, et Roswell, lorsqu'il vint à réfléchir aux circonstances, reconnut que la Providence avait épargné peut-être aux survivants de grandes privations, sinon toutes les tortures de la faim.

Cependant c'était un dégel, et tel qu'on peut se l'imaginer dans un climat où l'on rencontre tous les extrêmes. Les neiges qui se trouvaient sur les montagnes commencèrent bientôt à descendre par torrents dans la plaine, et tombant de différents pics, à former de magnifiques cascades. Il y avait tout un mille de rochers qui formaient une cataracte continuelle, cette nappe d'eau n'offrant presque aucune interruption à travers toute cette distance. L'effet de ce déluge était aussi grand qu'extraordinaire. Toute la neige qui se trouvait sur le rocher disparut, et les fragments de glace commencèrent à perdre rapidement de leur grosseur. D'abord, Roswell craignit pour le navire naufragé, car il avait toujours pensé qu'il serait emporté par les eaux de la mer. A cette appréhension en succéda bientôt une autre, c'était qu'il ne fût brisé par les énormes blocs de glace qui forment les cavernes au milieu desquelles il se trouvait, et qui maintenant commençaient à changer de position à mesure que l'eau en détruisait les bases. Roswell pensa un moment à braver l'orage, et à transporter Dagget à la case sur une charrette à bras; mais lorsqu'il vit les torrents d'eau qui traversaient les rochers, il renonça à cette idée comme impraticable. Il fallut donc passer une seconde nuit à bord du navire naufragé.

Le vent de nord-est, la pluie et le dégel enveloppaient toute l'île, lorsque nos aventuriers sortirent pour voir le temps qu'il faisait. Les cavernes étaient, en ce moment, toutes ruisselantes d'un millier de petites cascades, et tout annonçait le dégel le plus rapide. Lorsqu'on exposa le thermomètre à l'air, il était à soixante-deux degrés, et les marins ôtèrent leur seconde chemise et leurs vêtements les plus lourds. La neige avait presque disparu de partout, et la glace avait beaucoup perdu de ses vastes proportions. Ce changement était si agréable, après le froid extrême qu'on venait d'avoir à supporter, que les marins ne songèrent même pas à la pluie, et qu'ils l'affrontaient comme si elle n'était pas tombée par torrents; quelques-uns grimpaient sur les pics des montagnes et gagnaient une élévation d'où ils pouvaient apercevoir la maison. On attendit avec anxiété le retour de ces marins que Roswell n'avait point accompagnés ; ils rapportèrent quelques nouvelles importantes. La neige avait disparu de la plaine et de la montagne, à l'exception de quelques endroits, où il y en avait eu des amas extraordinaires. Quant à la maison, elle était debout, et l'on ne voyait plus de neige dans le voisinage. On pouvait apercevoir les marins se promenant sur les rochers nus, et tous les symptômes du printemps.

C'étaient là de bonnes nouvelles ; et les torrents ayant beaucoup diminué, quelques-uns ayant presque disparu, Roswell partit pour le cap, après avoir confié le navire naufragé à son second officier marinier. Lee, le jeune marin du Vineyard que Roswell avait arraché à la mort, l'accompagna, ayant demandé à faire partie de l'équipage d'Oyster-Pond. Tous les deux arrivèrent à la maison avant la nuit, où ils trouvèrent Hasard et ses compagnons très-inquiets du sort de ceux qui étaient sortis. Le récit de ce qui était arrivé à l'autre équipage produisit une impression profonde sur nos marins, et Roswell dit ce soir-là les prières devant une congrégation aussi attentive que si elle avait été réunie autour d'un foyer domestique.

Il n'y avait plus de feu, excepté à la cuisine, quoique l'on fût prêt dans le cas où le froid viendrait à reparaître : car on savait qu'il ne fallait qu'un changement de vent pour ramener l'hiver avec toutes ses fureurs.

Le lendemain matin, le vent qui venait du nord continuait d'être doux et balsamique. Les chasseurs de veaux marins n'avaient point vu un pareil temps depuis qu'ils étaient arrivés dans l'île, et l'effet qu'il produisit sur eux fut de leur rendre vie et courage. Avant de déjeuner, Roswell descendit jusqu'à l'anse pour examiner l'état de son vaisseau, ou plutôt de ce qui en restait. Il s'y trouvait un grand amas de neige, et il donna à quelques-uns de ses hommes l'ordre de la balayer. Avant midi, toute cette neige avait disparu.

Aussitôt qu'on eut ainsi débarrassé le navire, Roswell fit retirer tout ce qui s'y trouvait, les restes de la cargaison, des tonneaux d'eau et quelques provisions gelées, afin qu'il pût flotter aussi légèrement que possible. La glace remplissait tout le fond du schooner, elle avait plusieurs pieds d'épaisseur, ayant pris comme le moule du navire, ce qui avait empêché ce navire de s'enfoncer dans l'eau au-dessous de son bois ; mais comme on ne pouvait pas prévoir quand la glace disparaîtrait en fondant, on crut prudent d'avoir recours à cette précaution. L'expérience réussit, car la coque du navire, soulagée de ce poids, se releva de quatre pouces.

Il y eut conseil ce soir-là entre Gardiner, ses officiers et les plus vieux marins. Il s'agissait de savoir si l'on quitterait l'île dans les chaloupes ou si l'on ferait quelque reconstruction sur la coque du navire, si l'on rétablirait le pont, et si l'on se servirait de ce navire ainsi réparé pour retourner au nord.

Il y avait beaucoup à dire aux deux points de vue. Si l'on se servait des chaloupes, on pourrait partir dès que le temps paraîtrait sûr et que la saison serait un peu plus avancée, en traînant les chaloupes sur la glace au moyen de traîneaux jusqu'à la pleine mer, qui devait être à dix ou vingt milles au nord, et l'on pourrait épargner ainsi une grande quantité de provisions. D'un autre côté cependant, quant aux provisions, les chaloupes en contiendraient si peu, qu'on ne gagnerait pas beaucoup à s'embarquer de bonne heure et à laisser une partie de ces provisions derrière soi pour nourrir le reste de l'équipage deux ou trois mois. C'était une considération qui se présentait d'elle-même, et qui devait exercer son influence sur la décision ; puis l'hiver pouvait revenir et imposer la nécessité de brûler encore plus de bois. C'était une question de vie ou de mort. Quoique le temps fût devenu relativement agréable, il n'y avait pas de certitude qu'il continuât. Les chasseurs de veaux marins avaient devant eux tout un mois de printemps, et un simple coup de vent aurait pu ramener la température de l'hiver. Dans ce cas, il serait indispensable de brûler les matériaux dont on n'aurait pu se passer pour reconstruire le schooner. Il y avait donc beaucoup de points à prendre en considération, et la question ne fut pas résolue sans de longs débats.

Après avoir discuté tous ces points, on arriva à la décision suivante : c'était, au moins, un mois trop tôt pour se livrer à cet océan orageux, en pleine mer, et dans une chaloupe toute ouverte. Or, comme la prudence conseillait de passer encore un mois dans l'île, on pouvait aussi bien consacrer ce mois à la reconstruction du schooner. Si le temps froid revenait, on pourrait, à la dernière extrémité, brûler ces mêmes matériaux.

On se mit donc à l'ouvrage, et le temps n'entrava que rarement les travaux. Pendant trois semaines, le vent fut favorable au retour de la belle saison, allant de l'est à l'ouest, mais jamais au midi. Presque tous les deux jours, on envoyait deux marins sur les montagnes prendre connaissance de l'état de la mer.

La flotte des montagnes de glace n'était pas encore sortie du port, quoiqu'elle se fût déjà ébranlée vers le sud, comme des trois-ponts qui ne demandent qu'à lever l'ancre. Roswell, qui voulait partir avant que ces formidables croisières fussent à flot, surveillait de près leurs plus légers mouvements.

Pendant ces trois semaines, qui suffirent presque à ramener l'été, on fit beaucoup de choses utiles. Pour la seconde fois, on transporta Dagget à la maison, dans une charrette à bras, et on le soigna le mieux possible. Roswell vit tout d'abord que l'état de Dagget était précaire, et que ses jambes gelées étaient menacées de la gangrène.

Roswell n'avait point l'idée de reconstruire son schooner absolument comme il était. Il ne pensait qu'à relever un peu son accastillage et à rétablir son pont autant qu'il était possible. Si les nouvelles œuvres hautes du *Lion* d'Oyster-Pond n'étaient pas sans défaut, elles se trouvaient très-bien liées et rendaient le schooner encore plus solide qu'il n'était auparavant.

Heureusement que le gaillard d'arrière du *Lion* du Vineyard était encore entier ; les planches en furent très-utiles, elles servirent à faire un gaillard d'arrière. Mais restaient encore le pont et le gaillard d'avant. On employa comme matériaux différentes parties des deux vaisseaux, et l'on parvint à refaire un pont parfaitement solide. Il est presque inutile de dire que la neige avait bientôt fondu sur les rochers de la côte. Les cavernes disparurent toutes pendant la première semaine du dégel. Enfin, les veaux marins commençaient à reparaître, ce qu'on regardait comme d'un bon augure.

Il y avait une partie lointaine de la côte qui était déjà couverte de ces animaux. Hélas ! cette vue n'excitait plus la cupidité dans le cœur des chasseurs de veaux marins. Ils ne pensaient plus au gain, mais tous leurs vœux se bornaient à sauver leurs vies et à reprendre l'humble place qu'ils avaient occupée jusque-là dans le monde avant ce funeste voyage.

Cette réapparition des veaux marins produisit une profonde impression sur Roswell Gardiner. Son esprit avait été de plus en plus porté à s'occuper de sujets religieux, et ses conversations avec Stimson étaient plus fréquentes qu'auparavant. Non pas que le patron pût offrir, sur des questions de cette nature, les lumières de la science, mais Roswell trouvait dans Stimson cette foi vive qui dissipe tous les doutes.

Jamais Stimson, pendant leurs épreuves, n'avait perdu courage. — Nous ne gèlerons, avait-il coutume de dire, et nous ne mourrons de faim, qui si telle est la volonté de Dieu ; et si Dieu le veut, croyez-le bien, mes amis, ce sera pour notre bien. — Quant à Dagget, il paraissait ne plus penser au navire naufragé. Lorsqu'on lui dit que les veaux marins étaient revenus, ses yeux brillèrent, et sa physionomie trahit encore son ardente convoitise ; mais ce n'était plus cependant qu'une lueur de cette passion autrefois si violente, lueur qui s'éteignait dans la nuit dont les ténèbres s'étendaient déjà sur celles de ses idées qui appartenaient encore à ce monde.

— Il est malheureux, Gar'ner, dit Dagget, que nous n'ayons pas de vaisseau prêt à recevoir une autre cargaison ; à cette première époque de la saison, on pourrait remplir un grand vaisseau !

— Capitaine Dagget, lui répondit Roswell, nous avons d'autres affaires dont il faut d'abord nous occuper. Si nous réussissons à quitter l'île et à retourner sains et saufs auprès de ceux qui doivent nous pleurer comme morts, nous aurons grande raison de remercier Dieu.

— Quelques peaux de plus, Gar'ner, ne feraient point de mal, même à un navire amoindri.

— Nous avons déjà une cargaison plus considérable que nous ne pourrions l'emporter. Il nous faudra abandonner la moitié de nos peaux et toute notre huile. La cale du schooner est trop étroite pour renfermer la cargaison complète d'un voyage. Je formerai le lest du navire avec de l'eau et des provisions, et je remplirai de nos meilleures peaux ce qu'il y aura de place; il faut abandonner tout le reste.

— Pourquoi l'abandonner? Laissez ici un ou deux hommes d'équipage pour le garder, et envoyez un vaisseau le chercher dès que vous serez de retour. Laissez-moi ici, Gar'ner, je suis prêt à rester.

Roswell pensait que le pauvre homme resterait dans l'île, bon gré mal gré, car les symptômes qui sont reconnus comme funestes dans l'état où se trouvait Dagget, devenaient tellement significatifs qu'ils rendaient le doute à peu près impossible. Ce qui faisait encore ressortir cette puissance qu'une passion dominante exerçait jusqu'au dernier moment sur le malade, c'est que Roswell avait causé plusieurs fois avec lui sans lui cacher sa position, et que Dagget avait reconnu le danger de mort où il se trouvait. Stimson avait souvent prié pour Dagget, et Roswell lui avait lu des chapitres de la Bible à sa propre demande; ce qui devait donner à penser que l'homme du Vineyard pensait plus à sa fin prochaine qu'à aucun intérêt de cette vie. Il en avait été ainsi tant qu'on ne lui avait point parlé du retour des veaux marins.

Mais la grande préoccupation qui absorbait toutes les pensées était la reconstruction du *Lion de Mer*. Quoique ce long dégel fût très-favorable à nos marins, il ne faudrait pas que le lecteur le regardât comme un gage de cette chaleur dont on jouit au mois de mai dans une zone tempérée. Il n'y avait point de fleurs, point d'indices de végétation, et dès que le vent du nord cessait de souffler, il y avait gelée. Deux ou trois fois, le froid mordit assez fort pour que l'on pût croire au retour de l'hiver, et, à la fin de la troisième semaine de beau temps, un coup de vent, qui venait du sud, amena de la neige et de la glace. L'orage commença à une heure du matin, et, avant le coucher du soleil, les jours étant alors très-longs, tous les passages qui se trouvaient autour de la maison furent bloqués par des amas de neige. Plusieurs fois les hommes de l'équipage avaient demandé à enlever les voiles qui recouvraient le fenêtres ; mais on vit alors que ces espèces d'écrans étaient encore aussi utiles qu'ils l'avaient été pendant l'hiver. Tout travail fut suspendu pendant cet orage, qui pouvait réduire les malheureux chasseurs de veaux marins à la triste nécessité de briser encore une partie de leur schooner, qui était déjà presque terminé, pour ne pas périr de froid. Ce fut alors qu'on vint annoncer à Roswell, au plus fort de la tempête, et quand le thermomètre était le plus bas, qu'il ne restait pas assez de bois des deux vaisseaux, en dehors de ce qui avait servi à la reconstruction du schooner, pour faire aller les feux quarante-huit heures de plus.

On eut recours à tous les expédients, on alluma beaucoup de lampes, qui étaient comme ces énormes torches qu'on fait brûler dans les cours des grandes maisons les jours de fêtes princières. De la vieille toile et de l'huile d'éléphant servaient à alimenter ces lampes. On obtint ainsi un peu de chaleur.

Ce fut au milieu de cette tempête que l'âme de Dagget s'envola vers un autre monde pour y attendre l'heure où elle aurait à comparaître devant Dieu. Avant sa mort, il se montra franc avec Roswell ; ses erreurs et ses méprises venaient enfin le frapper lui-même. Ce fut alors que l'univers entier ne lui parut pas offrir l'équivalent d'une heure sincèrement consacrée au service de Dieu.

— J'ai peur d'avoir trop aimé l'argent, dit-il à Roswell, moins d'une heure avant d'exhaler le dernier soupir ; mais j'espère que ce n'était pas autant pour moi que pour les autres. Une femme et des enfants, Gar'ner, sont le lien le plus fort qui attache un homme à la terre. Les compagnes des chasseurs de veaux marins sont habituées à apprendre des catastrophes, et les femmes du Vineyard savent que bien peu d'entre elles voient un mari à côté d'elles dans leur vieillesse. Cependant il est dur pour une mère et pour une femme d'entendre dire que l'ami qu'elle avait choisi lui a été enlevé dans la force de l'âge et sur une terre lointaine. Pauvre Betsy ! Il aurait mieux valu pour nous deux que nous

nous fussions contentés du peu que nous avions ; car, maintenant, il faudra qu'elle suffise à tout.

Dagget garda ensuite le silence pendant quelque temps, quoiqu'il remuât les lèvres, probablement pour prier. Le spectacle de cette agonie était triste, mais aucun secours humain n'aurait pu rendre le malade à la vie. Bientôt après que Dagget eut ainsi exprimé ses regrets, le mal fit les derniers progrès ; et cette machine d'argile, qu'on appelle le corps humain, cessa de fonctionner.

Pour éviter les inconvénients qui auraient pu survenir si l'on avait gardé le corps dans un endroit chaud, on l'enterra dans la neige, à une petite distance de la maison, une heure après qu'il eut cessé de respirer.

Lorsque Roswell vit cet homme, qui s'était depuis si longtemps attaché à lui comme une sangsue, par amour de l'or, devenu maintenant un corps insensible au milieu des glaces des mers antarctiques, il trouva dans le sort de Dagget une nouvelle preuve de la vanité des choses humaines. Combien peu avait-il pu prévoir ce qui arrivait, et combien s'était-il trompé dans ses propres calculs et ses espérances ! Qu'était-ce donc que cette intelligence humaine dont il avait été si fier, et quelle raison avait-il de se regarder comme juge de questions qui étaient également en deçà de son berceau et au delà de sa tombe, de ce passé incompréhensible et de cet avenir imprévu vers lequel se précipitent tous ceux qui appartiennent à la vie ?

CHAPITRE XXV.

> Près du législateur des Hébreux se trouvait une troupe glorieuse, je vis les douze apôtres. Oh ! avec quels regards de ravissement et de joie, avec quelles larmes, quels sentiments d'extase, ils revoyaient leur maître bien-aimé !
>
> WILL HOUSE. *Le Jour du Jugement.*

On finit par se dire qu'il fallait laisser éteindre les feux, ou brûler les couchettes et les autres meubles qui se trouvaient dans la maison. Roswell sortit alors et s'ouvrit un passage à travers la neige qui s'élevait devant la maison et qui la couvrait presque, pour se rendre compte de la durée que pourrait avoir le froid. La neige avait depuis longtemps cessé de tomber, mais il y en avait sur les rochers presque deux fois plus que Roswell et Hasard n'en avaient vu à aucune époque de l'hiver.

— Je ne vois aucun signe de changement, monsieur Hasard, dit Roswell, que l'excès du froid faisait grelotter. Nous ferons mieux de rentrer.

On tint conseil, et il fut décidé qu'après avoir pris un bon repas, on se coucherait sur des tapis et des couvertures. On pensa qu'il valait mieux faire servir les couchettes à cet usage que de les briser pour les brûler dans les poêles. On passa ainsi trente-six heures pour garder la chaleur animale et résister au froid.

Roswell avait dormi pendant les dix dernières heures, comme la plupart de ceux qui l'entouraient. Une sensation générale d'engourdissement s'était emparée des hommes d'équipage, et les jambes et les pieds d'un grand nombre d'entre eux, malgré toutes les couvertures empilées sur eux, étaient devenus très-sensibles au froid. Personne ne sut combien le thermomètre était descendu bas cette terrible nuit; mais chacun eut la conscience qu'on n'avait encore rien vu qui en égalât les horreurs. Le froid avait pénétré dans la maison, transformant en une masse de glace tout ce qu'il saisissait.

Les couchettes cessèrent d'être chaudes, et il suffisait d'avoir l'épaule, la main ou les oreilles découvertes pour que l'on éprouvât de la douleur. Plusieurs souffraient de la tête, et d'autres ne respiraient plus qu'avec peine. On ressentait de l'engourdissement même dans les membres inférieurs; et ce fut la dernière impression désagréable dont Roswell se souvint lorsqu'il se rendormit, mais d'un sommeil agité. Tout le monde cédait maintenant à une sorte d'influence soporifique, quoiqu'un grand nombre luttassent contre une sensation qui précède ordinairement la mort.

Roswell ne sut jamais combien de temps il avait dormi cette

dernière fois. Lorsqu'il se réveilla, il vit une torche allumée dans la case, et il entendit quelqu'un remuer dans la cambuse. Ses pensées se reportèrent sur lui-même et sur l'état de ses membres. En cherchant à se frotter les pieds l'un contre l'autre, il les trouva presque insensibles.

Roswell prit aussitôt l'alarme; il eut recours à une forte friction qu'il continua jusqu'à ce qu'il sentît que la circulation du sang se rétablissait. L'alarme de Roswell était si grande, qu'il n'avait point fait attention à la personne qui se trouvait dans la cambuse, jusqu'au moment où celle-ci parut près de sa couchette, tenant un pot d'étain à la main. C'était Stimson, qui avait quitté ses peaux et qui paraissait jouir d'une très-bonne santé.

— Voici du café chaud, capitaine Gar'ner, dit le patron toujours prévoyant; le vent a changé par la grâce de Dieu, et il a commencé à pleuvoir. Maintenant, je crois que nous aurons véritablement l'été, tel qu'il peut exister dans ces parages.

Roswell avala quelques gorgées de ce café, qui était presque bouillant, et il en ressentit aussitôt la bienfaisante influence.

Il envoya Stimson aux autres couchettes porter le même breuvage. Le café chaud et les frictions l'eurent bientôt remis complétement; il s'élança de son lit et s'habilla. Stimson avait fait du feu dans la cambuse; il s'était servi en cette occasion de tout ce qui lui restait de bois, et la chaleur commençait à se faire sentir dans la case. Mais le changement de vent et l'amélioration survenue dans la température préservèrent seuls probablement tout l'équipage d'Oyster-Pond du sort cruel des hommes du Vineyard.

Stimson fit prendre des doses de café à chacun de ses hommes, et le sang étant stimulé par des frictions, tout le monde fut bientôt debout.

Il ne faisait plus très-froid, le thermomètre se trouvait à vingt-six degrés au-dessus de zéro dans la maison, et le feu de cuisine allumé par Stimson, ainsi que le changement de vent firent bientôt monter le mercure à quarante-six degrés.

C'était une température très-douce pour ceux qui avaient respiré l'air polaire. La pluie et le dégel produisaient un autre déluge, et les pics des montagnes offrirent, pendant quelques heures, un aspect qui aurait humilié la chute du Niagara. Ces scènes sublimes se présentent quelquefois dans les solitudes de la terre; il y a des phénomènes qui surpassent souvent en sublimité et en beauté les efforts les plus continus de la nature.

Le jour suivant la pluie ayant cessé, l'été sembla complétement de retour.

Comme la neige avait disparu aussi vite qu'elle était venue, tout le monde se mit en mouvement; aucun homme de l'équipage n'était disposé à courir encore le risque de lutter contre le froid. Roswell lui-même pensait que le temps qu'on venait d'avoir à supporter n'était que le dernier effort de l'hiver, et Stimson était de son avis à cet égard. On enleva les voiles qui tapissaient les dehors de la maison, et l'on transporta à bord du schooner tous les objets qu'on voulait emporter. Notre jeune capitaine voulut savoir où en était dans l'île l'état de la température, et gravit la montagne la plus élevée, sur laquelle il s'arrêta à moitié chemin du sommet.

Il vit bientôt que le récent déluge avait balayé toute la glace et tous les morts dans la mer. Le corps de Dagget avait disparu avec l'amas de neige sous lequel il avait été enterré; les vagues avaient emporté toutes les carcasses de veaux marins. En un mot, les rochers étaient aussi nus et aussi propres que si l'on n'y avait jamais vu un pied d'homme. D'après ce fait, qu'on avait trouvé des squelettes de veaux marins sur le rivage septentrional, Roswell dut conclure que le dernier orage avait été d'une violence extraordinaire.

Mais l'état des glaces était un point d'une haute importance. Le schooner pouvait facilement être prêt dans l'espace d'une semaine; mais il se trouvait comme enseveli sous la neige, qui couvrait encore les eaux. Tandis que Roswell se trouvait sur la montagne qui dominait l'anse où était le schooner, il calcula la distance à laquelle il serait nécessaire de conduire le schooner sur la glace en sciant cette glace: cette distance était de cinq milles au moins. Il pensa alors à abandonner son vaisseau, et à s'embarquer dans les chaloupes, aussitôt que l'été aurait vraiment commencé. Après y avoir réfléchi, il se réserva d'avoir recours à ce moyen en dernier ressort.

Les montagnes de glace étaient en mouvement vers le sud, et une véritable flotte de ces montagnes levait l'ancre, pour ainsi dire, venant des régions lointaines et inconnues dans lesquelles elles s'étaient formées. Du haut de la montagne Roswell en compta au moins une centaine.

Le troisième jour après le commencement du dégel, le vent tourna au sud-ouest, soufflant avec beaucoup de violence. A six heures environ, Hasard vint rapporter à Roswell que l'eau recommençait à couler le long des montagnes, tandis qu'il était à craindre que le canal ne fût bloqué par la glace qui se trouvait en dehors ou en dedans de l'anse. Par conséquent il n'y avait pas de temps à perdre si l'on voulait profiter de ce changement de temps. On scia la glace, dans ce canal, jusqu'à une distance de cent mètres. La passe n'était pas beaucoup plus large que le schooner lui-même; et l'on comprendra facilement qu'il fallait lui faire traverser ce détroit le plus tôt possible. Tout le monde se mit à l'ouvrage, et, cinq minutes après que Hasard eut fait sa communication, le *Lion de Mer* s'était déjà avancé du côté du cap de six ou huit fois sa longueur. C'est alors que vint le danger! Si la glace n'avait pas été solide entre le cap et l'anse d'où le schooner venait de sortir, il aurait été brisé au moment où le canal artificiel se serait fermé. Il fut cependant arrêté, mais la résistance opposée par la glace solide qui remplissait l'anse, fit dériver la plaine de glace qui s'avançait, et le schooner gagna l'eau qui commençait à suivre le long des rochers; mais il s'arrêta encore, parce que le passage n'était pas assez large pour le recevoir. On profita de ce retard pour apporter à bord tous les objets qu'on avait laissés sur le rivage, dans la hâte qu'on avait mise à partir.

A neuf heures tout était à bord : on pouvait embrasser du regard l'espèce de canal qui suivait toutes les sinuosités de la côte. Roswell savait se rendre compte de tout le danger de sa situation, le plus grand, peut-être, qu'il eût couru jusque-là. Si le vent venait à changer, ou si l'un de ces courants, qu'on ne peut expliquer, se jetait à la traverse, le schooner serait probablement mis en pièces ou réduit en poudre dans le cours de deux ou trois heures. Il était donc de la plus haute importance de ne pas perdre un instant.

Le schooner avait pu continuer sa route dans le canal. Deux fois on avait été forcé de scier la glace. Cependant, à la fin de cette heure si terrible, le schooner avait fait un mille et demi et avait atteint un endroit de la côte où le canal, formant une courbe, avait cinquante brasses de large. A deux heures, le *Lion de Mer* se trouvait au fond de la grande baie, à trois ou quatre lieues de l'anse, et à l'endroit où le cap le moins élevé commençait à s'étendre dans la direction du sud-ouest. Le vent était frais, et, au bout d'une demi-heure, le cap du sud-est apparut aux regards de nos marins, quelque près qu'ils fussent des rochers. Dix minutes après, le *Lion de Mer* voguait dans la direction du sud-est et de l'est dans des eaux libres de glace.

D'abord, Roswell Gardiner fut disposé à se réjouir, car il put croire un instant qu'il avait triomphé des plus grands obstacles; mais, mais en regardant autour de lui, il revint à des sentiments d'humilité.

Quoiqu'il y eût à peine une plaine de glace au sud des îles qu'il venait de quitter, et dans leur voisinage immédiat, il y avait encore une multitude de montagnes de glace.

Il est vrai que ces montagnes flottantes n'approchaient pas du canal; cependant il y en avait toute une flotte qui bloquait les îles aussi loin que le regard pouvait s'étendre vers l'ouest et le sud, ou le long de la côte méridionale. Il fut bientôt certain que le schooner ne pouvait affronter de tels dangers. Si le vent avait été favorable, on aurait pu triompher de la difficulté; mais il n'en était pas ainsi. Il fallut donc chercher d'autres moyens de salut.

On avait à choisir entre deux alternatives: la première était de tourner le groupe d'îles, en passant à l'est du volcan où aucun homme d'équipage n'avait encore été ; et la seconde était de suivre le bord oriental de la baie, en se tenant dans l'intérieur de cette baie, et en cherchant à trouver quelque issue par laquelle le schooner pourrait passer au nord. Après avoir tenu conseil avec ses officiers mariniers, Roswell adopta le second parti.

La rapidité avec laquelle le petit schooner glissait devant un vent frais permit à nos chasseurs de veaux marins de se rendre compte de leur position.

— Que pensez-vous, monsieur Hasard? demanda Roswell vers cinq heures de l'après-midi, au moment où le schooner approchait des côtés fumants du volcan, qui avait toujours été pour lui un objet d'intérêt, quoiqu'il n'eût pas eu le temps de le visiter. N'y a-t-il pas danger de toucher, étant aussi près de cette île?

— Je ne crois pas, Monsieur; il me semble que nous pouvons suivre hardiment la rive de l'île.

— Je ne désire guère échouer ici près du volcan, qui pourra nous étouffer de fumée avant que nous sachions où nous sommes.

— Cela n'est pas beaucoup à craindre avec le vent qu'il fait. Ces volcans ne sont après tout que des joujoux... Mais voici un craquement!

Tandis que Hasard se félicitait de la nature innocente du volcan, un bruit inattendu s'était fait entendre, et une longue traînée de cendres et de pierres s'élança dans les airs, accompagnée de flammes. Plusieurs pierres d'une certaine grosseur tombèrent près du schooner, et quelques-unes plus petites sur le pont du vaisseau.

— Il ne convient pas, s'écria Roswell, de faire bouillir ici notre pot. Il faut nous éloigner de cette île, monsieur Hasard, aussi vite que ce schooner peut marcher.

— Je ne vois pas, Monsieur, quel obstacle nous arrêterait.

— Ah çà, *qu'on ouvre l'œil*, et qu'on cherche une passe à travers les petites îles qui sont devant nous. Je ne suis pas sans espoir que les courants qui existent au milieu des îles puissent nous offrir une issue de ce côté.

Ces paroles expliquaient précisément ce qui arriva. Le schooner s'avança, effleurant presque la base du volcan, et inspirant plus d'une fois de vives appréhensions à Roswell, car il s'attendait à chaque instant à voir le schooner toucher. Les craquements du cratère continuaient de se faire entendre, au milieu de tourbillons de flamme et de fumée. Une douzaine de fois, le *Lion de Mer* courut les plus grands dangers; mais cette main qui s'était étendue sur son équipage, et qui l'avait préservé en tant d'occasions, vint encore à son secours, et le sauva.

Roswell n'avait qu'une pensée, celle de découvrir quelque baie où le schooner fût en sûreté. Il aperçut une étroite issue sous le vent de la petite île, devant laquelle il venait de passer, issue qui conduisait à la pleine mer. Le schooner parvint à y entrer, et, au bout de vingt minutes, il était sorti du groupe des îles et il flottait sur l'océan.

Cette nuit on rencontra quelques débris des glaces, dont l'océan était encore assez plein ; mais on y mit tant de prudence qu'on les traversa sans accident. Heureusement la nuit était sur le point de finir, et le soleil éclairait déjà la surface agitée des flots. Le vent soufflait vers le sud-ouest depuis trois jours. Lorsque la seconde nuit arriva, la mer était libre de glace. A neuf heures environ du matin, le quatrième jour, on aperçut un point noir sur les vagues ; et, à chaque minute, ce point devenait plus distinct et plus visible.

Une heure ou deux plus tard, le *Lion de Mer* se trouvait à trois lieues du cap Horn. Que de souvenirs vinrent assiéger la pensée de Roswell Gardiner lorsqu'il se rappela tout ce qui s'était passé le jour qu'il avait quitté l'abri de ces rochers sauvages ! Quelque orageuse que fût la mer, et quelque terrible que le nom de cette mer parût aux marins, venant d'un parage encore plus orageux et plus terrible, ils regardaient maintenant ce cap comme un lieu de refuge. Ils savaient que ce ne serait pas une petite entreprise de rester là un hiver, mais ils venaient d'en passer un dans une région où l'on ne trouvait pas même de chauffage, à moins qu'on ne l'y portât.

Vingt jours plus tard, le *Lion de Mer* mettait encore une fois à la voile de Rio-Janeiro, ayant vendu toute l'huile d'éléphant qui lui restait et acheté les provisions dont le vaisseau avait besoin. Quelques semaines plus tard, le schooner se trouvait parmi des bancs de sable très-bas. Il cherchait à jeter l'ancre sur quelque point ; il en découvrit un enfin où le vaisseau pût s'arrêter et Roswell aller à terre.

CHAPITRE XXVI.

> Que l'hiver vienne! et que les esprits polaires
> dissipent les ténèbres du monde et les agitations de la tempête.
> CAMPBELL.

La terre ne s'était point arrêtée dans sa course rapide autour du soleil, tandis que tous ces événements avaient lieu dans les mers antarctiques. L'été était passé, cet été qui aurait dû ramener les chasseurs de veaux marins, et l'automne était venu glacer l'espérance aussi bien que le corps. L'hiver n'amena aucun changement. On n'apprenait rien de Roswell et de ses compagnons, et il aurait fallu en effet un miracle pour qu'on eût de leurs nouvelles.

Marie Pratt ne faisait plus mention de Roswell dans ses prières. Elle le croyait mort, et sa foi puritaine lui enseignait à ne point prier pour ceux qui ne sont plus. Quoique nous n'approuvions pas qu'on fasse abus du purgatoire[1], nous désirons sincèrement que des prières de cette nature aient auprès de Dieu toute l'efficacité que leur attribue une grande partie des chrétiens. Mais Marie Pratt, quoiqu'elle fût bien meilleure que nous sous tous les rapports, était *moins libérale* à l'égard d'un point aussi important. Jamais le nom de Roswell n'était sur ses lèvres lorsqu'elle priait, quoiqu'une minute à peine se passât sans que l'image de Roswell fût présente à son imagination. Il vivait encore dans son cœur, sanctuaire dont elle ne cherchait pas à l'exiler.

Quant au diacre, la vieillesse, la maladie et l'anxiété d'esprit l'avaient miné. Les passions dont il avait été possédé lorsqu'il jouissait de la santé, s'étaient retournées contre lui, et attaquaient en lui le principe vital comme des oiseaux de proie. Il est plus que probable qu'il aurait encore pu vivre plusieurs mois, peut-

---

1. Fenimore Cooper appartient à l'église épiscopale protestante. L'opinion qu'il exprime ici montre bien l'influence du catholicisme sur un esprit comme le sien.

être plusieurs années, si le funeste génie de l'avarice n'avait entretenu le mal qui le rongeait. Quoi qu'il en fût, son état empirait de jour en jour, et l'habile docteur Sage ne cachait point à Marie combien il était peu probable que son oncle et son protecteur eût encore longtemps à vivre.

Rien n'est plus merveilleux que de voir à quel point les parents d'un homme riche s'intéressent à lui lorsqu'il va mourir. On savait que le diacre avait une petite fortune, et l'on croyait qu'elle s'élevait à trente ou quarante mille dollars; ce qu'on regardait comme de la fortune, il y a trente ans, dans le comté de Suffolk, et tous ceux qui, dans le comté, pouvaient faire valoir le moindre titre de parenté avec le diacre, commençaient à entourer son lit. Dans ce moment de sollicitude générale dont le diacre était l'objet, Marie Pratt, qui l'avait soigné avec tant de dévouement, semblait n'être plus qu'une indifférente. D'autres qui étaient au même degré de consanguinité qu'elle-même à l'égard du mourant, et deux parents, un frère et une sœur, qui se trouvaient d'un degré plus rapprochés, avaient leurs prétentoins, et ne paraissaient point disposés à y renoncer.

Marie aurait été heureuse de prier près du chevet de son oncle; mais le ministre Whittle s'était emparé de cette fonction, attendu qu'un homme qui avait si longtemps exercé la charge de diacre ne pouvait quitter ce monde sans qu'on remplît à son égard toutes les formalités usitées dans le *meeting*. Quelques-uns des parents qui n'avaient paru que depuis peu, et qui ne savaient pas comment les choses se passaient entre le diacre et le ministre, se plaignaient des allusions trop fréquentes que faisait ce dernier aux besoins pécuniaires de la congrégation, et de la demande à à peu près directe qu'il avait adressée au diacre d'un legs qui permît au ministre de faire peindre le temple, acheter quelques poêles d'un nouveau modèle, et remettre à neuf les murs du bâtiment. Cette modeste requête, murmurait-on, car tout se passait alors en murmures, n'aurait coûté qu'un millier de dollars de la fortune péniblement amassée par le diacre.

Le siége que le diacre Pratt eut à soutenir pendant la dernière semaine de sa vie fut opiniâtre. Il reçut, sous bien des formes, le conseil de faire un testament, quoique le frère et la sœur, contents de la manière dont leurs droits étaient fixés par la loi, ne fissent que peu d'observations à cet égard, à moins que ce ne fût pour se plaindre de l'inconvenance qu'il y avait à fatiguer un homme, dans l'état où était leur frère, d'une affaire si pénible et si triste. Dès qu'on vit que des personnages si importants se montraient contraires à l'idée d'un testament, la plupart des parents changèrent d'avis, et chacun se mit à calculer ce qui pourrait lui revenir dans un partage qui aurait lieu suivant le degré de parenté.

On se trouvait alors au commencement d'avril, et ce mois est ordinairement beau sur le bord de la mer, quoique les changements de la température y soient fréquents. Le jour où se passa la scène que nous avons à décrire, les fenêtres de la chambre à coucher du diacre étaient ouvertes, et le doux vent du midi soufflait sur ses joues pâles et creuses.

La mort était près du chevet du diacre Pratt, quoique le principe de la vie luttât avec force contre cette terrible puissance dont l'humanité est la sujette. Ce fut alors que cette foi pharisienne, qui avait longtemps retenu dans l'esclavage celui qui la professait, se montra insuffisante lorsqu'il s'agissait de donner aux derniers moments du diacre Pratt un peu de calme et de sécurité! Il avait toujours été trop égoïste pour être humble et pieux comme il aurait dû l'être. Peu importait maintenant qu'il eût été diacre, ou qu'il eût fait de longues prières sur les places des marchés, où tout le monde pouvait le voir, et qu'il eût agi ainsi, comme il avait l'habitude de le dire, pour donner l'exemple. Tout cela n'avait point suffi pour purifier son cœur.

Le docteur avait ordonné qu'il ne restât dans la chambre du mourant que deux ou trois de ses plus proches parents. Parmi ces derniers était la douce Marie, qui aimait, dans un tel moment, à être près de son oncle. Elle ne pensait plus à son avarice, à sa passion pour le gain, à cet égoïsme ardent qui rapportait tout à l'intérêt personnel, et si peu à la Divinité. Au moment où Marie était au chevet de son oncle, on vint la prévenir que Baiting Joe désirait la voir, et qu'il l'attendait dans le corridor qui conduisait à la chambre à coucher. Elle alla trouver le vieux pêcheur, qui se tenait près d'une fenêtre dont la vue donnait sur l'est, et qui, par conséquent, était en face de Gardiner's-Bay.

— Le voilà! mademoiselle Marie, dit Joe, en montrant la fenêtre, et toute sa figure portait la vive empreinte de la joie et du whiskey, le voilà! Il faut le dire sur-le-champ au diacre, afin que ses derniers moments soient plus heureux. Le voilà! je l'ai reconnu sur-le-champ!

Marie aperçut un vaisseau qui se dirigeait vers Oyster-Pond, et l'habitude qu'elle avait de voir toute sorte de navires était telle qu'elle vit tout d'abord que c'était un schooner; mais il y avait si longtemps qu'elle n'espérait plus revoir le *Lion de Mer*, qu'il ne lui parut pas possible que ce fût le navire qu'on n'attendait plus.

— Que me montrez-vous là, Joe? demanda-t-elle toute surprise et avec une parfaite innocence.

— Ce navire, le *Lion de Mer*, qu'on a depuis si longtemps regardé comme perdu, mais qui revient au moment où son armateur va quitter cette terre.

Joe parla pendant quelques minutes, la tête et la moitié du corps penchées en dehors de la fenêtre : Marie ne l'interrompait pas; elle s'était affaissée sur une chaise, pour ne pas tomber sur le plancher. L'aimable fille reprit un peu de pouvoir sur elle-même, et il lui fut possible de parler.

— Joe, dit-elle, vous n'en êtes pas sûr; ce schooner ne me paraît point semblable au *Lion de Mer*.

— Cela est vrai dans certaines choses, tandis que dans d'autres c'est le même vaisseau. — Ses œuvres hautes sont étrangement défigurées; mais jamais aucun autre schooner de cette espèce ne vient de ce côté, et je n'en connais pas qui puisse venir. Voilà le pavillon que j'ai aidé à faire de mes propres mains, et qui devait servir de signal au diacre! Il n'y a plus de doute maintenant.

Joe aurait pu parler longtemps sans craindre d'être interrompu; Marie avait couru dans sa chambre, le laissant la tête et le corps en dehors de la fenêtre, faire toutes ses conjectures, tandis que la personne à laquelle il croyait parler était à genoux, rendant grâces à Dieu. Une heure plus tard, il n'y avait plus de doute, le schooner passait entre Oyster-Pond et Shelter-Island, se dirigeant vers le quai bien connu d'Oyster-Pond.

— N'est-ce pas extraordinaire, Marie, s'écria le diacre, d'une voix creuse, il est vrai, mais avec un feu et une énergie qui semblaient triompher de la mort, n'est-ce pas extraordinaire que Gar'ner revienne enfin! S'il a fait son devoir envers moi, ce sera le plus grand événement de ma vie; cela donnera du calme et du bonheur à la soirée de mes jours. J'espère avoir été toujours reconnaissant des bienfaits de Dieu, et je le suis aujourd'hui du fond de mon cœur. Que la prospérité me soit donnée en partage, et ce n'est pas moi qui l'oublierai. On m'a demandé de faire mon testament, mais je leur ai dit que j'étais trop pauvre pour faire rien de pareil; et maintenant que mon schooner est revenu, je ne doute pas qu'on ne revienne à la charge. S'il m'arrivait quelque chose, Marie, vous pouvez montrer le papier que je vous ai donné, et cela les satisfera tous. Vous vous souviendrez qu'il est adressé à Gar'ner. Il n'y a pas grand'chose là-dedans, et l'on ne trouvera pas que ce soit beaucoup; mais, tel qu'il est, c'est le dernier acte que j'aie signé, à moins que je ne me rétablisse. Quand je pense que Gar'ner est enfin revenu! Cela m'a rendu la vie, et je serai debout dans une semaine, s'il n'a pas oublié la plage et le trésor caché.

Marie Pratt gémit lorsqu'elle vit son oncle, dont les jours étaient comptés, se livrer à de telles espérances.

Quant aux parents du diacre, leurs convoitises n'en devinrent que plus ardentes. Apprendre qu'un vaisseau chargé de fourrures, appartenant au diacre, allait arriver, c'était assez pour émouvoir des héritiers; mais supposer que ce vaisseau apportait un trésor, d'après certains bruits qui s'étaient répandus, il y avait là de quoi enflammer leur cupidité.

Et, en effet, il arrivait, ce petit navire, battu par la tempête, amoindri, bloqué par la glace et à moitié brûlé, après avoir parcouru une étendue de mer qui équivalait à une demi-douzaine de traversées ordinaires. C'était le schooner bien connu du lecteur qui se dirigeait vers le quai, où toutes les créatures humaines pour lesquelles il était à peu près convenable de se trouver là, étaient réunies en foule. En comptant les enfants et les femmes, il ne devait pas y avoir moins de cent personnes sur le quai, et parmi elles se trouvaient la plupart des parents pleins de sollicitude qui entouraient le propriétaire du vaisseau à ses derniers moments.

Baiting Joe était un oracle dans de telles circonstances. Il avait passé sa jeunesse sur mer, ayant souvent doublé le cap Horn. Tous ceux qui pouvaient approcher de lui le consultaient.

— Voilà le bateau, dit Joe, affectant d'appeler le schooner par ce petit nom, comme pour lui donner une marque d'intérêt. Oui, mais comme il enfonce dans l'eau ! ne pensez-vous pas, Jim, qu'il porte quelque chose de plus lourd que des peaux pour être si bas dans la mer?

Jim était un autre pêcheur, mais un humble pêcheur d'huîtres, dont l'autorité n'égalait point celle de Joe.

— Je n'ai rien vu de pareil, dit Jim.

— C'est lui ! s'écria Joe, le capitaine Gar'ner lui-même, vivant et en bonne santé ! le voilà sur le pont !

Une petite fille partit emportant cette nouvelle, et elle en eut bientôt fait part à Marie, qui pleurait de joie. Une heure après, Roswell la serrait dans ses bras, car il eût été impossible à la femme la plus scrupuleuse d'affecter dans un tel moment de la froideur ou de la réserve. Au moment où Roswell pressait Marie contre son cœur, il murmura à ses oreilles la bonne nouvelle de son humble soumission à la foi qui proclame le Christ Fils de Dieu. La douce et charmante fille connaissait trop bien la sincérité et la franchise du caractère de son amant pour douter en rien de ce qu'il disait. Ce moment fut le plus heureux de son innocente vie.

Mais la nouvelle était arrivée au diacre, et avant que Roswell eût eu le temps de donner d'autres explications à Marie, l'un et l'autre furent appelés au chevet du mourant. L'état de surexcitation où se trouvait le diacre l'avait tellement ranimé, que ses héritiers commençaient à regretter d'être venus si tôt. Marie Pratt, seule de cette nombreuse famille, éprouvait les sentiments d'une parente et d'une chrétienne. Tous les autres membres de la famille ne voyaient dans le mourant que l'homme riche.

— Soyez le bienvenu, Gar'ner, le bienvenu! s'écria le diacre avec tant d'énergie, que le jeune homme ne put bien se rendre compte d'abord de l'état du malade, méprise qui fut peut-être malheureuse, car elle le porta à être plus franc qu'il ne convenait dans cette circonstance. — Je ne pouvais trouver en moi le courage de renoncer à vous revoir, et j'ai toujours cru que nous aurions de bonnes nouvelles de vous. Les Gar'ners sont d'une famille à laquelle on peut se fier, et c'est pour cela que je vous ai donné le commandement de mon schooner. Les Daggets sont intolérables; mais nous n'aurions jamais rien su des îles ou de la plage secrète, si ce n'avait été par l'un d'eux.

Comme le diacre s'arrêtait pour respirer, Marie se détourna en gémissant, à la pensée que les passions de ce monde possédaient encore l'âme de cet homme, qui n'avait peut-être pas encore une heure à vivre. Ce regard déjà vitré, mais encore animé, cette joue qui ressemblait à la feuille fanée de l'érable posée sur une pierre froide et blanche, et ces lèvres qui avaient déjà commencé à s'écarter des dents, formaient un triste tableau; cependant, de tous ceux qui se trouvaient présents, Marie était la seule qui sentit tout ce qu'il y avait d'inconvenant dans une pareille scène, et combien il était peu raisonnable d'encourager des sentiments comme ceux qui prenaient un si grand empire sur l'esprit de son oncle. Le ministre Whittle, lui-même, avait la curiosité de savoir quelle somme se trouvait ajoutée à la succession du diacre Pratt par le retour du vaisseau qu'on avait si longtemps attendu. Tandis donc que tous les yeux se tournaient avec curiosité vers la belle figure du jeune homme, qui se tenait près du chevet du diacre Pratt, et que frère, sœur, neveux, nièces, cousins et amis attendaient que Gar'ner parlât, le ministre n'éprouvait pas moins d'anxiété que les autres, et ses traits exprimaient sa vive sollicitude. Dès que le diacre eut repris haleine et bu quelques gouttes d'un cordial que lui donna sa garde, ses pensées se reportèrent sur l'objet qui avait occupé toute sa vie.

— Ce sont des amis, Gar'ner, dit-il, qui m'ont tous rendu visite dans une petite maladie à laquelle je suis sujet depuis quelque temps, et qui seront heureux d'apprendre notre bonne fortune. Ainsi vous avez ramené le schooner après tout, Gar'ner; que diront les armateurs de Sag-Harbour, qui prétendaient que nous ne le reverrions plus...? Vous l'avez ramené, Garner..., ramené!...

— Seulement en partie, diacre Pratt. Nous avons eu du bonheur et du malheur depuis que nous ne vous avons vu, et nous n'avons ramené que la meilleure partie du vaisseau.

— La meilleure partie, dit le diacre avec une volubilité qui le força à s'arrêter, la meilleure partie! Qu'est donc devenu le reste?

— Le reste, nous l'avons brûlé, Monsieur, pour ne pas mourir de froid.

Roswell raconta en peu de mots, clairs et intelligibles, ce qui était arrivé, et comment il s'était servi des débris du *Lion de Mer* du Vineyard pour réparer son schooner. Ce récit ramena Marie auprès du lit de son oncle, et fixa ses regards sur les traits du narrateur. Quant au diacre, il aurait pu dire comme Wolsey dans Shakspeare : « Si j'avais servi Dieu avec la moitié du zèle que j'ai servi le roi, il ne m'aurait pas laissé, à mon âge, livré à mes ennemis. »

La chute dont il avait maintenant à souffrir n'était pas la perte du pouvoir, il est vrai, mais c'était la chute d'une passion encore plus ignoble : l'avarice. A mesure que Roswell parlait, son esprit lui représentait toutes les sources de richesse qui lui échappaient l'une après l'autre, jusqu'à ce qu'enfin il se hasarda à parler d'une voix tremblante et avec une physionomie dépourvue de toute animation.

— Alors je puis regarder la spéculation que j'ai faite comme pire que rien, dit-il. Les assureurs refuseront de payer un vaisseau qui a été reconstruit de cette manière; les gens du Vineyard réclameront leur droit de sauvetage, et parce que deux des leurs vous ont aidé, et parce que vous vous êtes servi de leurs matériaux. — Et nous n'avons pas de cargaison?

— Non, diacre, tout n'a point tourné aussi mal, répondit Roswell. Nous avons rapporté une bonne quantité de peaux, assez pour payer tous les salaires des hommes d'équipage, pour vous rendre jusqu'au dernier cent que l'équipage du schooner vous a coûté, sans parler d'une assez forte somme. Notre cargaison en peaux ne peut pas valoir moins de vingt mille dollars, outre ce que nous avons laissé dans l'île, et qu'un autre vaisseau peut aller chercher.

— C'est quelque chose ; que le Seigneur soit loué! s'écria le diacre... Quoique l'on puisse regarder le schooner comme perdu, et que les frais aient été énormes, j'ai presque peur d'aller plus loin. Gar'ner, dites-moi... Je deviens très-faible!... Vous êtes-vous arrêté?... Marie, je voudrais que vous fissiez la question.

— Je crains que mon oncle ne veuille vous demander si vous vous êtes arrêté devant la plage des Indes occidentales, suivant vos instructions, Roswell?

Marie dit ce peu de mots malgré elle, car elle voyait bien qu'il était temps pour son oncle de ne plus penser aux choses de cette vie.

— Je n'ai rien oublié de vos ordres, Monsieur, reprit Roswell; c'était mon devoir, et je crois l'avoir accompli à la lettre.

— Attendez, Gar'ner, interrompit le mourant, encore une question pendant que j'y pense. Les hommes du Vineyard n'auront-ils à faire valoir aucun droit de sauvetage à l'égard de ces peaux?

— Certainement non, Monsieur. Ces peaux sont à nous. Il y a des peaux qui appartiennent aux hommes du Vineyard; celles-là sont entassées dans votre maison, où nous les avons laissées.

— Mais, Gar'ner, il nous reste à parler de notre grande affaire. Voulez-vous qu'on sorte de la chambre avant que nous en parlions? — Et le diacre s'efforça de rire encore. Il ne resta dans la chambre que le malade, Marie, Roswell et la garde, qu'il était impossible d'expulser, et qui se croyait le droit de savoir tous les secrets de famille.

— La porte est-elle fermée? dit le diacre d'une voix tremblante, car la vivacité de ses émotions, jointe à sa faiblesse, agitait tout son corps. — Marie, ayez soin que la porte soit bien fermée ; c'est notre secret, il faut que la garde ne l'oublie pas.

Marie l'assura qu'on était seul, et se détourna pour lui cacher le chagrin qu'elle éprouvait.

— Maintenant, Gar'ner, reprit le diacre, ouvrez-moi tout votre cœur et racontez-nous tout.

Roswell hésita à répondre, car, lui aussi, il voyait avec peine cet amour du gain qui possédait le diacre jusqu'à son dernier soupir.

— Vous n'avez pas oublié la plage? reprit le diacre avec anxiété.

— Non, Monsieur, nous avons fait tout notre devoir.

— L'avez-vous trouvée? L'endroit était-il bien indiqué?

— Oui, répondit Roswell.

— Vous l'avez donc trouvé tel que Dagget l'avait décrit?

— Oui, Monsieur, et précisément tel qu'il l'avait décrit.

— Eh bien! eh bien! vous avez creusé dans le petit monticule, comme de raison?

— Oui, Monsieur, et nous avons trouvé la boîte dont le pirate avait fait mention.

— Une bonne grande boîte, je parie! les pirates font rarement les choses à demi. Hi! hi! hi!

— Je n'ai pas grand'chose à dire de la dimension de la boîte; il me semble qu'elle avait dû renfermer des carreaux de vitre d'une grandeur moyenne.

— Mais le contenu, vous ne parlez pas du contenu.

— Le voilà, Monsieur, dit Roswell en tirant de sa poche un petit sac qu'il plaça sur le lit à côté du diacre. — Les pièces sont toutes d'or, et il y en a juste cent quarante-trois; ce sont des doublons très-lourds, il est vrai, et qui valent bien chacun seize dollars. — Le diacre ouvrit la bouche, comme s'il voulait respirer, au moment où il saisissait le sac. Un instant après, il était mort, et il y a tout lieu de croire que les démons qui l'avaient entretenu dans son péché se réjouirent d'une telle fin. Si les anges dans le ciel ne pleurèrent pas cette mort, une de leurs sœurs sur la terre en gémit. Le spectacle de l'avarice de son oncle, à ses derniers moments, avait affligé Marie, mais elle éprouva une profonde douleur de le voir mourir ainsi.

CHAPITRE XXVII.

> Dites-lui de s'agenouiller devant le Dieu qui est au-dessus de lui, devant l'Être infini, tout-puissant, devant le Créateur; qu'il s'agenouille, et nous nous agenouillerons ensemble.
>
> BYRON.

Le jour de l'enterrement étant un dimanche, on ne s'occupa point d'affaires. Le lendemain matin cependant, « les amis » s'assemblèrent dans le *parloir*, et abordèrent la question, en disant qu'un grand nombre d'entre eux avaient loin à aller pour s'en retourner.

— Il convient d'examiner un peu les affaires du diacre, avant de nous séparer, dit M. Job Pratt. Entre des parents et des amis, il ne doit y avoir que des sentiments d'affection, et je suis sûr, quant à moi, de n'en pas avoir d'autres. Je suppose, — M. Job Pratt ne parlait jamais que par supposition, — je suppose que je dois administrer les biens du diacre, quoique je ne veuille point le faire s'il s'élève, à cet égard, la moindre objection.

Tout le monde y donna son consentement, car tout le monde savait que c'était à lui que la loi conférerait cette fonction.

— Je n'ai jamais cru que le diacre jouît de la fortune qu'on lui attribuait communément, reprit Job Pratt, quoique je pense qu'elle ira bien à dix mille dollars.

— Mon Dieu! s'écria une cousine, qui était veuve, et qui se flattait d'être favorisée dans le testament, — j'avais toujours cru que le diacre Pratt avait quarante à cinquante mille dollars! Dix mille dollars ne seront pas grand'chose pour nous tous, divisés entre un aussi grand nombre de personnes!

— Le partage ne sera pas aussi grand que vous pensez, madame Martin, reprit M. Job, car il se bornera aux plus proches parents et à leurs représentants. A moins qu'on ne trouve un testament, et, d'après tout ce que j'entends dire, il n'y en a *pas*, —

et il appuya sur ce mot; — à moins qu'on ne trouve un testament, tous les biens doivent être divisés en cinq parts; ce qui mettrait les parts, d'après mon calcul, à deux mille dollars chacune. Ce n'est pas sans doute une grande fortune, mais un boni qui n'est pas sans importance pour une petite. Le diacre était économe, tous les Pratt le sont un peu; mais je ne crois pas qu'ils en vaillent moins. Il est bon d'avoir soin des moyens que nous envoie la divine Providence.

— Chacun doit être *soigneux*, comme vous le dites, Monsieur, reprit la veuve Martin. Voilà pourquoi je voudrais savoir s'il n'y a pas un testament. Je sais que le diacre faisait cas de moi, et je ne pense pas qu'il ait quitté ce monde sans penser à sa cousine Jenny et à son veuvage.

— J'en ai peur, madame Martin, j'en ai peur. Je n'entends point parler de testament. Le docteur doute que le diacre ait jamais eu le courage d'écrire un acte où il fût question de sa mort. Marie n'a jamais entendu parler de testament, et je ne sais plus à qui m'adresser. Le révérend M. Whittle, je dois le dire, croit qu'il y a un testament.

— Il doit y avoir un testament, reprit le ministre; un pieux membre de l'église ne m'aurait pas donné l'espoir que j'ai cru trouver dans ses paroles lorsque je lui parlais des besoins de cette église, s'il n'avait pas voulu tenir sa promesse. Je pense que tout le monde sera de mon opinion.

— Le diacre vous a-t-il donc promis quelque chose? demanda M. Job un peu timidement; car rien ne l'autorisait à croire que la réponse ne fût pas affirmative, et, dans ce cas, il s'attendait au pis.

— Peut-être pas, répondit le ministre Whittle, trop consciencieux pour faire un mensonge flagrant, très-tenté cependant de le commettre. Mais un homme peut promettre indirectement aussi bien que directement.

— Cela dépend, reprit tranquillement M. Job Pratt, quoiqu'il sourît de manière à causer un nouvel émoi à la veuve Martin, qui craignait de plus en plus qu'on ne suivit, en l'absence de tout testament, la loi des partages. Je voudrais qu'on recherchât de nouveau, dit le ministre, s'il n'y a pas un testament.

— J'y consens tout à fait, reprit M. Job, dont la confiance et le courage augmentaient à chaque instant. J'y consens, et je ne demande qu'à savoir à qui je dois m'adresser.

— Quelqu'un de présent sait-il si le défunt a fait un testament? demanda le ministre Whittle d'un ton d'autorité.

Un morne silence succéda à cette question. Les regards rencontrèrent les regards, et tous les collatéraux éprouvèrent un vif désappointement. Mais le révérend Whittle avait trop longtemps flairé l'héritage pour en perdre si vite la trace au moment même où il se croyait près du gibier.

— Il serait peut-être bien de poser directement la question à chaque proche parent du diacre, ajouta-t-il. Monsieur Job Pratt, avez-vous entendu parler d'un testament?

— Jamais. Il y a eu un moment où j'ai cru que le diacre voulait faire son testament; mais je pense qu'il doit avoir changé d'idée.

— Et vous, madame Thomas, dit-il en se tournant vers la sœur, je vous adresse la même question.

— J'en ai une fois causé avec mon frère, répondit cette parente, qui se balançait sur sa chaise, comme si elle avait pensé que la terre dût s'arrêter avant qu'elle cessât de remuer elle-même; — mais il ne me fit point de réponse satisfaisante, — rien que je puisse appeler satisfaisant. S'il m'avait dit qu'il avait fait un testament et qu'il m'eût donné la part que je pouvais attendre, j'aurais été satisfaite; ou s'il m'avait dit qu'il n'en avait point fait, et que la loi m'assurerait ma part, j'aurais été satisfaite encore. Je suis facile à contenter.

Cela était assez explicite, et l'on ne pouvait espérer d'obtenir davantage de la bien-aimée et unique sœur du diacre.

— Avez-vous entendu parler, Marie, d'un testament fait par votre oncle?

Marie secoua la tête, mais elle ne souriait point, car la scène qui se passait lui était pénible.

— Ainsi, poursuivit le ministre Whittle, personne n'a entendu parler d'un papier que le diacre ait laissé spécialement pour être ouvert après sa mort?

— Un papier ! s'écria Marie ; oui, je l'ai entendu parler d'un papier ; je croyais que vous disiez un testament.

— Un testament est ordinairement écrit sur du papier, mademoiselle Marie. Mais vous avez un papier ?

— Mon oncle m'a donné un papier et m'a dit de le garder jusqu'au retour de Roswell Gardiner, et, si mon oncle n'existait plus, de remettre ce papier à Roswell.

La rougeur monta jusqu'au front de la jolie fille, et elle sembla parler avec plus de circonspection.

— Comme je devais remettre ce papier à Roswell, j'ai toujours cru qu'il lui était relatif. Mon oncle m'en a parlé le jour même de sa mort.

— C'est le testament, sans aucun doute ! s'écria le révérend M. Whittle, avec plus de joie qu'il ne convenait à son état.

— Ne croyez-vous pas, mademoiselle Marie, que ce doit être le testament du diacre Pratt ?

Marie n'y avait jamais pensé ! Elle avait toujours pensé que son oncle désirait qu'elle épousât Roswell, et elle croyait que le papier adressé par son oncle à ce dernier contenait l'expression de ce désir à l'égard de cet objet, qui était pour elle le plus intéressant de tous.

Marie songeait fort peu aux biens de son oncle, et beaucoup à Roswell Gardiner. Il était donc bien naturel qu'elle eût commis une erreur de ce genre. Maintenant qu'on lui présentait la question sous un nouveau jour, elle se leva, et alla chercher dans sa chambre le papier, qu'elle rapporta bientôt. M. Job Pratt et le révérend M. Whittle voulurent la débarrasser du fardeau, et le premier réussit, avec une véritable dextérité, à s'emparer des pièces. Ces papiers étaient pliés comme une lettre d'affaires, dûment cachetés, et adressés à M. Roswell Gardiner, capitaine du schooner le *Lion de Mer*, maintenant en voyage.

M. Job lut cette adresse à haute voix, un peu sous l'impression de la surprise. Cependant, il s'apprêtait froidement à ouvrir le paquet, comme s'il lui avait été adressé à lui-même.

Madame Martin, madame Thomas et le révérend Whittle prenaient part à cet acte : car ils s'étaient tous approchés, et les deux femmes y mettaient une telle ardeur, qu'elles aidèrent à briser le cachet.

— Si cette lettre m'est adressée, dit Roswell Gardiner avec fermeté et autorité, je réclame le droit de l'ouvrir moi-même. Il n'est pas convenable que ceux à qui une lettre *n'est pas adressée*, se chargent de ce soin.

— Mais elle vient du diacre Pratt, s'écria la veuve Martin, et peut contenir son testament.

— Dans ce cas, l'on peut croire que j'y ai quelque droit, dit M. Job Pratt plus froidement, mais évidemment d'un ton de doute.

— Certainement! reprit madame Thomas. Des frères, des sœurs et même des cousins passent avant les étrangers. Nous voici, nous le frère et la sœur du diacre, et nous devons avoir le droit de lire ses lettres.

Roswell était resté tout ce temps le bras étendu et fixant sur M. Job Pratt un regard qui forçait celui-ci à dompter son impatience. Marie s'était placée près de lui comme pour le soutenir, mais elle ne disait rien.

— Il y a une loi qui porte des peines sévères contre quiconque ouvre sciemment une lettre adressée à une autre personne, dit Roswell d'un ton ferme; il sera fait appel à cette loi contre quiconque osera ouvrir une de mes lettres. Si cette lettre est à mon adresse, Monsieur, je la demande; et je l'aurai, à quelque prix que ce soit.

Roswell fit un pas de plus vers M. Job Pratt, qui lui remit la la lettre avec la plus mauvaise grâce possible, non pas sans que la veuve Martin eût fait un effort pour s'en emparer.

— Au moins, on devrait l'ouvrir en notre présence, dit cette femme; pour que nous voyions ce qu'il y a dans ce papier!

— Et de quel droit, Madame? N'ai-je pas le privilége qu'a tout le monde, de lire mes lettres quand et où je veux? Si le contenu est relatif à la succession du diacre Pratt, je ne demande pas mieux que de le faire connaître. Il n'y a rien dans la suscription qui me dise d'ouvrir le paquet en présence de témoins; mais en tout cas, j'aime mieux le faire ainsi.

Roswell ouvrit donc le paquet. On avait déjà rompu le cachet, et il montra le paquet dans cet état à toutes les personnes qui se trouvaient dans la chambre, avec un sourire significatif; après quoi il déplia un acte écrit sur une grande feuille de papier in-folio, où se trouvaient les noms de plusieurs témoins.

— C'est cela, c'est cela, dit Baiting Joe, car la chambre était pleine de toute sorte de gens, c'est l'acte...

— Et qu'en savez-vous, *Josy?* dit la veuve. Cousin Job, cet homme peut devenir un témoin très-important!

— Ce que je sais, madame Martin? J'ai vu le diacre signer ce papier.

— Il a vu le diacre signer! Cousin Job, cela ne suffira-t-il point pour annuler le codicille, si le diacre en a fait un pour le capitaine Gar'ner et Marie?

— Nous verrons, nous verrons. Ainsi, vous étiez présent, Josy, quand il a fait son testament?

— Certainement, et j'ai servi de témoin. Oui, oui, c'est bien là le papier, et le diacre avait assez peur quand il y a mis son nom, je puis vous le dire.

— Peur! répéta le frère, cela est assurément contre la loi. L'acte qu'un homme signe parce qu'il a peur n'a plus la valeur d'un acte.

Roswell lut deux fois l'acte dont il était question, et puis le remit avec tendresse entre les mains de Marie. La jeune fille lut à son tour, les yeux pleins de larmes; mais une vive rougeur colora ses joues quand elle le rendit à son amant.

— Ah! ne le lisez pas maintenant, Roswell, dit-elle à voix basse; mais le calme et le silence étaient si profonds qu'on ne perdit pas une syllabe de ses paroles.

— Et pourquoi ne pas le lire maintenant, mademoiselle Marie? s'écria la veuve Martin. Il me semble que c'est le moment de le lire. Si je suis déshéritée par un codicille, j'aime mieux le savoir.

— Il vaut mieux, sous tous les rapports, qu'on sache à quoi s'en tenir, fit observer M. Job Pratt, — si c'est là le testament, capitaine Gar'ner!

— C'est le testament du feu diacre Pratt, dûment signé, scellé et certifié par témoins.

Un mot encore, avant qu'il soit lu. Vous avez dit, je crois, Josy, que le défunt avait peur, quand il a signé le testament; peut-être je n'aurai rien à dire de cette peur, quoiqu'un acte signé par un homme qui a peur ne soit pas un acte.

— Mais ce n'était point du tout le cas, monsieur Job, dit Baiting Joe; il n'a pas signé l'acte parce qu'il avait peur, mais il avait peur parce qu'il l'avait signé.

— Lisez le testament, capitaine Gar'ner, si vous l'avez, dit M. Job Pratt d'un ton décidé. Il est convenable que nous sachions qui est exécuteur testamentaire. Amis, voulez-vous faire silence pour un moment?

Au milieu d'un silence de mort, Roswell Gardiner commença à lire ainsi qu'il suit :

« Au nom de Dieu, amen. Moi, Ichabod Pratt, de la ville de Southhold, du comté de Suffolk, et de l'État de New-York, me trouvant faible de santé, mais sain d'esprit, déclare que ceci est mon testament.

« Je laisse à ma nièce, Marie Pratt, fille unique de feu mon frère Israël Pratt, tous mes biens, quels qu'ils soient, et quelque part qu'ils se trouvent, pour être possédés par elle et ses héritiers.

« Je laisse à mon frère Job Pratt un cheval à choisir parmi ceux que je laisserai, en compensation de l'accident qui est arrivé à un de ses chevaux dont je m'étais servi.

« Je laisse à ma sœur Jane Thomas le grand miroir qui est suspendu dans la chambre à coucher de l'est de ma maison, et qui autrefois appartint à notre bien-aimée mère.

« Je laisse à la veuve Catherine Martin, ma cousine, la grosse pelote qui se trouve dans ladite chambre de l'est, pelote qu'elle avait l'habitude de beaucoup admirer.

« Je laisse à ma dite nièce, Marie Pratt, fille unique de mon frère Israël Pratt, tous les biens qui sont en ma possession, ou auxquels j'ai légalement droit, y compris argent, vaisseaux, produits agricoles, meubles, habits, et toute espèce de propriété.

« Je nomme Roswell Gardiner, maintenant absent, seul exécuteur de mes dernières volontés, pourvu qu'il soit de retour six mois après mon décès; et s'il ne revient pas dans ce délai de six mois, je nomme ma dite nièce Marie Pratt seule exécutrice de mon testament.

« Je conseille à ma dite nièce Marie Pratt d'épouser le dit Roswell Gardiner ; mais je ne mets aucune condition à cet avis, voulant laisser ma fille adoptive tout à fait libre de faire ce qui lui conviendra le mieux. »

L'acte était parfaitement en règle, et l'on ne pouvait en contester la validité. Marie était à la fois émue et embarrassée. Elle avait toujours été si désintéressée, qu'elle ne pouvait s'habituer à regarder comme sienne la fortune de son oncle.

Nous renonçons à décrire le désappointement des autres parents du diacre ; qu'il nous suffise de dire qu'ils ne laissèrent pas une épingle de ce qu'ils avaient le droit d'emporter.

Les deux sermons que le ministre Whittle prêcha le dimanche suivant furent les plus mauvais qu'il eût jamais prêchés.

Le lendemain du jour où Roswell put agir légalement comme exécuteur testamentaire du diacre Pratt, il épousa Marie, et devint propriétaire de tous ses biens *par courtoisie*, suivant la loi américaine d'alors, loi qui a maintenant changé.

Un des premiers actes des jeunes mariés fut de faire un bon usage de l'argent trouvé au pied d'un arbre sur la plage dont il a tant été question. Il y avait un peu plus de deux mille dollars. Comme il parut impossible d'en retrouver les légitimes propriétaires, les doublons furent partagés aux familles de ceux qui avaient perdu la vie sur la terre des Veaux Marins. Les parts ne furent pas, il est vrai, considérables, mais elles firent quelque bien à deux ou trois veuves et à des sœurs qui n'avaient plus de protecteurs dans ce monde.

Roswell voulut que le *Lion de Mer*, auquel on fit toutes les réparations nécessaires, entreprît un nouveau voyage, sous le commandement de Hasard, pour aller chercher l'huile et les peaux qu'il avait laissées dans l'île. Ce voyage fut court et heureux, et l'argent produit par la vente de ces articles, Roswell le consacra à indemniser de leurs pertes plusieurs de ceux qui avaient eu le plus à en souffrir.

Quant à Roswell et à Marie, ils eurent toute raison d'être

contents de leur sort. La fortune du diacre était encore plus considérable qu'on ne l'avait supposé. Lorsqu'on eut dressé un état exact de la succession, il se trouva que Marie jouissait d'une fortune de trente mille dollars, ce qui était alors de la richesse à Oyster-Pond.

Roswell Gardiner n'oublia pas Stimson, et lui donna le commandement d'un sloop qui faisait la traversée entre New-York et Southhold.

Le seul acte d'initiative personnelle que Marie se permit fut de persuader à Roswell d'aller habiter à l'ouest, et par conséquent de s'éloigner de la mer. Une amie de pension de Marie avait épousé un riche meunier du nom de Hight, qui habitait la contrée de l'Ouest.

Il était disposé à s'associer avec Roswell, qui vendit sa propriété et émigra de ce côté. Marie s'était aperçue que Roswell songeait trop à l'Océan, aux baleines et aux veaux marins, et elle l'entraîna au milieu des terres, loin des séductions de la vie maritime. Roswell devint un des plus riches meuniers de la contrée.

Père d'une charmante famille, aimant toujours Marie comme les premiers jours de leur union, il ne songea plus aux excursions lointaines. Fidèle à Dieu, qui l'avait protégé et sauvé au milieu des plus grands périls, Roswell est toujours resté humble et persévérant dans sa foi, toujours chrétien, à côté de l'ange qui lui a révélé les sublimes vérités du ciel, en lui donnant le bonheur sur la terre.

FIN DES LIONS DE MER.

www.ingramcontent.com/pod-product-compliance
Lightning Source LLC
Chambersburg PA
CBHW071510160426
43196CB00010B/1473